Kleine Geschichte der
Weimarer Republik
1918–1933

Ludger Grevelhörster

Kleine Geschichte der Weimarer Republik 1918–1933

Ein problemgeschichtlicher Überblick

Aschendorff Münster

In neuer Rechtschreibung

© 2000 Aschendorffsche Verlagsbuchhandlung GmbH & Co., Münster

Das Werk ist urheberrechtlich geschützt. Die dadurch begründeten Rechte, insbesondere die der Übersetzung, des Nachdrucks, der Entnahme von Abbildungen, der Funksendung, der Wiedergabe auf fotomechanischem oder ähnlichem Wege und der Speicherung in Datenverarbeitungsanlagen bleiben, auch bei nur auszugsweiser Verwertung, vorbehalten. Die Vergütungsansprüche des § 54, Abs. 2, UrhG, werden durch die Verwertungsgesellschaft Wort wahrgenommen.

Printed in Germany

ISBN 3-402-05363-2

Inhaltsverzeichnis

Vorwort 7
Entstehen der Weimarer Republik in der
Revolution 1918/19 9
Die Weimarer Reichsverfassung:
Grundzüge, Neuerungen und Probleme 34
Der Friedensvertrag von Versailles und die
Reaktionen der deutschen Öffentlichkeit 1919/20 42
Der Kapp-Lüttwitz-Putsch von 1920
und seine politischen Folgen 56
Innen- und außenpolitischer Streit um die
deutschen Reparationslasten 1920 bis 1923 69
Die Hyperinflation von 1922/23 81
Erneute akute Gefährdung von Reich und Republik
in der politischen Krise des Herbstes 1923 86
Zögernde politische und wirtschaftliche
Beruhigung 1924 96
Außenpolitische Erfolge in der
Ära Stresemann 1924 bis 1929 106
Innenpolitische Scheinstabilität 1924 bis 1929 118
Ungesicherte wirtschaftliche Verhältnisse,
soziale Reformen und sozialpolitische Konfliktlinien
1924 bis 1929 134
Das Scheitern der Weimarer Republik
unter dem Druck der Weltwirtschaftskrise
1929 bis 1933 143

Anhang
Abkürzungsverzeichnis 182
Zeittafel zur Geschichte der Weimarer Republik 182
Kurzbiographien wichtiger Politiker
der Weimarer Republik 194
Die Regierungen der Weimarer Republik
mit den wichtigsten Ministern 210
Glossar / Worterklärungen 214
Literaturhinweise 218
Personenverzeichnis 219

Vorwort

Bei dem vorliegenden Buch handelt es sich um eine zusammenfassende Überblicksdarstellung zur Geschichte der Weimarer Republik. Es richtet sich in erster Linie an solche Leser, die den Weg durch die einschlägige Spezialliteratur noch vor sich haben. Geboten wird eine auf zentrale Problemstellungen hin orientierte Zusammenschau, welche dabei auf den Erkenntnissen und Deutungen der neueren Forschung fußt und diese verständlich zu erläutern versucht. Im Vordergrund der Darlegungen steht die politische Geschichte. Dies spiegelt sich in den schwerpunktmäßig behandelten Themen wie die Revolution 1918/19, der Friedensvertrag von Versailles mit seinen außen- und innenpolitischen Folgewirkungen, die »scheinstabilen« innenpolitischen Verhältnisse nach dem Ende der Hyperinflation von 1922/23 sowie die stufenweise Aushöhlung der noch ungefestigten parlamentarischen Demokratie in der Zeit der Präsidialkabinette seit 1930, die von einem parallelen ökonomischen und demokratischen Verfall gekennzeichnet war.

Dem Leser wird rasch auffallen, dass der Autor die höchst ungünstigen außen- und innenpolitischen, die wirtschaftlichen und mentalitätsbedingten Belastungsfaktoren für die Weimarer Republik stark betont. Insoweit handelt es sich um eine spezifische Darstellungsperspektive, bei der die Frage nach den Ursachen für das nahezu chronische Siechtum und das spätere Scheitern der ersten deutschen Demokratie bestimmend ist. Denn wer sich mit der spannungsreichen Geschichte der Weimarer Republik befasst, kommt letztlich nicht an der Tatsache vorbei, dass der demokratische Staat von 1919 schon seit den Reichstagswahlen im Juni 1920 nur noch bei einer Minderheit seiner wahlfähigen Bürger auf vorbehaltlose Unterstützung und Rückhalt hoffen konnte. Auch wenn das bekannte zeitgenössische Bild von der »Republik ohne Republikaner« zweifellos eine Überspitzung darstellt, stand die aus der Kriegsniederlage Deutschlands im Ersten Weltkrieg hervorgegangene Weimarer Demokratie infolgedessen ständig unter einem großen Legitimationszwang. Wie die weiteren innenpolitischen Entwicklungen und Ereignisse bis zur Machtübernahme der Nationalsozialisten im Januar 1933 zeigen, erwies sich der republikanische Staat nach dem Hinzutreten der schweren Wirtschaftskrise von 1929/30 nicht mehr in der Lage, diesem Druck länger standzuhalten. Sein Scheitern in dieser Phase war insoweit aus nachträglicher Sicht kaum aufzuhalten.

Dem Verfasser standen bei der Erarbeitung des Buches mehrere Helfer und Freunde zur Seite, denen ich an dieser Stelle danken möchte. In erster Linie gehört dazu Prof. Dr. Wolfgang R. Krabbe von der Fernuniversität Hagen, der das Manuskript kritisch gegengelesen und mich auf notwendige Ergänzungen und Berichtigungen aufmerksam gemacht hat. Ferner bedanke ich mich bei Stefanie Stefer (Münster), Alice Tillmann (Senden), Birgit Ostendorf (Osnabrück), Armin Hansen (Essen), Frank Utke (Hannover) und Dirk Fiegenbaum (Legden). Sie haben mir geholfen, indem sie Bücher besorgten, Kopien zogen, die verwendeten Fotos und Statistiken zusammenstellten oder Teile des Manuskriptes in den Computer eingaben.

Münster, im Januar 2000

Ludger Grevelhörster

Entstehen der Weimarer Republik in der Revolution 1918/19

Kriegsende 1918

Im Spätherbst 1918, wenige Wochen vor Ausbruch der so genannten Novemberrevolution, befand sich das kaiserliche Deutschland im vierten Jahr eines Krieges, den die deutsche Bevölkerung, Politiker und Parteien sowie die militärische Führung im August 1914 allgemein mit großen Erwartungen begonnen hatten. Wie kaum jemand Zweifel an der moralischen Berechtigung des Krieges zur »Verteidigung von Kaiser und Vaterland« hegte, stand für die meisten Deutschen in der nationalen Hochstimmung jener Wochen fest, dass nichts anderes als ein schneller und siegreicher Ausgang des Kampfes bevorstand. Trotz des zwischenzeitlichen Kriegseintritts der USA im Frühjahr 1917 an der Seite der alliierten Feindmächte schien die Lage an den Fronten im Westen und im Osten für das Reich und seine Verbündeten auch zu Beginn des letzten Kriegsjahres nicht ungünstig zu sein. Im Westen etwa hielten die deutschen Truppen noch immer Belgien und weite Teile Nordfrankreichs besetzt. Zur gleichen Zeit zeichnete sich durch die bolschewistische Revolution in Russland eine erhebliche Entlastung an der Ostfront ab. Am 2. März 1918 konnte Deutschland der bolschewistischen Räte-Regierung in Brest-Litowsk einen harten Diktatfrieden aufzwingen, durch den Russland erhebliche Teile seiner westlichen Gebiete verlor, so die baltischen Staaten Estland, Litauen, Kurland, das westliche Livland, Polen sowie seine Kornkammer Ukraine, wo ein von Deutschland politisch wie wirtschaftlich abhängiger Staat entstehen sollte.

Nach dem Friedensschluss von Brest-Litowsk schienen die militärischen und versorgungswirtschaftlichen Voraussetzungen für die weiteren Kämpfe wieder deutlich günstiger zu sein. Mit dieser Einschätzung im Rücken, setzten die verantwortlichen Generäle der deutschen Obersten Heeresleitung, Generalfeldmarschall Paul von Hindenburg und sein Erster Quartiermeister Erich Ludendorff, nunmehr auf eine alles entscheidende große Frühjahrsoffensive in Nordfrankreich. Der Vorstoß begann Ende März, kam aber nach anfänglichen Geländegewinnen bald schon ins Stocken. Weitere Angriffsversuche des deutschen Heeres in den nachfolgenden Frühsommerwochen konnten den erhofften Durchbruch ebenso wenig erzwingen. Am 18. Juli setzten dann französische Truppen zum Gegenangriff an, und am 8. August gelang englischen Verbänden unter Einsatz der damals neuartigen Panzerwaffe, den Tanks, bei Amiens ein tiefer Einbruch in die deutschen Linien. Nach diesem »schwarzen Freitag« für das deutsche Heer war die militärische Lage für das Reich hoffnungslos geworden. Dies erkannten auch die mit Deutschland verbündeten Mächte Österreich-Ungarn, die Türkei und Bulgarien, welche Mitte/Ende September 1918 von sich aus den Alliierten Friedensverhandlungen anboten. Auch von Hindenburg und Ludendorff konnten nun nicht länger die Augen davor verschließen, militärisch gescheitert zu sein. Am 29. September forderte Ludendorff die zivile Reichsleitung, die von ihm bis dahin über die tatsächliche Situation an den Fronten im Unklaren gelassen worden war, zur sofortigen Aufnahme von Waffenstillstandsverhandlungen auf.

Wie an den Fronten waren bis zum Sommer 1918 auch in der Heimat die Aussichten für eine erfolgreiche Fortführung des Krieges stark gesunken. Auffälligstes Indiz hierfür war die Stimmung der Bevölkerung, die immer deutlicher Zeichen einer allgemeinen Kriegsmüdigkeit sowie wachsender sozialer Unzufriedenheit aufwies. Die Hauptquelle des verbreiteten Unmuts bildeten die von Jahr zu Jahr größer gewordenen Versorgungsprobleme. Besonders in der zweiten Kriegshälfte war die Versorgungs- und Ernährungslage in Deutschland chronisch angespannt. Im Wesentlichen machten sich hierin die Auswirkungen der seit Kriegsbeginn bestehenden englischen Seeblockade bemerkbar, die das Reich von der Zufuhr benötigter Rohstoffe und Handelsgüter abschnitt. Hinzu kamen der kriegsbedingte Arbeitskräftemangel in der Landwirtschaft und schwere Missernten wie die im Jahre 1916. Der so entstandene Mangel an verfügbaren Nahrungsmitteln führte zu ständig steigenden Lebensmittelpreisen. Staatliche Versuche, dieser Teuerung mit amtlich festgesetzten Höchstpreisen wirksam zu begegnen,

10

Die Generäle von Hindenburg (links) und Ludendorff (rechts) bei einer militärischen Lagebesprechung mit Kaiser Wilhelm II. (Mitte)

Erschöpfte deutsche Soldaten nach der Gefangennahme

schlugen weitgehend fehl. Vielfach beschleunigten sie sogar die gleichzeitige Abwanderung vieler Waren in den sich ausbreitenden Schwarzmarkthandel, der grundsätzlich diejenigen begünstigte, welche über höhere Einkünfte oder tauschfähige Sachwerte verfügten. Bald waren infolgedessen immer weniger Normalverdiener in der Lage, sich und die eigene Familie über die behördlich zugewiesenen Lebensmittelrationen hinaus ausreichend zu versorgen. Die sozialen Folgen dieser Entwicklung traten in den berüchtigten »Steckrübenwintern« 1916/17 und 1917/18 zu Tage, als vor allem die Bevölkerung in den großen Städten massenhaft hungerte und fror und sich schwere Krankheiten wie die ernährungsbedingte Tuberkulose ausbreiteten. Die anhaltende Lebensmittelnot und die Ungleichheit der Lebensmittelversorgung zwischen gut und weniger gut verdienenden gesellschaftlichen Schichten hatte dabei die Propaganda der Obersten Heeresleitung von der »Schicksalsgemeinschaft aller« sowie dem »stahlharten Kriegs- und Siegeswillen« der Bevölkerung zur Illusion werden lassen.

In den Stimmungs- und Lageberichten der Militär- und Zivilbehörden von 1917/18 lässt sich ablesen, in welchem Ausmaß die skizzierten Verhältnisse bei der Lebensmittelversorgung den allgemeinen Durchhaltewillen in dieser Kriegsphase beeinträchtigten. Fast durchgehend ist darin von einer »ernsten und gedrückten Stimmung« oder von einem verbreiteten »Sinken der Moral« die Rede. In einzelnen Großstädten wie Berlin und Leipzig legten erstmals im April 1917 Rüstungsarbeiter aus Protest gegen den fortdauernden Hunger ihre Arbeit nieder. Neben sozialen Forderungen wurde dabei auch der Ruf nach einem baldigen Friedensschluss laut. Bei weiteren Arbeiterstreiks im Frühjahr 1918 in Berlin, dem Ruhrgebiet, Hamburg, Kiel und an einigen anderen Stellen des Reiches war das Verlangen nach politischen Reformen im Innern erhoben worden. Zwar handelte es sich noch um lokal begrenzte Formen eines politisch-sozialen Protestes, der schon auf eine Wandlung der bestehenden politischen Ordnung gerichtet war; doch bezeugten Streiks wie diese, dass besonders in der Arbeiterschaft der Großstädte und Industrieregionen nach vier entbehrungsreichen Kriegsjahren inzwischen eine »vorrevolutionäre« Haltung bestand.

Vor dem Hintergrund der weithin labilen Stimmung in der kriegsmüden Bevölkerung kam seit Ende September 1918 unter dem Einfluss der geschilderten katastrophalen militärischen Entwicklung nachhaltig Bewegung in die deutsche Innenpolitik. Mit seiner Eröffnung, es müsse »sofort« Schluss mit den Kämpfen gemacht werden, hatte General Ludendorff am 29. September im Großen Hauptquartier der Obersten Heeresleitung im belgischen Spa den entscheidenden Anstoß gegeben. Auf sein Drängen hin kam es am 3. Oktober zur Bildung einer neuen Regierung unter dem als liberal geltenden Prinzen Max von Baden. Ihr gehörten jetzt erstmals auch Vertreter der demokratischen Reichstagsmehrheit an, der Mehrheits-Sozialdemokraten (MSPD), der Zentrumspartei sowie der Fortschrittlichen Volkspartei (FVP). Führende Politiker dieser Parteien hatten schon seit dem Sommer 1917 auf parlamentarischer Ebene eng zusammengearbeitet und sich politisch abgestimmt. Nach außen hin war dieses besonders spektakulär bei der Verabschiedung der Friedensresolution vom 19. Juli 1917 zutagegetreten, mit welcher diese Parteien im Reichstag für einen »Verständigungsfrieden« ohne Gebietseinverleibungen und finanzielle Forderungen an unterlegene Staaten eingetreten waren. Dass sie an der Bildung der Regierung Max von Baden maßgeblich mitwirken konnten, war verfassungsformal tatsächlich revolutionär zu nennen. Denn die Ein- oder Absetzung einer deutschen Regierung lag nach der obrigkeitsstaatlichen Verfassung des Kaiserreiches allein in der Zuständigkeit des Monarchen. Die Art und Weise, wie das Kabinett von Baden unter Beteiligung der Parteien des Reichstages zustandekam, markierte so den entscheidenden Schritt zur Umwandlung des Kaiserreichs hin zu einer parlamentarischen Monarchie. Die Parlamentarisierung der Reichsleitung, die Ende Oktober durch eine entsprechende Verfassungsänderung im Nachhinein ihre verfassungsrechtliche Bestätigung erfuhr, war zwar von den demokratischen Mehrheitsparteien schon seit 1917 angestrebt worden; sie wurde aber erst Wirklichkeit, als General Ludendorff infolge des sich abzeichnenden militärischen Fiaskos die Übertragung der politischen Macht an die demokratischen Parteivertreter für geboten hielt. Einerseits erwartete Ludendorff, es werde dann leichter sein, mit den westlichen demokratischen Führern, allen voran dem amerikanischen Präsidenten Wilson, einen für Deutschland erträglichen Friedensschluss auszuhandeln. Andererseits ging es ihm aber vor allem darum, von seiner Verantwortung für die Kriegsniederlage abzulenken und sie den angeblichen »Flaumachern« im Innern, besonders den demokratischen Politikern und Parteien der Reichstagsmehrheit vom Sommer 1917, zuzuschieben.

Die erste Amtshandlung der Regierung Max von Baden bestand in der Absendung des von Ludendorff geforderten Waffenstillstandsangebots. Das Gesuch richtete sich an den amerikanischen Präsidenten und enthielt die Bitte um einen Frieden auf der Grundlage von dessen »Vierzehn Punkten« vom Januar 1918. Der US-Präsident hatte darin als Voraussetzung für einen Verständigungsfrieden im Sinne wechselseitiger Interessenberücksichtigung und Rechtswahrung unter anderem die Räumung aller besetzten Gebiete im Osten und im Westen, einschließlich Elsass-Lothringens, sowie die Wiederherstellung Belgiens verlangt. Auf das deutsche Waffenstillstandsersuchen folgte ein mehrere Wochen dauernder deutsch-amerikanischer Notenwechsel, bei dem die amerikanische Seite gleichwohl einen weniger versöhnlich klingenden Akzent setzte. Von besonderer Bedeutung war die dritte Note vom 23. Oktober, in der Wilson mehr oder weniger offen auf der vollständigen militärischen Kapitulation des Reiches sowie der Abdankung Kaiser Wilhelms II. bestand.

Für die deutsche Öffentlichkeit war diese Entwicklung völlig unvorbereitet gekommen. Auf Grund der nimmermüden Siegespropaganda der Obersten Heeresleitung sowie der wirklichkeitswidrigen Berichterstattung der unter Zensur stehenden Presse hatte die Bevölkerung bis zum Schluss ein weit günstigeres Bild von der Kriegslage gehabt. Die Bekanntgabe des deutschen Waffenstillstandsangebots traf die Menschen infolgedessen wie ein Schock. Mit einem Schlag schienen nun alle Leiden der letzten Jahre vergebens gewesen zu sein. Aus der schon vorhandenen allgemeinen Kriegsmüdigkeit erwuchs jetzt das nachhaltige Verlangen nach einem baldmöglichen Ende des Krieges. Der tiefe Drang nach einem schnellen Frieden beherrschte seit

Mitte Oktober den überwiegenden Teil der deutschen Bevölkerung, unabhängig von der jeweiligen sozialen Zugehörigkeit zur Arbeiterschaft, zum so genannten Mittelstand oder etwa zum Großbürgertum. Die Emotionen blieben gleichwohl insbesondere dort gespalten, wo es um die Systemfrage, also um die Frage ging, ob man für den ersehnten Frieden auch den Kaiser und die Monarchie herzugeben bereit war. Vor allem in weiten Kreisen des deutschen Bürgertums löste die dritte Wilson-Note teilweise sogar spontane Abwehr aus. Noch Anfang November 1918 gab es bezeichnenderweise in vielen Städten des Reiches öffentliche Treue-Kundgebungen für die Monarchie.

Novemberrevolution

Zu diesem Zeitpunkt war allerdings der Zusammenbruch des Kaiserreiches unaufhaltsam vorangeschritten. Den Anstoß zum Sturz des Regimes gab die Meuterei von Matrosen der deutschen Hochseeflotte, die vor Wilhelmshaven und Kiel vor Anker lag. Ohne Wissen der neuen Reichsregierung hatte die Seekriegsleitung in den letzten Oktobertagen Befehl zum Auslaufen in die Nordsee gegeben. Die Marineführung wollte den überlegenen englischen Seestreitkräften in diesem Seegebiet eine letzte »ehrenvolle« Schlacht liefern, ohne dass damit der Ausgang des Krieges hätte beeinflusst werden können. Unter diesen Umständen weigerten sich die Matrosen, ihr Leben sinnlos auf's Spiel zu setzen und traten in den »Streik«. Als die Anführer der Meuterei verhaftet und in Kiel gefangen gesetzt wurden, solidarisierten sich dort weitere Matrosen und Soldaten mit ihnen. Die Arbeiter der Kieler Werften und Großbetriebe folgten. Am Abend des 4. November befand sich die Stadt in den Händen der Aufständischen, die Arbeiter- und Soldatenräte bildeten und für den nächsten Tag den Generalstreik ausriefen.

Von Kiel ausgehend breitete sich die Aufstandsbewegung in den folgenden Tagen zunächst in den weiteren Küstenstädten, dann rasch auch im Binnenland aus. Am 6. November erreichte sie Hamburg, Bremen und Lübeck, am 7. November Hannover, am 8. November Braunschweig, Münster, Köln und Düssel-

15

dorf, am 9. November die Hauptstadt Berlin. Nirgendwo trafen die ankommenden Meuterer auf Widerstand etwa durch Polizei, Militär oder das Bürgertum, das der sich überstürzenden Entwicklung mehrheitlich wie gelähmt gegenüberstand.

Die Anfangsphase der in Gang gekommenen Revolution zeigte dabei nahezu überall ein ähnliches Ablaufschema: Den von außerhalb eintreffenden Meuterern schlossen sich die am Ort stationierten Soldaten und Teile der lokalen Arbeiterschaft an. Wie in Kiel, entstanden sodann aus der Situation heraus, teils in Volks- oder Betriebsversammlungen, Arbeiter- und Soldatenräte. In den Arbeitergroßstädten an Rhein und Ruhr beispielsweise bestanden diese Revolutionsorgane zumeist aus Mitgliedern der gemäßigten Sozialdemokratie, also der MSPD, Funktionären der linkssozialistischen Unabhängigen Sozialdemokraten (USPD) sowie Vertretern der SPDnahen Freien Gewerkschaften. Vereinzelt, so in Hamborn und Mühlheim, kam es in den Arbeiter- und Soldatenräten auch zu linkssozialistisch-kommunistischen Mehrheiten von USPD und Spartakisten. In den bürgerlichen Städten abseits der Industriezentren setzten sich die Revolutionsräte dagegen vielfach aus gemäßigten Mehrheitssozialdemokraten, führenden Mitgliedern der Freien Gewerkschaften sowie christlichen Gewerkschaftsvertretern zusammen. Auf dem Lande und in den Dörfern sahen die Verhältnisse wieder anders aus. Hier bildeten sich verbreitet »Bauernräte« oder, wie in Baden, so genannte Volksräte, in denen zumeist bürgerliche Kräfte den Ton angaben. Es handelte sich bei den Revolutionsorganen der ersten Novembertage also um politisch und sozial uneinheitliche Erscheinungen, die mit dem russischen Vorbild im Wesentlichen nur den Namen gemein hatten. Der gemäßigte und zugleich pragmatische Charakter vieler Arbeiter- und Soldatenräte zeigte sich oft schon in den ersten Tagen ihres Bestehens, als deren Mitglieder ihre Hauptaufgabe darin sahen, für eine Übergangszeit die kommunalen Verwaltungen zu »beaufsichtigen« sowie im lokalen Rahmen Sicherheit und Ordnung aufrechtzuerhalten und die Lebensmittelversorgung zu organisieren.

Die reichspolitisch entscheidenden Weichenstellungen erfolgten unabhängig von den geschilderten lokalen Vorgängen

Ein mit Maschinengewehren bestücktes Auto des Berliner Arbeiter- und Soldatenrats am Brandenburger Tor, November 1918

Sieg der Revolution in Bayern. Marsch der Aufständischen durch das Siegestor in München

am 9. November in Berlin. In der Reichshauptstadt trafen an diesem Tag zwei aus nachträglicher Sicht ausschlaggebende Handlungslinien zusammen. Auf der einen Seite war Reichskanzler Prinz Max von Baden schon seit Tagen bemüht, von Berlin aus den im Großen Hauptquartier von Spa weilenden Kaiser von der Notwendigkeit zu überzeugen, seinen Thron aufzugeben. Nur so schien es ihm noch möglich zu sein, die im Oktober geschaffene parlamentarische Monarchie als Staatsform zu retten und zugleich eine drohende innenpolitische Radikalisierung zu verhindern. Zudem hatten zwei Tage zuvor die mehrheitssozialdemokraktischen Regierungsmitglieder in einem Ultimatum an den Reichskanzler einen solchen Schritt des Kaisers verlangt und hiervon die Bereitschaft zur weiteren Mitarbeit in der Oktoberregierung abhängig gemacht. Auf der anderen Seite ergab sich Handlungsdruck durch die besondere Lage in Berlin, wo revolutionäre Gruppen am 8./9. November initiativ wurden. Es handelte sich um Kräfte, die auf dem linken Flügel der USPD standen und über erheblichen Rückhalt in der Berliner Arbeiterschaft vor allem der Metall- und Rüstungsindustrie verfügten. Diese so genannten Revolutionären Obleute aus den Betrieben hatten in einem Flugblatt die Abschaffung der Monarchie und ihre Ersetzung durch eine »Sozialistische Republik« gefordert und für den Vormittag des 9. November zu Massenkundgebungen aufgerufen. Daraufhin bewegten sich gegen Mittag des Tages riesige Demonstrationszüge von Arbeitern durch die Straßen, Soldaten der Berliner Ersatz-Truppen schlossen sich ihnen an. Unter dem Eindruck dieser Geschehnisse in der Stadt machte der Reichskanzler am Mittag von sich aus die Abdankung des Kaisers bekannt, ohne dass ihm eine entsprechende Erklärung Wilhelms II. vorlag; bis zum Schluss war aus Spa das dringend erhoffte Einverständnis dazu ausgeblieben. Gleichzeitig übergab Max von Baden in einem eigenmächtigen, verfassungswidrigen Akt sein Amt als Reichskanzler an den Parteivorsitzenden der Mehrheitssozialdemokraten, Friedrich Ebert, welcher mit anderen sozialdemokratischen Führungspolitikern bei ihm erschienen war, um die Regierungsgewalt für Männer zu beanspruchen, die »das volle Vertrauen des Volkes« besäßen.

Die MSPD-Politiker, allen voran Ebert, übernahmen die dargebotene Macht am 9. November im vollen Bewusstsein der damit verbundenen Verantwortung. Ihnen war klar, dass dringende Aufgaben zu lösen waren. Es ging um die Rückführung der Fronttruppen, die Sicherstellung der Versorgung der Bevölkerung, die Umstellung der Kriegswirtschaft auf die Erfordernisse der Friedensproduktion sowie die rasche Wiederaufrichtung des zusammengebrochenen Transport- und Verkehrswesens. Außerdem galt es, für Hunderttausende von Kriegsheimkehrern Arbeitsgelegenheit zu schaffen, einen Waffenstillstandsvertrag herbeizuführen sowie die Staatsgewalt zu stabilisieren. Nach Eberts Auffassung konnten diese Probleme nur bewältigt werden, wenn es gelang, einen möglichst reibungslosen Übergang zur neuen politischen Ordnung sicherzustellen. Das hieß vor allem, Ruhe und Ordnung im Innern aufrechtzuerhalten sowie die Funktionsfähigkeit der bestehenden Verwaltungen zu gewährleisten. Eine Revolution erschien ihm schon aus diesen Gründen alles andere als wünschenswert.

Darüber hinaus war ein politischer Umsturz in den Augen des Führers der deutschen Mehrheitssozialdemokraten unnötig und sogar gefährlich. Als überflüssig beurteilte er die Revolution, weil bereits durch die verfassungspolitischen Reformen vom Oktober 1918 in Deutschland ein parlamentarisches System eingeführt worden war; bis zum 9. November war deshalb für Ebert vorstellbar geblieben, bei einem rechtzeitigen Thronverzicht des Kaisers an der parlamentarischen Monarchie als Staatsform festzuhalten. Die Hauptgefahr einer revolutionären Umsturzbewegung sah der neue Reichskanzler in ihrem unabwägbaren Verlauf. Auch ihn hatten die innenpolitischen Vorgänge von 1917/18 in Russland nachhaltig beeindruckt, wo auf Betreiben der linksradikalen Bolschewisten die Revolution in bürgerkriegsähnliche innere Auseinandersetzungen und anschließend in die Gewaltherrschaft einer radikalen Minderheit einmündete. Zwar konnte niemand sagen, über welches Anhängerpotential und über welche Machtmittel die Revolutionären Obleute sowie die mit ihnen verbündeten Angehörigen des »Spartakusbundes« unter Führung Karl Liebknechts und Rosa Luxemburgs in Berlin verfügten; doch handelte es sich, wie sich

Kundgebung
des
neuen Reichskanzlers Ebert

Mahnung
zur
Ruhe und Ordnung!

Mitbürger! Der bisherige Reichskanzler, Prinz Max von Baden, hat mir unter Zustimmung sämtlicher Staatssekretäre die Wahrnehmung der Geschäfte des Reichskanzlers übertragen. Ich bin im Begriffe, die neue Regierung im Einvernehmen mit den Parteien zu bilden und werde über das Ergebnis der Öffentlichkeit in Kürze berichten. Die neue Regierung wird eine Volksregierung sein. Ihr Bestreben wird sein müssen, dem deutschen Volke den Frieden schnellstens zu bringen und die Freiheit, die es errungen hat, zu befestigen. Mitbürger! Ich bitte Euch alle um Eure Unterstützung bei der schweren Arbeit, die unserer harrt. Ihr wißt, wie schwer der Krieg die Ernährung des Volkes, die erste Voraussetzung des politischen Lebens, bedroht. Die politische Umwälzung darf die Ernährung der Bevölkerung nicht stören, es muß erste Pflicht aller in Stadt und Land bleiben, die Produktion von Nahrungsmitteln und ihre Zufuhr in die Städte nicht zu verhindern, sondern zu fördern. Nahrungsmittelnot bedeutet Plünderung und Not mit Elend für Alle. Die Ärmsten würden am schwersten leiden, die Industriearbeiter am bittersten betroffen werden. Wer sich an Nahrungsmitteln oder sonstigen Bedarfsgegenständen oder an den für ihre Verteilung benötigten Verkehrsmitteln vergreift, versündigt sich auf das Schwerste an der Gesamtheit. Mitbürger! Ich bitte Euch alle dringend, verlaßt die Straßen! Sorgt für Ruhe und Ordnung.

Berlin, den 9. November 1918.

Der Reichskanzler
Ebert.

Ein erster Aufruf Reichskanzler Eberts nach dem Staatsumsturz noch zeigte, keineswegs um grundlose Befürchtungen. Infolgedessen konzentrierten sich Eberts politische Zielsetzungen am 9. November zunächst darauf, die ihm unberechenbar erscheinende Aufstandsbewegung »in geordnete Bahnen« überzuführen und eine für breite Bevölkerungsgruppen annehmbare Regierung zu bilden. Ihm schwebte vor, die Regierungsgeschäfte auf der Grundlage der bestehenden bürgerlich-sozialdemokratischen Oktoberregierung zu führen, welche durch das Hinzutreten von Politikern der Unabhängigen Sozialdemokraten eine erweiterte politische Basis erhalten sollte. Ein solches Übergangskabinett unter Einschluss der linken Unabhängigen sollte bis zum Zusammentritt einer demokratisch gewählten Nationalversammlung die anstehenden Tagesaufgaben erfüllen. Weiterreichende politische Entscheidungen wie die Regelung der noch offenen Frage der künftigen deutschen Staatsform durften nach Eberts Auffassung nicht im Vorgriff durch ein nur vorläufiges Kabinett gefällt werden.

Dies erklärt auch, weshalb der MSPD-Vorsitzende äußerst ungehalten reagierte, als sein Parteifreund Philipp Scheidemann am frühen Nachmittag des Tages vom Gebäude des Reichstages aus vor den dort versammelten Massen spontan die »Deutsche Republik« ausrief. Scheidemann tat dies, um den erwartungsvollen Demonstranten zu geben, wonach sie verlangten. Außerdem glaubte er, Karl Liebknecht zuvorkommen zu müssen, von dem sich das Gerücht verbreitet hatte, er wolle am selben Nachmittag vor dem Berliner Schloss eine »sozialistische deutsche Republik« verkünden. Liebknecht, der zum äußersten linken Flügel der USPD gehörte, sah in den Zielen der Mehrheitssozialdemokraten und Eberts einen Verrat an dem Gedanken der Revolution. Eine parlamentarische Demokratie nach westlichem Vorbild, wie sie die MSPD-Führung erstrebte, lehnte er ab. Seine Bestrebungen richteten sich vielmehr auf eine einseitige Herrschaft der »Arbeiterklasse« beziehungsweise eine »Rätediktatur« nach bolschewistischem Muster. Um dieses Ziel zu erreichen, glaubten Spartakisten und Revolutionäre Obleute am 9./10. November entschlossen zur Macht greifen zu müssen. Die Obleute vermochten bei einer Versammlung von Berliner Soldatenräten einen Beschluss durchzusetzen, wonach am nächsten Vormittag in den Betrieben und Garnisonen der Stadt Arbeiter- und Soldatenräte zu wählen waren, die am gleichen Tag im Zirkus Busch zu einer Vollversammlung zusammentreten und dort eine vorläufige Regierung einsetzen sollten.

Dieses Vorgehen der revolutionären Gruppierungen und die augenblickliche Stimmung in der Berliner Arbeiterschaft setzte die MSPD-Politiker unter Druck, ihr Vorhaben eines bürgerlich-sozialdemokratischen Übergangskabinetts aufzugeben und eine rasche Verständigung allein mit den Unabhängigen Sozialdemokraten zu suchen. Aus entsprechenden Verhandlungen zwischen MSPD und USPD ging am frühen Nachmittag des 10. November eine nach paritätischen Gesichtspunkten zusammengesetzte Regierung der beiden sozialdemokratischen Arbeiterparteien hervor. Diese neue Regierung nannte sich »Rat der Volksbeauftragten« und bestand aus je drei Vertretern von USPD und MSPD. Den Vorsitz führte Ebert, der trotz des zahlenmäßigen Gleichgewichts in diesem Gremium nicht zuletzt auf Grund seines taktischen Geschicks von Beginn an tonangebend war.

Auf das Zustandekommen des Rats der Volksbeauftragten reagierten die 3000 gewählten Vertreter der Berliner Arbeiter und Soldaten auf ihrer Versammlung im Zirkus Busch mit großer Zustimmung. Gleichzeitig beschlossen sie einerseits, die vorläufige Reichsregierung von USPD und MSPD zu »bestätigen«; andererseits aber wählten sie auch einen so genannten Vollzugsrat. Die Einrichtung eines Vollzugsrates war von den Linksradikalen gefordert worden. Nach den Vorstellungen der Revolutionären Obleute und der Spartakisten sollte dem Vollzugsrat die Aufgabe zukommen, die MSPD/USPD-Regierung zu beaufsichtigen. Entsprechend dem russischen Modell von 1917 einer »Doppelherrschaft« dachten sich die Linksradikalen um Liebknecht den Vollzugsrat als eine von ihnen personell beherrschte Gegenregierung mit eigenem Machtanspruch. Ihr Plan scheiterte jedoch an dem entschiedenen Widerstand der auf Seiten der Mehrheitssozialdemokraten stehenden gemäßigten Soldatenvertreter, welche auch für den Vollzugsrat eine zahlenmäßig gleichstarke Besetzung von MSPD und USPD-Vertretern durchsetzten. Die Versammlung der Berliner Rätedelegierten im Zirkus Busch am 10.

November zeigte hiermit, dass die überwiegende Mehrheit der meuternden Soldaten in der Reichshauptstadt ein Weitertreiben der Revolution eindeutig ablehnte bzw. nicht bereit war, den diktatorischen Absichten der Linksradikalen zur Verwirklichung zu verhelfen. Damit war schon nach einem Tag »Revolution« in Berlin eine wichtige Vorentscheidung zu Gunsten der gemäßigten Politik der MSPD und ihrer Idee einer parlamentarischen Demokratie in Deutschland gefallen.

Das Ringen um die künftige politische Ordnung
im Winter 1918/19

Ebert und die Mehrheitssozialdemokraten wollten, wie festgestellt, die endgültige Entscheidung über die künftige staatliche und gesellschaftliche Ordnung Deutschlands einer verfassunggebenden Nationalversammlung überlassen. Ihr sollte es folglich auch vorbehalten sein, zu entscheiden, ob die in der Revolution entstandenen Räte vielleicht dauerhaft im Reich mitregieren könnten. Für die Einberufung einer verfassunggebenden Nationalversammlung gab es im November 1918 eine breite politische Mehrheit. Diese reichte von den bürgerlichen Parteien über MSPD und Gewerkschaften bis hin zu größeren Teilen der USPD. Allein die Angehörigen des linken Flügels der USPD und die Spartakisten agitierten lautstark gegen die Wahl einer Konstituante, der sie ihre Forderung nach einer Alleinherrschaft der Räte entgegensetzten. Anders als das Ob der Wahl einer Nationalversammlung war der Termin einer solchen Abstimmung heftig umstritten, gerade auch zwischen den »regierenden« Parteien von MSPD und USPD. Die Mehrheitssozialdemokraten traten von vornherein für einen möglichst frühen Wahltermin ein. Dieser Standpunkt entsprach dem Demokratieverständnis der mehrheitssozialdemokratischen Volksbeauftragten, welche ihren »Regierungsauftrag« auf Grund der ihm fehlenden demokratischen Legitimation lediglich als ein zeitlich und sachlich begrenztes Mandat ansahen. Die Sachlage wäre für sie anders gewesen, wenn es sich bei dem Rat der Volksbeauftragten um eine aus allgemeinen Wahlen hervorgegangene Regierung des ganzen Volkes gehandelt hätte. Im Gegensatz hierzu sah die Mehrheit der USPD-Politiker um ihren Parteivorsitzenden Hugo Haase die geschichtliche Chance gekommen, um grundlegende sozialistische Ziele wie die Enteignung und Verstaatlichung der Großindustrie sowie die Demokratisierung von Heer und kaiserlicher Verwaltung, etwa durch einen umfassenden personellen Austausch in der Beamtenschaft, zu verwirklichen. Diese tief greifenden politischen Schritte wollten die Unabhängigen Sozialdemokraten in einer Art »Diktatur auf Zeit« noch vor dem Zusammentritt der verfassunggebenden Nationalversammlung sicherstellen. Für die USPD-Politiker ging es daher um einen späten Wahltermin, der genügend zeitlichen Spielraum zur Umsetzung der ins Auge gefassten Maßnahmen beließ.

Die Entscheidung fiel auf dem Allgemeinen Reichskongress der Arbeiter- und Soldatenräte vom 16. bis zum 18. Dezember 1918 in Berlin. Auf dem Kongress waren rund 500 Vertreter von Arbeiter- und Soldatenräten aus ganz Deutschland erschienen. Dem Anwesenheitsprotokoll zufolge rechnete sich die große Mehrzahl der Kongressteilnehmer der mehrheitssozialdemokratischen Richtung zu. Die Linksradikalen machten nur eine verschwindend kleine Minderheit aus; Liebknecht und Rosa Luxemburg hatten nicht einmal ein Mandat erlangt. Entsprechend den gegebenen Stärkeverhältnissen lehnte es die Versammlung mit überwältigender Mehrheit ab, am reinen »Räteexperiment« festzuhalten sowie den Arbeiter- und Soldatenräten die höchste gesetzgebende und vollziehende Gewalt im Reich zuzugestehen. Mit ebenso deutlichem Stimmenverhältnis von 400 zu 50 setzten die Delegierten mit dem 19. Januar 1919 einen frühen Termin zur Wahl der Nationalversammlung fest. Diese Festlegungen der Revolutionsvertreter aus dem gesamten Reichsgebiet bedeuteten eine bewusste Selbstentmachtung der Räte; die »Statthalter der Revolution« sahen sich selbst nicht als eine wirkliche Alternative zu einem gewählten Parlament. Die Absetzung des Berliner Vollzugsrates durch die Anwesenden und seine Ersetzung durch einen »Zentralrat« als oberstes deutsches Räteorgan hatte demzufolge auf Reichsebene keine weitere Auswirkung. Vorbehaltlich der Zustimmung durch die verfassunggebende Nationalversammlung, die außer Zweifel stand, hatte der Kongress die Weichen im Sinne der MSPD für die parlamentarische Demokratie im Reich gestellt. Umgekehrt waren gleichzeitig die Aussichten der »stecken gebliebenen Revolution« als sehr begrenzt erwiesen.

Die Beschlüsse des Reichs-Rätekongresses brachten somit eine wichtige politische Klärung, verbunden mit einer beruhigenden Wirkung vor allem auf die nichtrevolutionäre bürgerliche Bevölkerungsmehrheit. Kurzfristig aber steigerten sie die politische Erregung, besonders in Berlin, wo die linksradikalen Gruppen ihre Ziele jetzt durch die Mobilisierung der proletarischen Massen zu erreichen versuchten. Durch ihre Agitation auf den Straßen und offensichtlichen Revolutionsvorbereitungen trugen die Spartakisten, Revolutionären Obleute und anderen Linkssozialisten zur weiteren Zunahme der politischen Spannung bei. In dieser aufgeheizten Atmosphäre kam es zu den so genannten Weihnachtsunruhen von 1918, die zusätzlich radikalisierende Wirkung entfalteten.

Auslöser dieser Unruhen am 23./24. Dezember war die Volksmarinedivision, welche im November aus Cuxhaven nach Berlin gekommen war, um die Revolutionsregierung zu schützen. Die Matrosen dieser Division belagerten am 23. Dezember die Reichskanzlei, um auf diese Weise ihren Besoldungsforderungen Nachdruck zu verleihen. Es handelte sich um einen Akt von Erpressung, dem sich die Reichsregierung schutzlos ausgesetzt sah. Ebert forderte daraufhin telefonisch beim preußischen Kriegsministerium Soldaten zur Unterstützung an. Er konnte sich hierbei auf eine Übereinkunft berufen, die er schon am 10. November mit dem Nachfolger Ludendorffs als Generalquartiermeister, General Groener, getroffen hatte. Darin hatte Groener der neuen Regierung die Loyalität des kaiserlichen Militärs angeboten, sofern diese bereit sei, die Oberste Heeresleitung bei ihrem Bemühen zu unterstützen, die Kommandogewalt der Offiziere und allgemein die Disziplin in der Truppe aufrechtzuerhalten. Ebert war am 10. November auf dieses Angebot bereitwillig eingegangen, weil ihm in der besonderen Situation der ersten Revolutionstage mangels eigener Machtmittel kaum eine andere Möglichkeit zu bestehen schien. Am Morgen des 24. Dezember kam also der Regierung die Garde-Kavallerie-Schützendivision zur Hilfe und nahm die Quartiere der meuternden Matrosen unter Beschuss. Die Truppen erwiesen sich jedoch als zu schwach, um gegen die Matrosen und Tausende herbeigeeilter Arbeiter erfolgreich vorzugehen.

Der Vorfall brachte die linkssozialistisch eingestellten Teile der Berliner Arbeiterschaft noch stärker gegen die mehrheitssozialdemokratischen Volksbeauftragten auf. Für die linken Anhänger der USPD entlarvte Eberts Vorgehen im »Bündnis« mit den kaiserlichen Truppen die antirevolutionäre Stoßrichtung der MSPD-Politik. In ihren Augen hatten sich die Mehrheitssozialdemokraten gegen die Arbeiter gestellt und damit politisch diskreditiert. Auf Grund des Drucks des linken Flügels der USPD erklärten daraufhin am 28. Dezember die Volksbeauftragten der Partei aus Protest ihren Rücktritt. Für sie rückten die Mehrheitssozialdemokraten Gustav Noske und Rudolf Wissell nach. Auch auf der Ebene der preußischen Regierung erfolgte wenige Tage später der Bruch der MSPD-USPD-Koalitionsregierung. Seit Anfang Januar 1919 regierten daraufhin im größten deutschen Bundesstaat und im Reich rein mehrheitssozialdemokratische Regierungen.

Aufstandsversuche von links im Frühjahr 1919

Gleichzeitig sammelten sich um die Jahreswende 1918/19 unter dem Einfluss dieser Ereignisse in Berlin die radikalen Linken, um die Kommunistische Partei Deutschlands zu gründen. Die KPD entstand am 31. Dezember 1918 in der Reichshauptstadt als Zusammenschluss von Spartakusbund und »Bremer Linksradikalen«. Das politische Ziel dieser zahlenmäßig weniger bedeutenden, dafür umso entschlosseneren Gruppierung zeigte sich am 5. Januar 1919 in der Auslösung des so genannten »Januaraufstandes«. Es handelte sich dabei um eine schlecht vorbereitete spontane putschistische Aktion zum Sturz der Ebert-Scheidemann-Regierung. Träger des Umsturzversuches war ein gemeinsamer Revolutionsausschuss von KPD und linker USPD. Die MSPD-Regierung konnte dem gewaltsamen Um-

Januaraufstand der KPD 1919 in Berlin: Regierungstruppen formieren sich zum Angriff auf kommunistische Arbeiter.

Der Spartakistenführer Karl Liebknecht bei einer seiner letzten öffentlichen Ansprachen, hier vor dem Reichs-Innenministerium in Berlin

sturzversuch von links nur begegnen, indem sie regierungstreue Truppen und weitere Freiwilligeneinheiten, so genannte Freikorps, einsetzte. Am 11. Januar marschierten diese Verbände unter dem Oberbefehl des Volksbeauftragten Noske in die Reichshauptstadt ein und schlugen den Aufstand blutig nieder. Zu den Opfern der Kämpfe gehörten auch Karl Liebknecht und Rosa Luxemburg. Sie wurden am 15. Januar von Freikorpsoffizieren ermordet, die überwiegend nicht für die Republik, sondern »gegen den Bolschewismus« kämpften und als rechtsradikal einzustufen waren. Ähnlich wie in der Reichshauptstadt handelte die Reichsregierung fast zeitgleich in Bremen, einer alten Hochburg der extremen Linken. Hier hatte der lokale Arbeiter- und Soldatenrat am 10. Januar eine sozialistische Räterepublik ausgerufen. Es dauerte bis zum 4. Februar, ehe die Hansestadt durch Freikorpstruppen in brutalen Straßenkämpfen »befreit« worden war. In den nachfolgenden Wochen des Frühjahrs 1919 wiederholten sich vergleichbare Vorgänge in verschiedenen Teilen des Reiches, so im Ruhrgebiet, in Sachsen, Thüringen, erneut in Berlin oder auch in der bayerischen Hauptstadt München. Jedes Mal sah sich die MSPD-Führung gezwungen, einen Aufstand linksradikaler Kräfte mit Hilfe monarchistisch oder rechtsradikal eingestellter Truppen zu unterdrücken. Wider Willen war Ebert dadurch in den Augen vieler Sozialisten in Deutschland zum »Arbeiterverräter« geworden, sein Parteifreund Noske zum »Bluthund«. Auch Ebert erkannte die Tragik dieser Entwicklung, welche die ohnehin seit dem Krieg bestehende Spaltung der deutschen Arbeiterschaft in einen gemäßigten und einen linken Flügel noch vertiefte. So unbestreitbar die Gewaltbereitschaft der eingesetzten Regierungstruppen war, so musste die Regierung andererseits auf sie zurückzugreifen, um die Gründung der ersten deutschen Demokratie sicherzustellen.

Die Wahl zur Nationalversammlung am 19. Januar 1919

Nur knapp eine Woche nach der Niederwerfung des Berliner Januaraufstandes fanden im Reich die Wahlen zur verfassunggebenden Nationalversammlung statt. Neben den beiden sozialistischen Arbeiterparteien MSPD und USPD traten verschiedene bürgerliche »Volksparteien« an. Die bürgerlichen Politiker verstanden diese als ausdrückliche Gegenstücke zu den sozialistischen »Klassenparteien«, deren soziale Basis nicht über die Arbeiterschaft hinausgriff. Unter den Volksparteien fanden sich mehrere Neuschöpfungen, deren organisatorische, personelle und politische Wurzeln gleichwohl im Kaiserreich lagen.

Dies galt zunächst schon für die Deutsche Demokratische Partei (DDP), die Mitte November 1918 auf der politischen Bühne erschienen war. Die DDP ging aus der früheren Fortschrittlichen Volkspartei und Teilen der alten Nationalliberalen Partei hervor. Die Demokraten, welche den Zusammenbruch des »morschen« Kaiserreiches innerlich begrüßt hatten, verurteilten jede Diktatur, gleich ob von rechts oder von links, und traten für einen »freiheitlichen Volksstaat« ein. Dabei war ihnen ein zentrales Anliegen, gerade auch die Arbeiterschaft durch eine soziale und politische Reformpolitik an den neuen Staat zu binden. Die DDP fand bei jenen bürgerlichen Bevölkerungsschichten besondere Unterstützung, die, obwohl sie demokratisch und sozial eingestellt waren, davor zurückscheuten, sich den in ihren Augen »gleichmacherischen« Sozialdemokraten anzuschließen. Auch gab es gerade 1919 viele, denen es darum ging, durch die Unterstützung der DDP die antirevolutionären Kräfte des Bürgertums zu stärken. Zu Mitgliedern und Wählern der Demokratischen Partei zählten allgemein viele Angestellte, Beamte, Lehrer sowie Angehörige der besitz- und bildungsbürgerlichen Schichten. Weiterhin war die konfessionell ungebundene linksliberale DDP eine bevorzugte Partei vieler deutscher Juden.

Neben der DDP tauchte im Dezember 1918 mit der Deutschen Volkspartei eine weitere bürgerlich-liberale politische Kraft auf. Die DVP trat im eigentlichen Sinne die Nachfolge der Nationalliberalen aus dem Kaiserreich an. Nach außen hin wurde dies bereits dadurch deutlich, dass der letzte Vorsitzende der nationalliberalen Reichtagsfraktion, Gustav Stresemann, auch den Vorsitz der neugegründeten »Volkspartei« übernahm. Ihrem Selbstverständnis nach handelte es sich um eine rechtsbürgerliche und betont nationale Partei. Obgleich sich die DVP im Winter 1918/19 öffentlich auf den Boden der durch den Umsturz geschaffenen politischen Tatsachen stellte, galt die Sympathie ihrer Führung und Anhängerschaft der vergangenen Monarchie. Dies kam schon in der Wahl der Parteifarben Schwarz-Weiß-Rot zum Ausdruck, welche die Farben des kaiserlichen Reiches gewesen waren. Die Mitglieder und Wähler der Volkspartei lassen sich verallgemeinernd den großbürgerlichen und selbstständigen städtischen Schichten zurechnen. Namentlich befanden sich unter ihnen Unternehmer und Industrielle und auch viele selbstständige Handwerker, Kaufleute sowie Haus- und Grundeigentümer. Diese volksparteilich orientierten Gruppen der Bevölkerung waren sich insbesondere in der strikten Ablehnung jeglicher Formen von Sozialismus oder Sozialisierung einig. Von der Regierung verlangte die Gefolgschaft der DVP den Schutz des Privateigentums, die wirtschaftliche Förderung von Industrie und Mittelstand sowie Schutz vor steuerlicher Überlastung.

Durchaus ähnlichen politischen Zuschnitts war die Ende November 1918 gegründete Deutschnationale Volkspartei. Die DNVP präsentierte sich in vielem als eine Fortsetzung der im Sommer 1917 als Sammelorganisation der Rechten aufgetretenen so genannten »Vaterlandspartei«. Wie diese, zog auch die DNVP Konservative aller Art, alldeutsche Nationalisten und völkische Antisemiten an. Trotz eines nicht geringen Rückhalts für die DNVP auch in der christlich-nationalen Angestelltenschaft handelte es sich bei ihren Parteigängern überwiegend um Angehörige des besitzenden oder selbstständigen städtischen Mittelstandes sowie des höheren Beamten- und Bildungsbürgertums. Hinzu kamen ländliche Großgrundbesitzer, selbst Industrielle. Im Wahlkampf trat die Partei mit einem Programm auf, in dem der Ruf nach Wiederherstellung von »Recht und Ordnung« im Innern, die Verdammung der Revolution sowie das Bekenntnis zur monarchischen Staatsform eine herausragende Stellung einnahm. Gleichzeitig stellte sich die protestantisch verankerte DNVP als Verfechterin christlich-konservativer Werte dar.

Neben DDP, DVP und DNVP bot sich den nichtsozialistischen Bevölkerungsschichten im Januar 1919 die Zentrumspartei zur Wahl an. Das Zentrum war im Gegensatz zu diesen Parteien keine »neue« Erscheinung. Seine organisatorische und politische Tradition reichte bis in das Jahr 1870 zurück, in welchem es als politische Vertretung des katholischen Volksteils gegründet worden war. Zur Zentrumspartei bekannten sich Katholiken verschiedenster sozialer Herkunft, von adeligen Großgrundbesitzern über Handwerkern, Kaufleuten und Beamten bis hin zu konfessionell gebundenen Arbeitern und christlich-katholischen Gewerkschaftsfunktionären. Auch viele Geistliche gehörten ihr an. Keine andere der kandidierenden Parteien konnte in ähnlicher Weise für sich beanspruchen, eine wirkliche Volkspartei mit schichtenumspannendem Charakter zu sein. Wenn auch auf Grund der sozialen Vielgestaltigkeit des Zentrums von vornherein die Schwierigkeit bestand, die unterschiedlichen wirtschaftlich-sozialen Interessen von Industrie, Mittelstand und Arbeiterschaft innerparteilich miteinander zu vereinbaren, erwies sich doch immer wieder die gemeinsame katholische Weltanschauung als Garant des inneren Zusammenhalts. Die Revolution betrachteten große Teile der Partei als Sturz einer »gottgewollten« Ordnung. Dies erklärt das Unbehagen, mit dem viele konservative Zentrumsmitglieder und -anhänger im November 1918 den veränderten politischen Bedingungen gegenübertraten. Andererseits gab es zugleich jene im Zentrum, die, wie die Vertreter des linken Parteiflügels um Matthias Erzberger, die republikanische und demokratische Staatsform vorbehaltlos begrüßten und sich ihr engagiert zur Verfügung stellten. In der besonderen Situation des Winters 1918/19 ging es der Zentrumspartei gleichermaßen darum, die bevorstehende politische Neuordnung nicht den »Linksparteien« zu überlassen sowie die weltanschaulichen und kulturpolitischen Belange der Katholiken, besonders auf dem Gebiet der Schulpolitik, zur Geltung zu bringen.

Bei den Wahlen am 19. Januar 1919 galt das durch den Rat der Volksbeauftragten eingeführte allgemeine und gleiche Wahlrecht. Erstmals waren damit, anders als im Kaiserreich, auch Frauen und Soldaten wahlberechtigt. Weiterhin hatte die Revolutionsregierung das wahlfähige Alter von 25 auf 20 Jahre herabgesetzt, so dass sich die Zahl der Wahlberechtigten gegenüber der vergleichbaren letzten Vorkriegswahl von 1912 deutlich erhöhte. Von 36,7 Millionen stimmberechtigten Männern und Frauen deutscher Reichsangehörigkeit nutzten am 19. Januar 30,5 Millionen die ihnen gebotene Möglichkeit zur politischen Mitentscheidung. Dies ergab rechnerisch eine, gemessen an späteren Reichstagswahlen, hohe Wahlbeteiligung von 83%. Nach Auszählung der abgegebenen Stimmen entfiel auf die MSPD ein Anteil von 37,9%; das Zentrum erzielte 19,7%, die DDP kam auf 18,6%, die DNVP erhielt 10,3%, die USPD 7,6%, die DVP 4,4%, und die anderen Parteien, ohne die der Wahl ferngebliebenen KPD, erreichten 1,6%. Entgegen den Hoffnungen der Mehrheits-Sozialdemokraten erbrachte der Wahlausgang damit keine »sozialistische Mehrheit« im Reich. Selbst unter Hinzurechnung der 7,6% Wähleranteile der USPD wäre dieses Ziel nicht erreicht worden. Aber auch die rückwärts gewandten monarchistisch-restaurativen Parteien DNVP und DVP waren mit zusammen rund 15% der Stimmen durch die Wählerschaft nicht bestätigt worden. Demgegenüber entschied sich die weit überwiegende Mehrheit der Deutschen für MSPD, DDP und das Zentrum, die zusammen auf einen Anteil von 76% kamen. Die Wähler gaben mithin jenen Parteien bevorzugt ihre Stimme, welche sich im Wahlkampf rückhaltlos zum demokratischen politischen Neubeginn bekannt hatten. Der Wahlausgang bedeutete zugleich ein klares Votum der Deutschen für den im November 1918 durch die MSPD-Führung eingeschlagenen Weg eines bruchlosen Übergangs zu Demokratie und Republik. Unter koalitionspolitischen Gesichtspunkten kam auf Grund des Wahlergebnisses nur eine sozialdemokratisch-bürgerliche Regierungsbildung in Frage, wie sie ja schon beim Zustandekommen der »Oktoberregierung« von 1918 zum Tragen gekommen war. Die neue Regierung der so genannten Weimarer Koalition von MSPD, DDP und Zentrumspartei unter dem Sozialdemokraten Scheidemann trat am 13. Februar 1919 ihr Amt an. Sie war von Friedrich Ebert ernannt worden, den die Abgeordneten der Nationalversammlung zwei Tage zuvor auf ihrer Tagung in Weimar zum ersten Reichspräsidenten der »Weimarer Republik« gewählt hatten.

Philipp Scheidemann (Mitte) auf dem Weg zur Eröffnungssitzung der Nationalversammlung in Weimar 1919

Reichspräsident Friedrich Ebert (rechts vorn) und Reichskanzler Dr. Joseph Wirth (links) beim Verlassen der Berliner Staatsoper nach den offiziellen Feierlichkeiten zum »Verfassungstag« im August 1921

Mit der Wahl zur Nationalversammlung und ihrem Zusammentritt am 8. Februar im thüringischen Weimar war die Revolution von 1918/19 zu ihrem Ende gekommen. Um eine tief grei-
fende Umwälzung hatte es sich nicht gehandelt. Weder in der
Verwaltung, noch im Heer oder in der Justiz, wo es vielleicht
besonders notwendig gewesen wäre, waren unter der MSPDge-
führten Übergangsregierung grundlegende strukturelle oder
personelle Veränderungen eingeleitet oder durchgesetzt worden.
Die kaiserlichen Beamten der Fachministerien des Reiches waren vielfach ebenso in ihren Ämtern verblieben wie nahezu alle
deutschen Richter, Oberbürgermeister oder kommunalen Poli-
zeipräsidenten. Auch die alte Armee war nach der Rückführung
und teilweisen Auflösung der Heimat- und Fronttruppen in ihrem überkommenen Kern erhalten geblieben; das erwähnte
Bündnis Eberts mit General Groener aus den ersten Revoluti-
onstagen hatte hierzu wesentlich beigetragen. Auch wenn vielleicht manche durchgreifenden Reformen wie die Vergesell-
schaftung des Steinkohlebergbaus im Winter 1918/19 politisch
durchsetzbar gewesen wären, bleibt als Tatsache bestehen, dass
die sozialdemokratischen Volksbeauftragten ihren möglichen
Handlungsspielraum aus grundsätzlichen demokratischen Erwägungen heraus und wegen der ihnen dringlicher erscheinenden politischen Tagesaufgaben bewusst nicht nutzten. Die Alternative zu ihrer auf Ausgleich mit den Interessen des Bürgertums
ausgerichteten evolutionären Politik von 1918/19 lag in einer
konsequent sozialistischen Politik im Bündnis mit der – in sich
gespaltenen – USPD. Für eine solche Politik gab es aber in der
deutschen Bevölkerung zu Beginn der Weimarer Republik keine
Mehrheit.

Die Weimarer Reichsverfassung:
Grundzüge, Neuerungen und Probleme

Die Anfang Februar 1919 beginnenden Verhandlungen der Nationalversammlung waren nach Weimar verlegt worden, um den
Abgeordneten zu ermöglichen, losgelöst von der revolutionären Atmosphäre in der Reichshauptstadt in ruhiger und sicherer

Umgebung zu tagen. Die wichtigste Aufgabe der Nationalversammlung bestand zunächst darin, eine Verfassung zu verabschieden. Mit der Ausarbeitung einer Reichsverfassung hatte
der Rat der Volksbeauftragten bereits im November 1918 den
linksliberalen Staatsrechtler Hugo Preuß beauftragt. Bei der
Wahl dieses Berliner Gelehrten handelte es sich um eine wohl
überlegte Entscheidung. Preuß hatte schon während des Krieges einen Entwurf für eine demokratisch erneuerte Verfassung
des Kaiserreiches und Preußens erarbeitet. Auch von daher war
er als ein Gegner des Obrigkeitsstaates und ein überzeugter
Demokrat bekannt. Nach mehreren Überarbeitungen lag der
wesentlich von ihm verantwortete endgültige Verfassungsent-
wurf Ende Februar 1919 der Nationalversammlung zur Beratung und Beschlussfassung vor. Es folgten Anfang März eine
erste Lesung des Entwurfs im Plenum sowie eine zweite und
dritte Lesung im Juli. Ende des Monats nahm die Nationalversammlung die neue Verfassung dann mit der großen Mehrheit
von 262 zu 75 Stimmen an. Nach ihrer Unterzeichnung durch
Reichspräsident Ebert traten ihre Bestimmungen am 11. August
1919 offiziell in Kraft.

Der Verfassungstext gliederte sich in zwei Hauptteile. Im ersten dieser Teile ging es um den Aufbau und die Aufgaben des
Reiches; im zweiten großen Teil schloss sich ein Katalog von
Grundrechten der Deutschen an. Der Leitgedanke der Weimarer Reichsverfassung war das Prinzip der Volkssouveränität.
Dieses kam schon in seinem Artikel 1 zum Ausdruck, in dem es
knapp heißt: »Das Deutsche Reich ist eine Republik. Die Staatsgewalt geht vom Volke aus.« Seine Herrschaft sollte das Volk
über das Mittel demokratischer Wahlen ausüben. Der neuen
Verfassung nach konnten die wahlfähigen Deutschen nicht nur
ihre parlamentarische Vertretung, den Reichstag, sondern auch
das Staatsoberhaupt, den Reichspräsidenten, in freier Entscheidung bestimmen. Für die Wahl zum Reichstag galt, wie schon
am 19. Januar, das unbeschränkte demokratische Wahlrecht.
Die jeweiligen Wahlen hatten demzufolge in allgemeiner, gleicher, geheimer und unmittelbarer Verhältniswahl zu erfolgen.
Auch der Reichspräsident sollte vom Volk direkt gewählt werden. Darüber hinaus waren als plebiszitäre Elemente Volksbe-

gehren und Volksentscheide vorgesehen; sie sollten den wahlberechtigten Frauen und Männern eine zusätzliche Möglichkeit bieten, basisdemokratisch in laufende politische Vorgänge steuernd einzugreifen.

Die verfassungsmäßige Stellung von Reichstag und Reichspräsident

Die größten Machtbefugnisse erhielten die vom Volk gewählten Verfassungsorgane, der Reichstag und der Reichspräsident. Der für vier Jahre gewählte Reichstag besaß künftig das Recht, die Gesetze des Reiches zu beschließen. Vor 1918 hatte er formal nur über ein eingeschränktes Mitwirkungsrecht in der Gesetzgebung verfügt. Auch hinsichtlich des Verhältnisses von Reichstag und Reichsregierung brachte die neue Verfassung grundlegende Neuerungen im Sinne einer entscheidenden Aufwertung der gewählten Volksvertretung. Im Unterschied zu den Verfassungsbestimmungen der Wilhelminischen Zeit, wie sie bis Ende Oktober 1918 galten, bedurfte die politische Führung des Reiches fortan des Vertrauens der Reichstagsmehrheit. Die Reichsregierung konnte also nicht im Amt verbleiben, wenn ihr der Reichstag durch Beschluss das Vertrauen entzog. Die deutlich gestärkte Stellung des Parlamentes äußerte sich ferner beispielsweise auf dem Gebiet der außenpolitischen Zuständigkeiten, wo das für die Existenz des Einzelnen wesentliche Recht, über Krieg und Frieden zu beschließen, vom Kaiser und vom Bundesrat der Einzelstaaten 1919 auf die Volksvertretung überging.

In der ausdrücklichen Absicht, der Macht des Parlamentes ein ebenbürtiges Gegengewicht gegenüberzustellen, sah die Weimarer Reichsverfassung eine ähnlich starke Stellung des Reichspräsidenten vor. Das für sieben Jahre gewählte Staatsoberhaupt ernannte nicht nur den Reichskanzler; es konnte auch Volksentscheide ansetzen und den Reichstag auflösen. Die Möglichkeit zur Reichstagsauflösung bot sich dem Reichspräsidenten durch Artikel 25 der Verfassung, der in der Nationalversammlung nur wenige Gegenmeinungen auf sich zog. Ähnliches gilt für die bedeutenden Bestimmungen des Artikels 48, mit dem das Staatsoberhaupt in inneren Krisenzeiten weit reichende ausnahmegesetzliche Befugnisse erhielt. Dieser so genannte Notverordnungsartikel setzte den Reichspräsidenten in die Lage, bei Vorliegen einer »erheblichen« Störung und Gefährdung der öffentlichen Sicherheit und Ordnung den Ausnahmezustand zu verhängen. Während dieser Zeit war es ihm möglich, unabhängig von parlamentarischer Kontrolle zu regieren und sogar wichtige bürgerliche Grundrechte zeitweilig auszusetzen. In Verbindung mit den bereits angesprochenen präsidialen Vorrechten der Kanzlerernennung und der Reichstagsauflösung fiel dem Staatsoberhaupt, das zudem den Oberbefehl über die Reichswehr innehatte, damit in inneren Notzeiten diktatorische Macht zu. Auch wenn der Reichspräsident diese Befugnisse nicht länger als 60 Tage unbeschränkt ausüben konnte, stand ihm infolgedessen eine außerordentliche Machtfülle zur Verfügung. Teilweise ging diese sogar über die verfassungsrechtlichen Möglichkeiten hinaus, wie sie die alte Verfassung dem Kaiser einräumte.

Es herrschte 1919 gleichwohl nicht nur unter konservativen Politikern Befriedigung darüber, dass der – der Idee nach – über dem Parlament und den Parteien stehende Reichspräsident notfalls die Parteien unter Zuhilfenahme des Artikels 48 »zur Räson bringen« und daran erinnern konnte, weniger die Sonderinteressen ihrer jeweiligen Anhängerschaft als vielmehr das Gemeinwohl im Auge zu behalten. Hinter einer Auffassung wie dieser verbargen sich damals verbreitete Vorbehalte gegenüber den politischen Parteien. Diese Vorbehalte waren Ausfluss fortdauernden obrigkeitsstaatlichen Denkens bei vielen, auch aufgeklärten Zeitgenossen, welche oft geringschätzig Klage über die vermeintliche »Parlaments- und Parteiwirtschaft« führten. Die Notstandsbestimmungen der Weimarer Reichsverfassung sind andererseits zugleich als eine zeitbedingte Antwort der »Verfassungsväter« auf die bürgerkriegsähnlichen Kämpfe des Frühjahrs 1919 in Berlin, Bremen, Braunschweig, dem Ruhrgebiet, Mitteldeutschland, Bayern und anderen Teilen des von immer neuen inneren Unruhen erschütterten Reiches zu sehen. In der damaligen Lage erschienen sie als ein notwendiges Abwehrmittel des demokratischen Staates gegen revolutionäre Um-

	Weimarer Reichsverfassung	Grundgesetz der Bundesrepublik Deutschland
Präsident	Volkswahl auf 7 Jahre	Wahl durch Bundesversammlung auf 5 Jahre
	Oberbefehl über die Reichswehr	Kein Oberbefehl über die Bundeswehr
	Notverordnungsrecht	Kein Notverordnungsrecht
Parlament und Regierung	Verhältniswahlrecht	Modifiziertes Verhältniswahlrecht, 5%-Sperrklausel
	Keine Hervorhebung der Parteien	Anerkennung der Rolle der Parteien
	Reichskanzler vom Reichspräsidenten ernannt	Bundeskanzler vom Bundestag gewählt
	Einfaches Misstrauensvotum	Konstruktives Misstrauensvotum
Sicherung der Verfassung	Verfassungsänderung leicht möglich	Verfassungsänderung erschwert
	Wertneutrale Verfassung	Verfassung an Grundwerte gebunden
	Beamte und Richter nicht zur Verfassungstreue verpflichtet	Treuepflicht fordert von Beamten und Richtern Eintreten für freiheitlich demokratische Grundordnung

Wichtige Unterschiede der Weimarer Reichsverfassung und des Grundgesetzes der Bundesrepublik Deutschland im Überblick

Besondere Macht erhielt der Reichspräsident durch den Artikel 48 der Weimarer Reichsverfassung:

Artikel 48

Wenn ein Land die ihm nach der Reichsverfassung oder den Reichsgesetzen obliegenden Pflichten nicht erfüllt, kann der Reichspräsident es dazu mit Hilfe der bewaffneten Macht anhalten.

Der Reichspräsident kann, wenn im Deutschen Reiche die öffentliche Sicherheit und Ordnung erheblich gestört oder gefährdet wird, die zur Wiederherstellung der öffentlichen Sicherheit und Ordnung nötigen Maßnahmen treffen, erforderlichenfalls mit Hilfe der bewaffneten Macht einschreiten. Zu diesem Zweck darf er vorübergehend die in den Artikeln 114, 115, 117, 118, 123, 124 und 153 festgesetzten Grundrechte ganz oder zum Teil außer Kraft setzen.

Von allen gemäß Absatz 1 oder Absatz 2 dieses Artikels getroffenen Maßnahmen hat der Reichspräsident unverzüglich dem Reichstag Kenntnis zu geben. Die Maßnahmen sind auf Verlangen des Reichstags außer Kraft zu setzen. (...)

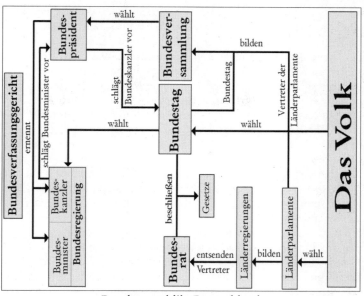

Bundesrepublik Deutschland
Schematischer Vergleich der Verfassungen
Weimarer Republik

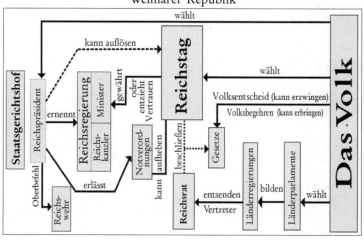

sturzversuche. Grundsätzlich barg der Notstandsartikel aber eben auch die andere Möglichkeit des politischen Missbrauchs. Es kam also in den weiteren Jahren entscheidend darauf an, wie der jeweilige Reichspräsident zur demokratischen Republik stand und mit welchem Verantwortungsbewusstsein er seine durch die Verfassung festgeschriebene Macht benutzte.

Im Gegensatz zum Reichstag erfuhr die Vertretung der Länder im Übergang zur Weimarer Republik eine verfassungsrechtliche Bedeutungsminderung. Anders als vor 1918 der Bundesrat, war der Reichsrat bei der Reichsgesetzgebung künftig nur noch in beratender Funktion beteiligt. Mehr als ein aufschiebendes Einspruchsrecht besaß die Länderkammer nach der Verfassung von 1919 nicht. Dennoch hatte sich die ursprünglich von Preuß beabsichtigte erhebliche Stärkung des Reichs als Zentralgewalt zu Lasten der einzelnen Länder nicht im erstrebten Maße durchsetzen lassen. Vor allem die süddeutschen Länder mit Bayern an der Spitze hatten die Stellung der Länder im Reichsaufbau vehement zu verteidigen gewusst. Auch die von Preuß gewollte gebietliche Neuordnung der deutschen Länder auf dem Weg einerseits der weit gehenden Zerschlagung des preußischen Großstaates sowie andererseits der Aufhebung und Zusammenlegung der vielen Kleinstaaten wie Schaumburg-Lippe oder Waldeck war am starken Widerstand der »Partikularisten« gescheitert.

Die Grundrechtsartikel

Der liberale Geist der Weimarer Reichsverfassung kam am deutlichsten in den Grundrechtsbestimmungen ihres zweiten Hauptteils zum Tragen. Es handelte sich um eine Sammlung verschiedenster Grundrechte. Neben den hergebrachten liberalen Freiheitsrechten wie der Glaubens- und Gewissensfreiheit, der Meinungsfreiheit, der Versammlungs- und Pressefreiheit oder dem Gedanken der Gleichheit aller vor dem Gesetz finden sich neuere sozialstaatliche Grundrechtsprinzipien. Beispiele hierfür sind der Jugend- und Mutterschaftsschutz oder der Schutz der Arbeitskraft. Ferner fanden auf Betreiben der Sozialdemokraten an dieser Stelle der Weimarer Verfassung jene Bestimmungen Eingang, mit denen der Übergang zu einer »Wirtschaftsdemokratie« möglich werden sollte. Artikel 153 und 156 schränkten das Recht auf Eigentum ein und erlaubten es, Unternehmen zu enteignen und in Gemeineigentum zu überführen. Die um die Jahreswende 1918/19 heftig diskutierte Forderung weiter Teile der Arbeiterschaft nach Sozialisierung »dazu geeigneter« Großbetriebe konnte damit, den politischen Willen vorausgesetzt, grundsätzlich in Gang gesetzt werden. In den weiteren Bestimmungen zur Ordnung des Wirtschaftslebens gab die Verfassung den Rahmen für eine sozialpartnerschaftliche Neuregelung der betrieblichen und überbetrieblichen Arbeitsbeziehungen vor. In Artikel 165 heißt es, Arbeiter und Angestellte seien dazu berufen, in gleichberechtigter Gemeinschaft mit den Unternehmern an der Festsetzung der Lohn- und Arbeitsbedingungen mitzuwirken. Dazu waren entsprechende tarifpolitische Organisationen notwendig, weshalb die Verfassung weiterhin jedem Einzelnen im Wirtschaftsleben und allen Berufsgruppen volle Vereinigungsfreiheit garantierte. Schließlich sollten Arbeiter und Angestellte zur Wahrung ihrer sozialen und wirtschaftlichen Anliegen so genannte »Betriebsräte« bilden können. Diese Idee kam Anfang 1920 im Reichsrätegesetz zur Verwirklichung. Mehr als dieser Betriebsrätegedanke war von der aufgeregten Rätedebatte der ersten Revolutionswochen jedoch nicht in die neue Verfassung gelangt.

Die Ansichten zur Weimarer Reichsverfassung gehen in der Fachliteratur zum Teil weit auseinander. Sie schwanken zwischen der Kennzeichnung als »großer Wurf« mit zukunftsweisendem Charakter, vor allem im Hinblick auf die Verankerung sozialstaatlicher Grundprinzipien, und der Betonung ihrer Schwächen und Probleme, wobei besonders häufig auf die starke Stellung des Reichspräsidenten hingewiesen wird. Bei den Mitlebenden fand die neue Verfassung dagegen im Sommer 1919 durchweg wenig Beifall. Nicht einmal die Parteien, die ihr im Juli des Jahres zugestimmt hatten, zeigten sich mit dem Verfassungswerk wirklich zufrieden. Ausschlaggebend hierfür war sein ausgesprochener Kompromisscharakter oder, je nach der bevorzugten Bewertung, seine Unentschiedenheit in prinzipiellen gesellschaftspolitischen Fragen. Bei der Frage der künftigen Wirtschafts- und Gesellschaftsordnung etwa war die Entscheidung der Verfassung weder eindeutig zu Gunsten eines kapitalistischen noch eines sozialistischen Gefüges gefallen. Es kam vielmehr ein offen gehaltener Mittelweg heraus: eine auf dem Privateigentum bestehende Ordnung, welche gleichwohl sozial ausgestaltet und gegebenenfalls nach sozialistischen Vorstellungen verändert werden konnte. Diese Lösung ging vielen Sozialdemokraten und – mehr noch – den linkssozialistischen Unabhängigen nicht weit genug; die bürgerlichen Abgeordneten etwa der DVP sahen dagegen hierin ein fatales Zugeständnis an die vermeintlich eigentumsfeindliche »Masse« der deutschen Arbeiterschaft. Allerdings war bei den erläuterten politischen Mehrheitsverhältnissen in der Nationalversammlung eben »nur« ein Kompromiss zwischen bürgerlichen und sozialdemokratischen Vorstellungen denkbar. Insoweit konnte die Weimarer Reichsverfassung, von der ein damals bekannter Sozialdemokrat erklärte, sie begründe die »demokratischste Demokratie der Welt«, nur eine »Verfassung ohne Entscheidung« werden.

Der Friedensvertrag von Versailles und die Reaktionen der deutschen Öffentlichkeit 1919/20

Neben den Verfassungsberatungen drängte im Frühjahr 1919 der Abschluss eines Friedensvertrages mit den alliierten Kriegsgegnern als zweite zentrale politische Aufgabe auf eine Lösung. Die Entscheidung über die künftigen Friedensregelungen fiel auf einer internationalen Konferenz zwischen Januar und Mai 1919 in Versailles bei Paris. An dieser Tagung unter dem Vorsitz des französischen Ministerpräsidenten Clemenceau nahmen Delegierte aus 32 Staaten, auch von außerhalb Europas, teil. Das übergeordnete Ziel der Konferenz bestand darin, nach dem Ende des Ersten Weltkrieges mit Millionen von Toten und Hunderttausenden von Kriegsbeschädigten eine dauerhafte Weltfriedensordnung zu schaffen. Den Ausgang der Verhandlungen, von denen Deutschland ausgeschlossen war, bestimmten die Vertreter der Großmächte, namentlich die so genannten »Großen Drei«: der amerikanische Präsident Woodrow Wilson, der britische Premierminister Lloyd George sowie Clemenceau als französischer Regierungsvertreter.

Nahezu alle deutschen Politiker, wie auch die deutsche Öffentlichkeit, gingen von der Erwartung eines letztlich tragbaren Friedens aus. Nachdem Deutschland zu einer parlamentarischen Demokratie westlichen Musters geworden war und mit Kaiser Wilhelm II. der Repräsentant des »preußischen Militarismus« abgedankt hatte, glaubten viele einen milden Frieden auf der Grundlage der Ankündigungen Wilsons vom Januar 1918 sogar beanspruchen zu können. Auch die geschichtliche Erfahrung schien ja zu zeigen, dass Friedensverträge den Regeln politischer Rationalität folgten. Eine vernünftige Friedensregelung schloss nach deutscher Auffassung beispielsweise allzu große alliierte Gebietsforderungen ebenso aus wie umfassende wirtschaftliche Wiedergutmachungslasten. Denn diese müssten das Reich dauerhaft verarmen und so für den »Bolschewismus« anfällig machen. Tatsächlich erhoffte sich die deutsche Diplomatie gerade auf wirtschaftlichem Gebiet weitmögliche Schonung, um ausgehend von einer ungebrochenen deutschen Wirtschaftskraft den baldigen Wiederaufstieg des Reichs zur europäischen Großmacht sicherstellen zu können. Den erheblichen Illusionen auf deutscher Seite standen bei nüchterner Betrachtung einige desillusionierende Tatsachen gegenüber: Da war zum einen der schon erwähnte Friede von Brest-Litowsk, mit dem Deutschland im Frühjahr 1918 dem Kriegsgegner Russland überaus harte Bedingungen aufgezwungen hatte. Es konnte eigentlich klar sein, dass Deutschland selbst damit ein Beispiel gesetzt hatte, das die Alliierten im Frühjahr 1919 nicht einfach übersehen würden. Zum Zweiten musste die innenpolitische Situation in den jeweiligen alliierten Staaten in Rechnung gestellt werden; vor allem in Frankreich, das besonders hohe Opfer sowie Sach- und Gebietsschäden beklagte, drängte die Bevölkerung die eigene Regierung, Deutschland für alles Leid unnachsichtig in Haftung zu nehmen. Zum Dritten hatten schon die Waffenstillstandsbedingungen vom 11. November 1918 den Gang der weiteren Entwicklung in einem für Deutschland wenig hoffnungsvollen Sinne vorgezeichnet.

Die Waffenstillstandsbedingungen, die der Zentrumspolitiker Erzberger im Namen der damaligen Reichsregierung in Compiègne nahe Paris unterzeichnet hatte, entsprachen wesentlich den französischen Forderungen. Es handelte sich fraglos um harte Kapitulationsbedingungen: Deutschland musste sämtliche besetzte Gebiete im Westen und im Osten räumen; alliierte Truppen sollten nachfolgend die linksrheinischen Gebiete besetzen und bei Köln, Mainz und Koblenz Brückenköpfe zum Reichsinneren bilden. Weiter hatte das Reich in großem Umfang Kriegsgerät abzuliefern, darunter die gesamte deutsche U-Boot-Flotte sowie die weit gehend intakte Hochseeflotte, welche Großbritannien zu übergeben war. Ferner waren unverzüglich alle alliierten Kriegsgefangenen zu entlassen und zurückzuführen, ohne dass die Siegermächte ebenfalls eine solche Verpflichtung auf sich nahmen. Auch sollte die See- und Wirtschaftsblockade gegen Deutschland auf unbestimmte Zeit fortbestehen. Diese Kapitulationsbedingungen bezweckten, das Reich außer Stande zu setzen, den Krieg wiederaufzunehmen, wie es im Spätherbst 1918 einige hohe Militärs um General Ludendorff zwischenzeitlich ernsthaft erwogen hatten.

Die alliierten Positionen in Versailles

Für den amerikanischen Präsidenten Wilson bestand das oberste Verhandlungsziel in Versailles darin, eine internationale Institution zur weltweiten Friedenssicherung zu schaffen. Den Gedanken eines Völkerbundes hatte Wilson bereits im Rahmen seiner mehrfach erwähnten »Vierzehn Punkte« von Anfang 1918 öffentlichgemacht. Seine Vorstellungen kreisten um eine ständige Organisation möglichst vieler Staaten der Welt. Diese Institution sollte verbindliche Regeln für das friedliche Zusammenleben der Völker erarbeiten und überwachen sowie, zum Beispiel durch Schiedsverfahren, internationale Streitigkeiten schlichten helfen. Neben der Völkerbundsidee verfolgte die amerikanische Diplomatie in Versailles aber auch weniger idealistische politische Ziele wie die Erhaltung eines offenen europäischen Exportmarktes für die eigene Wirtschaft und die Eindämmung eines bolschewistischen Vordringens in Europa. Daneben war für die USA, wie für alle anderen Siegerstaaten, von vornherein klar, dass Deutschland für die angerichteten Kriegsschäden finanzielle Wiedergutmachung, also Reparationen, zu leisten habe.

Die Regierung Großbritanniens ging bereits weitgehend zufrieden gestellt in die Friedensverhandlungen. Nach dem militärischen Sieg über Deutschland war das Reich als koloniale Konkurrenzmacht ausgeschaltet. Zugleich hatte es seine Fähigkeit zur Seekriegsführung eingebüßt, und auch als wirtschaftlicher Konkurrent schien es auf absehbare Zeit bedeutungslos zu sein. Auf Grund dieser für sie günstigen Ausgangslage konzentrierten sich die britischen Zielsetzungen bei den Friedensverhandlungen darauf, die eigenen traditionellen Gleichgewichtsvorstellungen für Kontinentaleuropa zum Tragen zu bringen, mithin den Aufstieg einer neuen europäischen Vormacht zu verhindern. Daher schien es der britischen Diplomatie darauf anzukommen, eine sehr weit gehende Schwächung Deutschlands nicht zuzulassen. Denn dies musste nach ihrer Beurteilung nicht nur einen dauerhaften Frieden erschweren, sondern auch Frankreich die Möglichkeit geben, das durch den Kriegsausgang entstandene Machtvakuum in der Mitte Europas zu seinen Gunsten zu verändern.

Für die französische Verhandlungsdiplomatie stand die Befriedigung des eigenen Sicherheitsbedürfnisses an oberster Stelle. Denn das Deutsche Reich hatte innerhalb weniger Jahrzehnte zweimal, 1870/71 und 1914/18, gegen Frankreich Krieg geführt. Es war nach französicher Einschätzung langfristig auf Grund seiner überlegenen Bevölkerungszahl und Wirtschaftskraft dazu immer wieder in der Lage. Also musste die französische Regierung 1919 alles daran setzen, um die gebotene Chance zu nutzen, dem Reich die Grundlagen seiner Aggressionsmöglichkeiten zu entziehen. Frankreich trat folglich mit dem Verlangen umfangreicher deutscher Gebietsabtretungen, einschneidender Rüstungsbeschränkungen sowie weit reichender Wiedergutmachungszahlungen des Reiches in die Verhandlungen ein. Soweit es um die gebietlichen Forderungen ging, hatte es Frankreich zunächst darauf abgesehen, Elsass-Lothringen, das es im Krieg von 1870/71 an das Deutsche Reich verloren hatte, zurückzugewinnen. Sodann war geplant, das Saarland mit seinen Kohlengruben zu annektieren sowie die eigene Militärgrenze bis an den Rhein vorzuschieben. Alternativ war hierbei auch an die Bildung eines selbstständigen Rheinlandes als von Frankreich abhängigem Pufferstaat gedacht. Gleichzeitig sollte in Ost- und Mitteleuropa ein auf die französischen Interessen hin ausgerichtetes Bündnisgefüge geschaffen werden. Bei diesen Überlegungen spielte das im Krieg wieder erstandene Polen eine entscheidende Rolle. Der neue polnische Staat sollte militärisch aufgerüstet werden und so eine ständige Bedrohung an Deutschlands Ostgrenze darstellen. Nebenher sollte er zugleich als ein Bollwerk gegen das bolschewistische Russland dienen.

Die wichtigsten Inhalte des Versailler Vertrages

Nach den langen Verhandlungen unter den Siegermächten kam ein Kompromiss zu Stande, der dabei den französischen Erwartungen am nächsten zu stehen schien. Das Vertragswerk umfasste 440 Artikel mit insgesamt fast achtzigtausend Wörtern. Seine Hauptbestimmungen betrafen gebietliche Fragen, den Bereich militärischer Entwaffnungsforderungen sowie das Problem der wirtschaftlichen und finanziellen Wiedergutmachungsleistungen. Nach dem Vertragstext verlor Deutschland ein Siebtel seiner Fläche und etwa ein Zehntel seiner Bevölkerung, daneben sämtliche überseeische Kolonialbesitzungen. Am härtesten erschienen die geforderten Gebietsabtretungen im Osten des Reiches. Posen und der größte Teil Westpreußens sollten an Polen fallen. Das Gleiche galt für Teile Ostpreußens, das nach diesen Abtretungen vom übrigen Reichsgebiet getrennt war, und Hinterpommerns. Das Memelgebiet fiel unmittelbar unter alliierte Verwaltung. Danzig erhielt den Status einer »Freien Stadt« unter der Aufsicht eines Kommissars des zu errichtenden Völkerbundes. Im südlichen Ostpreußen und in Ost-Oberschlesien sollten Volksabstimmungen über die künftige staatliche Zugehörigkeit der Gebiete entscheiden. Auch für

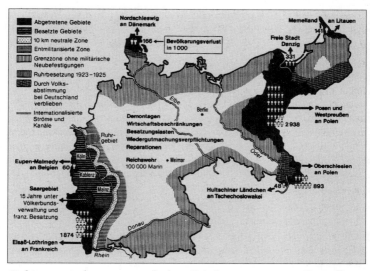

Gebietsveränderungen nach dem Friedensvertrag von Versailles

Der Friedensvertrag wird zur Unterzeichnung in den Spiegelsaal von Versailles gebracht.

Nordschleswig sowie den industriellen Kreis Eupen-Malmedy an der Grenze zu Belgien waren Volksabstimmungen vorgesehen. Erwartungsgemäß fiel, ebenfalls im Westen, Elsass-Lothringen an Frankreich zurück. Anders verhielt es sich dagegen mit dem Saarland und dem Rheinland. Hier ließen sich wegen des Widerstands der amerikanischen und der britischen Delegation in Versailles die französischen »Anschlusspläne« nicht verwirklichen. Statt dessen kam das Saargebiet unter die Kontrolle einer Völkerbundskommission, wobei jedoch seine Kohlenvorkommen für 15 Jahre Frankreich zur wirtschaftlichen Nutzung überlassen sein sollten. Die weitere Zugehörigkeit des Rheinlandes sollte sich 1935 in einer Volksabstimmung entscheiden. Der linksrheinisch gelegene Teil des Reiches blieb, ebenso wie die Brückenköpfe Köln, Koblenz und Mainz, von alliierten Truppen besetzt; eine Räumung sollte schrittweise erst nach fünf, zehn und fünfzehn Jahren erfolgen. Die aufgeführten dauerhaften oder zeitlich begrenzten Gebietsabtrennungen hatten für das Reich vor allem einschneidende wirtschaftliche Auswirkungen. Deutschland verlor mit ihnen 25% seiner Steinkohleförderung, 44% seiner Roheisen- und 38% seiner Stahlerzeugung, 75% seiner Eisenerzförderung, 68 % seiner Zinkerze sowie 17% seiner Kartoffel- und 13% seiner Weizenernte.

Mit den Entwaffnungsbestimmungen verfolgten die Siegermächte das Ziel, Deutschlands Fähigkeit zur Kriegführung auf lange Sicht entscheidend zu verringern. Die deutsche Armee sollte gerade stark genug sein, um bolschewistische Aufstände im Innern, wie jene im Frühjahr 1919, aus eigener Kraft niederschlagen zu können. Dem Reich war künftig nur noch eine Berufsarmee von höchstens 100 000 Mann gestattet, dazu noch 15 000 Mann der Marine. Die bestehende Personalstärke sollte in kurzen Schritten auf diese zahlenmäßige Obergrenze gesenkt werden. Gleichzeitig war die allgemeine Wehrpflicht in Deutschland aufzuheben. Ferner waren dem Reich schwere Waffen, Panzer, Flugzeuge, Unterseeboote und größere Kriegsschiffe untersagt. Eine Zone von 50 Kilometern rechts des Rheins galt als entmilitarisiert. Hier durften keine Truppen stationiert oder Befestigungsanlagen unterhalten werden. Zur Überwachung der Abrüstungsbestimmungen setzten die Siegerstaaten eine interalliierte Militär-Kontrollkommission ein, die jederzeit freien Zugang zu Kasernen, Übungsplätzen und anderen militärischen Einrichtungen haben sollte. Weiterhin sollte Deutschland 900 »Kriegsverbrecher« aus dem Militär und der Politik, darunter auch den ehemaligen Kaiser, ausliefern, damit diese unter anderem wegen des Bruchs internationalen Rechts vor alliierte Gerichte gestellt werden konnten.

Die alliierten Wiedergutmachungsforderungen standen den Entwaffnungsbestimmungen an Entschiedenheit in nichts nach. Das Ausmaß der wirtschaftlichen und finanziellen Reparationsforderungen war dabei wesentlich duch das Verlangen Frankreichs und Großbritanniens bestimmt, ihre Kriegskosten, einschließlich der Aufwendungen für Familienunterstützungen, Ruhegehälter und Militärpensionen, nahezu vollständig ersetzt zu bekommen. Gegen den Willen der amerikanischen Verhandlungsdelegation wurden infolgedessen in Versailles hohe Schadenersatzforderungen an das Reich festgesetzt, die teils sofort, teils später und auch auf längere Dauer zu leisten waren. Unverzüglich zu übergeben waren 60% der deutschen Kohleförderung, nahezu die gesamte deutsche Handelsflotte, fast alle modernen Lokomotiven, Hundertausende von Eisenbahnwagons, mehr als die Hälfte des deutschen Milchviehbestandes, jedes zweite Binnenschiff sowie 25% der Erzeugung an chemischen und pharmazeutischen Produkten. Hinzu kam zum Beispiel auch die Einziehung sämtlicher deutscher Auslandsguthaben. Anders als bei der Zwangsablieferung von Wirtschaftsgütern konnten sich die alliierten Mächte in der Frage der finanziellen Entschädigungsleistungen nicht einigen. Man beschloss daher, den Anspruch gegen das Reich zunächst allgemein festzustellen, um weitere Einzelheiten wie die Entschädigungshöhe oder die Zahlungsfristen einer besonderen Reparationskommission zur Klärung zu überlassen. Diese sollte bis 1921 einen Plan für die deutschen Zahlungen aufstellen. Um die hohen Wiedergutmachungsleistungen rechtlich begründen zu können, fügten die Alliierten den so genannten Kriegsschuldartikel in das Vertragswerk ein. Es handelte sich um den Artikel 231, in dem Deutschland und seine Verbündeten »als Urheber« des Ersten Weltkrieges für alle Verluste und Schäden verantwortlich gemacht wurden.

Der Friedensvertrag von Versailles bürdete der jungen Republik sehr harte wirtschaftliche und politische Bedingungen auf. Er war weit von dem entfernt, was man auf deutscher Seite Anfang 1919 als einen »Wilson-Frieden« oder »Verständigungsfrieden« bezeichnet hätte. Trotz seiner Härte war es alles in allem weniger schlimm gekommen, als es im Verlauf der interalliierten Verhandlungen und auch allgemein hätte kommen können. So war es keineswegs selbstverständlich gewesen, dass Deutschland nach dem verlorenen Krieg nicht zerstückelt wurde, sondern als Reichseinheit bestehen blieb. Manchen Forschern gilt dies sogar fast als ein »Wunder«. Zudem blieb das Reich weiterhin das bevölkerungsreichste Land in Europa und wirtschaftlich eine starke Macht. Auch außenpolitisch mussten die weiteren Aussichten Deutschlands nach Abschluss des Versailler Vertrages keineswegs nur pessimistisch beurteilt werden. Denn anders als bei Kriegsbeginn im Sommer 1914 sah sich das Reich 1919 nicht mehr einer geschlossenen Front von Feindmächten gegenüber. Zwischen den westlichen Siegerstaaten und dem bolschewistischen Russland bestand vielmehr eine tiefe politische Kluft, die sich zu Gunsten Deutschlands nutzen ließ. Darüber hinaus bot sich die Chance, enge Beziehungen zu den kleineren Staaten »Zwischeneuropas« aufzubauen, die einen Gürtel von Finnland über das Baltikum bis Bulgarien bildeten und weder an Frankreich noch an Russland gebunden waren. Hier konnte ein neuer deutscher Einflussbereich entstehen. Objektiv war der Versailler Vertrag, trotz der verbliebenen Ungewissheit über die Höhe der bevorstehenden Wiedergutmachungszahlungen, unter dem Gesichtspunkt der mittel- und längerfristigen Möglichkeiten für die deutsche Politik insofern weniger unerträglich, als es in der Öffentlichkeit des Reiches den Anschein hatte.

Heftige innenpolitische Auseinandersetzungen um die Annahme des Friedensvertrages

Wie sich schon bald erwies gab es jedoch im Frühsommer 1919 in Deutschland nahezu keinen Raum für eine nüchterne Beur-

Demonstration 1919 gegen den Versailler Vertrag

Karikatur »Der Friedenskuss« von 1919: Der Versailler Vertrag als Vampir, der den zarten Friedensengel erdrückt und aussaugt

teilung der Versailler Vertragsbedingungen. Eine deutsche Delegation unter Außenminister Graf von Brockdorff-Rantzau hatte die Friedensbedingungen am 7. Mai 1919 am Verhandlungsort entgegengenommen. Ihr war zugestanden worden, in begrenzter Frist Einwände und Gegenvorschläge zu machen und schriftlich vorzubringen. Von dieser Möglichkeit machten die deutschen Unterhändler ausgiebigen Gebrauch, allerdings ohne mehr als geringfügige Milderungen zu erreichen. Am 16. Juni wurden die oben vorgestellten endgültigen Vertragsbedingungen überreicht. Gleichzeitig mit der Übergabe des Dokuments setzten die Alliierten ein Ultimatum, wonach die deutsche Regierung binnen einer Woche zu unterzeichnen hatte. Insoweit handelte es sich tatsächlich um ein »Diktat«, wie es nach verlorenen Kriegen eher üblich als ungewöhnlich war.

Der Begriff des »Siegerdiktats« gehörte demzufolge zu den häufigsten Kennzeichnungen, die nach Bekanntwerden der Einzelheiten des Vertragswerkes in Deutschland gebraucht wurden. Schon nach den ersten Meldungen aus Versailles im Mai war ein spontaner Aufschrei kollektiver Entrüstung durch das Land gegangen. Die Empörung bestand über Parteigrenzen hinweg und einte für wenige Wochen fast alle Deutschen, vom deutschnational gesinnten Professor oder Großgrundbesitzer bis hin zum sozialdemokratischen Arbeiter oder Dienstmädchen. Im Mittelpunkt der erregten öffentlichen Diskussionen stand dabei der so genannte Kriegsschuldartikel 231, den man weithin in Deutschland als den ungerechtfertigten Versuch ansah, von der vermeintlich erwiesenen Mitschuld der Siegerstaaten am Kriegsausbruch von 1914 abzulenken und das geschlagene Reich durch unwahre und moralisch diskreditierende Behauptungen nachträglich zu demütigen. Für die meisten stand nunmehr fest, dass es den alliierten Mächten nicht um eine »gerechte« und die nationale Ehre der Deutschen berücksichtigende Friedensregelung ging, sondern lediglich um die Befriedigung dumpfer Hass- und Rachegefühle.

Ungeachtet der einhelligen Aufregung in Deutschland im Mai/Juni 1919 musste die Frage der Annahme oder Ablehnung der Versailler Vertragsbedingungen in der einen oder anderen Weise entschieden werden. Am 20. Juni war die Regierung

Scheidemann über diese Frage zerbrochen. Innerhalb des Kabinetts hatte sich keine Antwort finden lassen, die Meinungen waren gespalten. Daraufhin war Scheidemann, der die Vertragsbedingungen am 12. Mai vor der Nationalversammlung als unannehmbar zurückgewiesen hatte, zurückgetreten. Die Last der Entscheidung ging damit auf die neue Reichsregierung des Sozialdemokraten Gustav Bauer über, der nach dem Rückzug der DDP aus der politischen Verantwortung zunächst nur noch Sozialdemokraten und Zentrumspolitiker angehörten. Die Regierung Bauer musste bei ihren notwendigen Überlegungen von der – realen – Gefahr ausgehen, dass die Alliierten bei einer Verweigerungshaltung die Kampfhandlungen wieder aufnehmen und ins Reichsinnere einmarschieren würden. In diesem Fall drohten eine längere fremde Besatzung, der zeitweise Verlust der politischen Entscheidungshoheit des Reiches sowie seine Auflösung in selbstständig handelnde Einzelstaaten.

Unter diesen Umständen gab es zur Unterzeichnung des Friedensvertrages keine ernsthafte Alternative. Nicht zu unterschreiben und militärischen Widerstand zu leisten, wie es um den 20. Juni sowohl in Teilen der Armee wie auch in der Regierung erwogen wurde, war, wie die Generäle von Hindenburg und Groener versichert hatten, militärisch aussichtslos. Mehr noch aber wäre es angesichts der damit verbundenen Gefahren für die Reichseinheit politisch unverantwortbar gewesen. Infolgedessen legte der sozialdemokratische Regierungschef am 22. Juni der Nationalversammlung eine Erklärung vor, wonach die Regierung zur Unterschrift grundsätzlich bereit sei, unter der Maßgabe, dass der Kriegsschuldartikel sowie die Forderung nach Auslieferung deutscher »Kriegsverbrecher« fallen gelassen würden. Für diesen Standpunkt fand sich eine Mehrheit von 237 zu 138 Stimmen. Aber schon am nächsten Tag mussten neue Beratungen angesetzt werden, weil die alliierten Siegerstaaten auf der vorbehaltlosen Annahme aller Bedingungen bestanden und mit einer Wiederaufnahme der Kampfhandlungen drohten. Diesem Druck ausgesetzt, fügte sich die Nationalversammlung am 23. Juni in das Unvermeidliche. Bei gleichem Stimmenverhältnis wie am Vortag ermächtigten die Abgeordneten die Regierung, nunmehr das Vertragswerk in seiner unveränderten

Form zu unterschreiben. Zuvor hatten alle Parteien eine Erklärung abgegeben, die den Befürwortern der Vertragsunterzeichnung zubilligte, aus »vaterländischen« Beweggründen zu handeln. Für die Annahme der Friedensbedingungen stimmten MSPD, USPD, Teile der DDP sowie eine Mehrheit des Zentrums, das mit Reichs- Finanzminister Erzberger den wohl einflussreichsten politischen Befürworter einer Unterzeichnung in ihren Reihen hatte. Gegen eine Annahme sprachen sich eine Mehrheit der DDP sowie die beiden Rechtsparteien DVP und DNVP aus. Am 28. Juni kam es daraufhin zum Abschluss des Friedensvertrages. Dies geschah im Spiegelsaal von Versailles, einem symbolträchtigen Ort, an dem im Januar 1871 nach vorangegangenem deutsch-französischen Krieg das Deutsche Reich ausgerufen worden war. Für die Reichsregierung unterschrieben der sozialdemokratische Außenminister der neuen Regierung Bauer, Hermann Müller, sowie Reichs-Verkehrsminister Johannes Bell von der Zentrumspartei. Sie taten dies, wie die deutsche Regierung in einer diplomatischen Note erklärt hatte, lediglich »übermächtiger Gewalt weichend«.

Von Beginn an wirkte sich der Versailler Vertrag innenpolitisch zum schweren Schaden der noch ungefestigten Republik aus. Schon im Juni 1919 hatten hohe Militärs im Bund mit führenden ostpreußischen Verwaltungsbeamten Pläne erörtert, die demokratische Regierung zu stürzen, um sie an einer Vertragsunterzeichnung zu hindern. Auch war es der Armeeführung in dieser Phase nur mit Mühe gelungen, aufgebrachte regionale Befehlshaber der im Osten des Reiches gelegenen Truppenteile von einem Putschversuch abzuhalten. Bis zum Herbst des Jahres hatte sich dann der Kreis derer in Deutschland ständig vergrößert, bei denen sich die Entrüstung über den »Schandvertrag« von Versailles mit wachsender Verachtung gegenüber der Republik und den sie tragenden Kräften zu verbinden begann. Eine maßgebliche Mitverantwortung für das so gewandelte innenpolitische Klima in der zweiten Jahreshälfte 1919 trug die deutschnationale und völkisch-alldeutsche Presse. Diese inszenierte in dieser Phase verleumderische öffentliche Kampagnen, in denen die republikanischen Politiker und Parteien dem infamen Vorwurf ausgesetzt wurden, sie hätten durch die Annahme der Friedensbedingungen Deutschlands Entehrung mitzuverantworten und sogar das Vaterland »verraten«. Im Mittelpunkt der dauernden Diffamierungen standen die führenden Sozialdemokraten im Reich, allen voran Reichspräsident Ebert, sowie auch der Zentrumspolitiker Erzberger. Für viele konservativ eingestellte Angestellte, Beamte, Ladenbesitzer, Unternehmer sowie für die zahlreichen rechts stehenden Studenten und Intellektuellen waren diese Politiker nicht länger willkommene »Retter vor dem Bolschewismus«, wie noch zu Jahresbeginn, sondern in erster Linie die Sündenböcke für alles, was seit dem Zusammenbruch des Kaiserreichs an Last und Kränkungen auf die Deutschen zugekommen war: die Niederlage im Weltkrieg, die fortdauernde wirtschaftliche Misere, die Teuerung und eben die tiefe Demütigung durch »Versailles«.

Die »Dolchstoßlegende«

Es dauerte nicht lange, da erschienen die ersten Zeitungsartikel, in denen ihnen ferner die Schuld an der – vielen unerklärlich gebliebenen – militärischen Katastrophe von 1918 gegeben wurde. Teile der konservativ-nationalen und völkischen Presse hatten verbreitet, das deutsche Heer sei nicht im Felde durch den äußeren Feind, sondern durch innere Zersetzung geschlagen worden. Diese Behauptung vom »Dolchstoß« der Heimat in den Rücken der kämpfenden Fronttruppen fand rasch breite Aufnahme in der Bevölkerung. Ihre Glaubwürdigkeit bezog diese unwahre These aus entsprechenden Äußerungen General von Hindenburgs, der am 18. November 1919 vor einem Untersuchungsausschuss der Nationalversammlung zu den Ursachen des Zusammenbruchs sinngemäß erklärt hatte, die Mehrheitsparteien des alten Reichstages hätten durch ihre Friedensinitiative vom Sommer 1917 den Widerstandswillen der Bevölkerung in der Heimat gebrochen. Gleichzeitig habe es in der Flotte und im Heer eine planmäßige Wühlarbeit revolutionärer Kräfte gegeben; allein dadurch habe die militärische Niederlage unausweichlich ihren Lauf genommen. Die Behauptung von Hindenburgs wirkte wie Wasser auf den Mühlen der agitierenden

Rechtspresse. Ihre politisch-psychologische Wirkung konnte aus der Sicht der Anhänger der gerade erst entstandenen Republik kaum verheerender sein. Denn sie lenkte die Verantwortung für die Kriegsniederlage auf jene, welche 1918/19 bereit gewesen waren, die schwere Bürde des Friedensschlusses auf sich zu nehmen. Nicht die erfolglosen Militärs des alten Regimes, namentlich von Hindenburg selbst und General Ludendorff, sondern die republikanischen Politiker gerieten durch die Behauptung vom »Dolchstoß« auf die Anklagebank einer Öffentlichkeit, die nach einer einfachen Erklärung für das Geschehene und nach Schuldigen verlangte. Mit den republikanischen Politikern geriet aber zugleich der republikanische Staat, das »Weimarer System«, in Verruf. Bald schon war in bürgerlich-konservativen und den rechts stehenden Kreisen der Bevölkerung verächtlich von den »Novemberverbrechern« und der »Novemberrepublik« die Rede. Auch die Nationalsozialisten bedienten sich später bei ihrer antirepublikanischen Propaganda mit großem Erfolg dieser Kampfbegriffe. Zutreffend ist daher in der Forschung gesagt worden, die These vom Dolchstoß habe sich vor allem als ein »Dolchstoß in den Rücken des neuen Staates« ausgewirkt.

Der Kapp-Lüttwitz-Putsch von 1920 und seine politischen Folgen

Das beschriebene innenpolitische Klima in den Herbstmonaten 1919 ermunterte die rechten Gegner der Republik nachhaltig, ihre gegenrevolutionären Anstrengungen in dieser Phase zu intensivieren. Dies galt in besonderer Weise für Teile der Reichswehr, in der schon im Juni des Jahres Putschabsichten erkennbar geworden waren. Den Herd der »tatbereiten« militärischen Opposition gegen die Weimarer Republik bildeten die zahlreichen Freiwilligeneinheiten aus den Revolutionsmonaten. Diese Freikorps waren von der Obersten Heeresleitung zur Niederschlagung der inneren Unruhen zu Jahresbeginn sowie für den Einsatz in den Grenzkämpfen im Osten Deutschlands und im Baltikum gegründet worden. Im Sommer 1919 bestand die vorläufige Armee zu einem erheblichen Teil aus früheren Freikorps, deren Zahl zeitweise bis auf 150 angewachsen war. Den Angehörigen dieser Verbände hatte die Reichsregierung für ihre Hilfe in der Not Siedlungsland im Osten, einen hohen Sold oder aber die spätere Übernahme in die republikanische Reichswehr in Aussicht gestellt. Insbesondere das Versprechen, in die Reichswehr eintreten zu können, war auf Grund der militärpolitischen Bestimmungen des Versailler Vertrages nicht zu halten. Denn nach dem Friedensvertrag durfte das Reich nicht mehr als 100000 Mann ständig unter Waffen halten. Zu Beginn der notwendig gewordenen Heeresverminderung besaß die Armee jedoch eine Stärke von etwa 500000 Mann. Bis zum Inkrafttreten des Versailler Vertrages am 10. Januar 1920 mussten also in großem Umfang Soldaten entlassen werden.

Mit an erster Stelle zur Aufhebung vorgesehen waren die Baltikum-Freikorps. Die so genannten Baltikumer hatten im späten Frühjahr 1919 mit Billigung der Alliierten im baltischen Raum gegen die vorrückenden bolschewistischen Truppen gekämpft. Nach der Eroberung und »Befreiung« Rigas von den Bolschewiki im Mai des Jahres wurde ihr Auftrag im Wesentlichen als erledigt angesehen. Von nun an drängten die Alliierten auf den Abzug der Freikorps, welche sich jedoch weigerten, entsprechenden Befehlen Folge zu leisten. Die Männer beharrten auf den Siedlungsversprechungen der Reichsregierung und machten sogar Anstalten, im Baltikum einen eigenen Militärstaat aufzurichten. Erst als ihnen die deutschen Behörden den Nachschub sperrten, kehrten sie im Spätsommer und Herbst 1919 voller Zorn auf die Regierung, von der sie sich verraten fühlten, nach Deutschland zurück. Viele dieser Freikorpssoldaten waren nach allem um die Jahreswende 1919/20 fest entschlossen, sich dem angeordneten Truppenabbau notfalls gewaltsam entgegenzustellen.

Die Putschbereitschaft der Freikorpsleute traf sich in diesen Wochen mit den Verschwörungsabsichten einer kleinen Gruppe hoher Militärs und rechts stehender Politiker, die sich im Oktober 1919 in der »Nationalen Vereinigung« zusammengefunden hatten. Zum engen Kreis dieser Gruppe zählten General a.D.

Ludendorff, Hauptmann Waldemar Papst, verantwortlich für die Morde an Karl Liebknecht und Rosa Luxemburg im Januar 1919, sowie der ostpreußische Generallandschaftsdirektor Wolfgang Kapp, welcher 1917 zu den Mitbegründern der nationalistischen Vaterlandspartei gehört hatte. Etwas später trat diesem konspirativen Zirkel auch der Kommandeur der östlich der Elbe gelegenen Reichswehrverbände, Generalleutnant Walther von Lüttwitz, bei. Das gemeinsame innenpolitische Ziel der Umstürzler bestand darin, die Parteien und das Parlament auszuschalten, vorübergehend eine Diktatur zu errichten sowie längerfristig ein autoritäres Präsidialkabinett zu installieren. Außenpolitisch wollte man in erster Linie mit Nachdruck auf eine Aufhebung des Versailler Vertrages hinwirken.

Die Auslösung der Militärrevolte

Den Anlass zur Auslösung des eigentlich für einen späteren Zeitpunkt geplanten Putsches bot im Februar/März 1920 die bevorstehende Auflösung der in Döberitz nahe Berlin untergebrachten Marinebrigade Ehrhardt. Dieser Verband, benannt nach seinem militärischen Führer Korvettenkapitän Hermann Ehrhardt, bestand zu einem großen Teil aus ehemaligen Baltikum-Kämpfern und galt als rechtsradikal politisiert. General von Lüttwitz rechnete das 5 000 Mann starke Freikorps zu seinen schlagkräftigsten und besten Einheiten. Mit dem Befehl Reichswehrminister Noskes zur Liquidierung der Brigade sah von Lüttwitz den Zeitpunkt gekommen, um nunmehr den Umsturz der Regierung ins Werk zu setzen. Am 10. März erschien der General zunächst bei Reichspräsident Ebert und verlangte ultimativ, dass der Auflösungsbefehl zurückgenommen werde. Gleichzeitig erhob er verschiedene politische Forderungen wie die nach sofortiger Auflösung der Nationalversammlung, nach Neuwahlen zum Reichstag sowie nach Ablösung des Kommandeurs der vorläufigen Reichswehr, General Reinhardt, der allgemein als republiktreu galt. Nachdem Ebert diese Forderungen im Beisein Noskes abgewiesen und dem General nahe gelegt hatte, seinen Rücktritt einzureichen, erteilte von Lüttwitz dem

Die Brigade Erhardt im Regierungsviertel in Berlin während des Kapp-Lüttwitz-Putsches

Regierungstreue Truppen in Neukölln

in Döberitz wartenden Ehrhardt den Befehl zum Losschlagen. Am frühen Morgen des 13. März 1920 rückten daraufhin die putschistischen Truppen, schwarz-weiß-rote Fahnen des Kaiserreiches mit sich führend, in Berlin ein und besetzten das Regierungsviertel. Die rechtmäßige Regierung Bauer wurde für abgesetzt erklärt; von Lüttwitz übernahm den Oberfehl über die Streitkräfte und das Amt des Reichswehrministers, während sich Kapp zum Chef einer neuen nationalen Regierung ausrief.

Die Putschisten waren in den ersten Stunden ihrer Aktion auf keinen Widerstand gestoßen. Noch in der Nacht zum 13. März hatte Reichswehrminister Noske mit den führenden Militärs die Lage erörtert und dabei erkennen müssen, dass die Armee zur Verteidigung der Regierung Ebert-Bauer nicht bereit war. Noskes Standpunkt, Gewalt müsse mit Gewalt begegnet werden, war nur von General Reinhardt unterstützt worden. Alle anderen der bei der Beratung anwesenden Generäle stellten sich hinter den einflussreichen Chef des Truppenamtes, General von Seeckt, der sich hartnäckig weigerte, auf die aufständischen Soldaten schießen zu lassen. Für von Seeckt ging es darum, die Armee aus der politischen Auseinandersetzung herauszuhalten, um eine aus seiner Sicht drohende Spaltung der Reichswehr zu verhindern. Die Frage des Überlebens der Republik erschien ihm dagegen als ein untergeordnetes Problem. Mit dieser Neutralitätspolitik kündigten die Generäle das im November 1918 zwischen der Armeeführung und der republikanischen Regierung geschlossene »Ebert-Groener-Bündnis« faktisch auf. In dieser Weise von den Militärs alleingelassen, entschlossen sich Ebert und fast alle Minister der Regierung Bauer notgedrungen zur Flucht zunächst nach Dresden, später dann nach Stuttgart, um von dort aus den Widerstand gegen das Putschregime zu organisieren.

Reaktionen in der Gesellschaft

Der Aufstandsversuch von rechts am 13. März löste ein Spektrum von Reaktionen aus, die nachträglich erkennen lassen, wie wichtige politische und gesellschaftliche Gruppen oder Organisationen im Frühjahr 1920 zur Republik standen: Soweit es sich um die Parteien handelte, so verurteilten SPD, Zentrum und DDP das Unternehmen von Beginn an als einen illegalen Gewaltakt. Anders lagen die Verhältnisse bei den beiden Rechtsparteien. Zwar gingen auch die rechtsliberale DVP und die DNVP offiziell auf Distanz zu den Putschisten; doch viele ihrer Mitglieder und Anhänger sympathisierten mehr oder minder offen mit der Umsturzaktion. Einzelne Führungspersonen und Landesverbände der DNVP hatten sogar aktiv an den Putschvorbereitungen teilgenommen oder sich der Kapp-Regierung in den ersten Umsturztagen bereitwillig unterstellt. Weite Teile der Armee dagegen verhielten sich am 13./14. März zunächst abwartend und zurückhaltend. Richtungsweisend war hier die Haltung der Reichswehrführung, die trotz ihrer Sympathie für eine »nationale« Diktatur einen Staatsstreich von rechts wegen seiner vermuteten radikalisierenden Wirkung auf die deutsche Arbeiterschaft und die Linke als innenpolitisch gefährlich beurteilte. Manche der Generäle mögen überdies schon frühzeitig die geringen Erfolgsaussichten der improvisierten Rebellion erkannt haben. Für die Gruppe der führenden Offiziere war das Verhalten General von Seeckts beispielgebend, der sich am ersten Tag des Umsturzversuches krankmeldete und im Übrigen jede Zusammenarbeit mit den Putschisten ablehnte. Wie die Reichswehrführung weigerten sich auch die Ministerialbeamten des Reiches und Preußens, von der Kapp-Regierung Anweisungen entgegenzunehmen. Viele der hohen Beamten sahen sich schon durch ihren Diensteid an die verfassungsmäßige Regierung gebunden. Die Staats- oder Landesbediensteten unterhalb der Ebene der Ministerien wiederum warteten oftmals den weiteren Gang der Dinge ab, um sich nicht vorzeitig für die »falsche Seite« zu entscheiden. Die meisten Unternehmer sahen den Putsch als Verhängnis an, weil er ihrer Beurteilung nach, etwa infolge von Streiks, zu schweren wirtschaftlichen Erschütterungen führen musste. Vorbehaltlose Unterstützung fand das Putschregime vor allem bei den konservativen preußischen Führungseliten, besonders den ostelbischen Großgrundbesitzern und adeligen Offizieren, die sich durch die Revolution von 1918/19 gesellschaftspolitisch entmachtet wähnten. Zu den aktiven Förderern oder Mitträgern des Putsches gehörten zudem verschiedene Reichswehrkommandeure, vorwiegend in Ost- und Norddeutschland, sowie eine Anzahl offiziell aufgelöster Freikorps, welche am 13. März nur für Uneingeweihte überraschend wieder auf der Bildfläche erschienen.

In der Arbeiterschaft und darüber hinaus in weiten Teilen der Arbeitnehmerschaft löste der Kapp-Putsch unmittelbar eine heftige Reaktion aus. Ausgangspunkt dieser massiven Gegenbewegung war ein Aufruf der Regierung zum politischen Massenstreik. Der Aufruf war am 13. März, einem Samstag, veröffentlicht worden und trug die Unterschriften von Reichspräsident Ebert, des SPD-Vorstandsmitglieds Otto Wels sowie der sozialdemokratischen Regierungsmitglieder. In dieser Bekanntmachung rief die SPD-Führung die politisch gespaltene Arbeiterschaft zur Einheit und zum gemeinsamen Kampf gegen die Putschisten von rechts auf. »Keine Hand darf sich rühren, kein Proletarier der Militärdiktatur helfen!«, lautete die ausgegebene Parole, der sich auch die freien Gewerkschaften, die SPDnahen Angestelltenverbände sowie der Deutsche Beamtenbund anschlossen. Unter Führung der Gewerkschaften bildeten sich daraufhin in vielen Städten des Reiches lokale Aktionausschüsse oder so genannte Vollzugsräte, die den zivilen Widerstand trugen. Die Streikkommitees bestanden oft aus Vertretern der drei Arbeiterparteien SPD, USPD und KPD oder auch nur aus Unabhängigen und Kommunisten. Der von ihnen koordinierte Generalstreik zeigte bald seine Wirkung; vielerorts waren bereits am 13. März fast sämtliche Betriebe, Behörden und Verkehrseinrichtungen lahm gelegt.

Auf Grund der für sie ausweglosen Lage gaben die Putschisten am 17. März auf und flüchteten. Die Kapitulation der Verschwörer bedeutete jedoch nicht die gleichzeitige Aufhebung des Generalstreiks, der sich inzwischen im gesamten Reich zu einer machtvollen Demonstration der politischen Stärke der organisierten Arbeitnehmerschaft entwickelt hatte. Tatsächlich machten die Führungen der am Streik beteiligten Gewerkschaftsverbände nun den Abbruch des Ausstandes von der Erfüllung verschiedener politischer Forderungen abhängig. Damit wollten sie sicherstellen, dass eine neuerliche Militärdikta-

Aufruf der Reichskanzlei

Kapp und Lüttwitz sind zurückgetreten.

Das verbrecherische Abenteuer in Berlin ist beendet.

Vor der ganzen Welt ist im Kampfe der letzten Tage der unwiderlegliche Beweis geführt worden, daß die Demokratie in der deutschen Republik keine Täuschung ist, sondern die alleinige Macht, die auch mit dem Versuch der Militärdiktatur im Handumdrehen fertig zu werden versteht.

Das Abenteuer ist beendet!

Der verbrecherisch unterbrochene Aufbau von Staat und Wirtschaft muß wieder aufgenommen und zum Erfolg geführt werden. Dazu ist vor allem nötig, daß die Arbeiterschaft ihre starke Waffe, den

Generalstreik niederlegt.

In zahlreichen Städten ist die Arbeit bereits wieder aufgenommen. Nun gilt es, alle Teile der

Wirtschaft wieder in Gang zu setzen.

Zu allererst die Kohlenförderung, ohne die es überhaupt kein Wirtschaftsleben gibt. Arbeiter, seid jetzt ebenso tatkräftig und friedfertig zur Stelle wie bei der Abwehr der Volksverführer! Jeder Mann an die Arbeit!

Die Reichsregierung wird mit aller Kraft die Aufnahme des Wiederaufbaues fördern,

die Hochverräter

die Euch zum Generalstreik gezwungen haben,

der strengsten Bestrafung zuführen

und dafür sorgen, daß nie wieder eine Soldateska in das Geschick des Volkes eingreifen kann.

Den Sieg haben wir gemeinsam errungen!   Ans Werk!

Der Reichspräsident.
Ebert.

Die Reichsregierung.
Bauer.

Aufruf der Regierung Ebert – Bauer nach dem Zusammenbruch des rechten Putschversuches tur unmöglich werde und zudem die Regierung im Reich künftig eine konsequente sozialistische Reform- und Demokratisierungspolitik betrieb. Verlangt wurde unter anderem, eine gründliche Säuberung der zivilen Verwaltungen und des Militärapparates durchzuführen, die Putschisten zu bestrafen sowie die republikfeindlichen Militäreinheiten aufzulösen. Darüber hinaus forderten die Gewerkschaftsspitzen am 18. März die sofortige Sozialisierung dazu reifer Industriezweige, namentlich des Bergbaus und der Energiegewinnung, sowie die Neubildung der Reichsregierung im Einvernehmen mit den Organisationen der Arbeitnehmerschaft. Außerdem sollte Reichswehrminister Noske seinen Posten räumen, der den Putsch nicht hatte verhindern können und von dem man glaubte, er sei den Offizieren der alten Armee gegenüber zu vertrauensselig gewesen.

Die Radikalisierung der Streikbewegung gegen den Putsch

Nachdem die Gewerkschaften in Verhandlungen mit der SPD-Spitze und Reichspräsident Ebert die Zusage erhalten hatten, dass wesentliche ihrer Forderungen erfüllt würden, erklärten diese den Generalstreik am 20. März für beendet. Zwei Tage später stimmte auch die USPD einem entsprechenden Aufruf zu. Jetzt zeigte sich jedoch, dass sich der Ausstand radikalisiert hatte und dem Einfluss der gemäßigten sozialistischen Parteien, wie auch der Gewerkschaften, mittlerweile entglitten war. Diese Radikalisierung weiter Teile der Arbeiterschaft beruhte auf einem Gefühl tiefer Enttäuschung und der Wut über die politische Entwicklung im Reich seit der Revolution. Enttäuscht waren viele Arbeiter, weil es die Sozialdemokraten an der Macht unterlassen hatten, ihre sozialistischen programmatischen Ziele politisch umzusetzen. Zu der Enttäuschung kam die noch immer große Erbitterung über die rigorose Weise, in der die sozialdemokratisch geführte Reichsregierung im Frühjahr 1919 mit Hilfe der als reaktionär angesehenen Freikorps dazu übergegangen war, alle Ansätze einer sozialistischen Entwicklung in den regionalen Räterepubliken gewaltsam zu unterdrücken.

Angehörige der Roten Ruhrarmee bei der Übung mit einem Maschinengewehr

Einmarsch des Freikorps Epp am 6. April 1920 ins »befreite« Dortmund

So kam es, dass sich in einigen Gegenden Deutschlands mit einem besonders hohen Arbeiteranteil der politische Massenstreik gegen das Kapp-Regime Mitte März zunehmend in eine linke Aufstandsbewegung gegen die verfassungsmäßige Ebert-Bauer-Regierung verwandelte. Zu Hauptschauplätzen gewaltsamer Massenaufstände entwickelten sich Teile Sachsens, Thüringens und vor allem das rheinisch-westfälische Industriegebiet, wo innerhalb kurzer Zeit aus den lokalen Arbeitermilizen der Vollzugsräte eine überörtlich agierende Rote Ruhrarmee entstand. Der Ruhrarmee gehörten etwa 50000 bis 80000 Arbeiter der verschiedenen sozialistischen Richtungen an. Es handelte sich oftmals um ehemalige Frontkämpfer, die einerseits den Kampf gegen die verhasste »gegenrevolutionäre« Armee suchten, andererseits zugleich eine proletarische Diktatur errichten wollten. Mitte März war es ihnen gelungen, den größten Teil des rheinisch-westfälischen Industriegebietes zu besetzen, Reichswehr- und Freikorpstruppen zu vertreiben und im Westen bis nahe Wesel vorzustoßen. Innerhalb der eroberten Städte übten die Arbeitertruppen eine radikale Herrschaft aus; es kam zu Zeitungsverboten, Plünderungen und Erschießungen von Zivilisten. Daraufhin erteilte die Reichsregierung Anfang April den Befehl, die rote Diktatur im Ruhrgebiet mit Gewalt zu brechen. Die eingeleitete Militäraktion stützte sich auf reguläre Reichswehrverbände und zudem auf Freikorpseinheiten, von denen sich einige während des Kapp-Putsches als republikfeindlich zu erkennen gegeben hatten. Beide Seiten führten den Kampf erbittert und grausam, wobei der »weiße Terror« der Freikorps auch vor der Erschießung verwundeter Gefangener nicht Halt machte. Der »Ruhrkrieg«, wie er in der Literatur genannt wird, dauerte bis Mitte April und mündete in der vollständigen Niederlage der aufständischen Ruhrarbeiterschaft.

Kapp-Putsch und Ruhraufstand hatten im Frühjahr 1920 schlaglichtartig die Gefährdung der jungen Demokratie durch starke Gruppen aus dem rechten wie dem linken politischen Lager aufgezeigt. Umso notwendiger wäre es nach dem Ende der Kämpfe gewesen, die bestehende Chance zu einer durchgreifenden Festigung der demokratischen Ordnung zu nutzen.

Was dazu nötig war, führten die Sozialdemokraten in Preußen vor, wo es zu einem umfassenden personellen Austausch kam, durch den entschiedene Republikaner und Demokraten an die Spitze des Regierungsapparates berufen wurden. Aus dem sozialdemokratisch regierten größten Bundesstaat im Reich wurde infolge der nunmehr duchgeführten Verwaltungsdemokratisierung in wenigen Jahren unter Ministerpräsident Otto Braun ein dauerhaftes »Bollwerk« der Republik. Im Reich hingegen geschah nichts Vergleichbares. Hier musste Noske seinen Posten räumen und an den früheren Nürnberger Oberbürgermeister Otto Geßler übergeben; Geßler gehörte dem rechten Flügel der DDP an und war nach eigenem Bekunden zum Zeitpunkt seiner Berufung »höchstens Vernunftrepublikaner«. Zusammen mit Noske wurde auch General Reinhardt als Chef der Heeresleitung ausgewechselt. Reinhardts Posten erhielt General von Seeckt. Die Sozialdemokraten hatten also darauf verzichtet, nach dem Kapp-Putsch zentrale Machtpositionen im republikanischen Staate mit Männern aus ihren Reihen oder standfesten Demokraten zu besetzen. Manche Historiker sehen hierin mit Blick auf das weitere Schicksal der Republik eine geradezu verhängnisvolle Fehlentscheidung, sogar »einen der schwersten Fehler«, den die deutsche Sozialdemokratie in der Weimarer Periode begangen habe.

Die Reichstagswahlen vom 6. Juni 1920

Die Auswirkungen der »Märzereignisse« auf die politische Orientierung der Bevölkerung zeigten sich am 6. Juni 1920, dem Tag der ersten Reichstagswahl nach der Revolution. Bei einer gegenüber der Wahl zur Nationalversammlung von 1919 um 4% niedrigeren Wahlbeteiligung von 79,2% erlitten die regierenden Parteien der Weimarer Koalition ein politisches Debakel. Am stärksten von Verlusten betroffen waren die Sozialdemokraten und die Demokratische Partei. Die SPD sank von 37,9% auf 21,6%, die DDP von 18,5% auf 8,3%, was bei den Demokraten mehr als eine Halbierung ihres bisherigen Stimmenanteils bedeutete. Hinzu kamen geringere Einbußen bei der

Zentrumspartei, deren Wähleranteil sich von 15,1% auf 13,6% veränderte. Die staatstragenden demokratischen Parteien hatten damit ihre große parlamentarische Mehrheit von 1919 eingebüßt, wie sich noch zeigte für immer. Von den starken Verlusten der politischen Mitte profitierten die rechten und die linken Flügelparteien, DVP, DNVP auf der einen sowie die USPD auf der anderen Seite. Die Volkspartei Gustav Stresemanns steigerte sich von 4,4% auf 13,9%, die DNVP verbesserte sich von 13,3% auf 15,1% und die USPD stieg von 7,6% auf 17,9%. In den teils starken Gewinnen der Flügelparteien, denen 2,1% für die KPD hinzuzurechnen sind, drückte sich einerseits ein Linksrutsch bei der Arbeiterschaft und andererseits ein Rechtsrutsch im Bürgertum aus, das sich nach den zurückliegenden inneren Erschütterungen mehr noch als zuvor einen autoritären Staat herbeisehnte. Zusammen kamen DVP, DNVP, USPD und KPD auf 49% der Wählerstimmen. Anderthalb Jahre nach der Revolution stand demnach fast die Hälfte der wahlberechtigten deutschen Bevölkerung der demokratischen Republik distanziert bis ablehnend gegenüber. Nicht zufällig kam um diese Zeit das Wort von der »Republik ohne Republikaner« auf.

Nach diesem Wahlausgang folgten wochenlange Verhandlungen über die Bildung einer neuen Regierung. Die Verhandlungen gestalteten sich schwierig, weil keine der »Blöcke« der Linken, der Rechten und der demokratischen Mitte für sich über eine Mehrheit verfügte. Am Ende kam ein bürgerliches Minderheitskabinett von DDP, Zentrum und der DVP zu Stande. Die Volkspartei hatte zuvor förmlich erklärt, auf dem Boden der bestehenden Verfassung zu stehen. Anders als die DVP wollte sich die SPD an einer neuen Regierung nicht beteiligen. Die Sozialdemokraten lehnten es ab, weiterhin vor ihren Anhängern aus der Arbeiterschaft die Verantwortung für unpopuläre Maßnahmen einer bürgerlichen Regierung zu übernehmen. Außerdem kam für sie ein Zusammengehen mit der Deutschen Volkspartei nicht in Frage, die im zurückliegenden Wahlkampf betont antisozialistisch aufgetreten war und überdies großindustrielle Interessen vertrat. Am 25. Juni 1920 ernannte Reichspräsident Ebert daraufhin den Zentrumspolitiker Konstantin Fehrenbach zum Reichskanzler; Fehrenbach wurde Chef einer

Minderheitsregierung, die von der Tolerierung durch die nach wie vor stärkste Partei im Reichstag, die SPD, abhängig war. Diese Grundkonstellation von Koalitionsregierungen, die gegen eine Mehrheit von rechten und linken Parteien regieren mussten, gehörte fortan zu den Kennzeichen des parlamentarischen Systems der Weimarer Republik.

Innen- und außenpolitischer Streit um die deutschen Reparationslasten 1920 bis 1923

Bald nach dem Amtsantritt der Regierung Fehrenbach im Sommer 1920 entwickelte sich für längere Zeit die aus dem Versailler Vertrag erwachsene Reparationsfrage zum Kernproblem der deutschen Außen- wie der Innenpolitik. Die Siegerstaaten des Weltkrieges hatten 1919 in Versailles die Höhe der von Deutschland zu fordernden Wiedergutmachungsleistungen noch offen gelassen, um sie durch eine interalliierte Reparationskommission bestimmen zu lassen. Deren Beschlüsse sollten bis zum 1. Mai 1921 vorliegen. Noch bevor erste Zahlen bekannt wurden, traten die starken reparationspolitischen Gegensätze zwischen den Alliierten und dem Reich deutlich zu Tage. Die Härte des aufbrechenden Streites hatte mit den grundsätzlich unterschiedlichen Ausgangspositionen zu tun:

Die Ausgangspositionen auf deutscher und alliierter Seite

Die Reichsregierung einerseits ging davon aus, dass mit den seit 1919 erbrachten Geld- und Sachleistungen im Wert von etwa 20 Milliarden Goldmark bereits ein großer Teil der zu erwartenden Last abgetragen sei. Sie nahm an, die alliierten Siegerstaaten würden mit weiteren 30 Milliarden Goldmark, verteilt über einen Zahlungszeitraum von 30 Jahren, zufrieden zu stellen sein; die Reparationsforderungen selbst sollten dabei statt durch Geld- vor allem durch Sachleistungen, wie Kohlelieferungen, erfüllt werden. Darüber hinaus setzte die deutsche Seite zugleich auf die im Gang befindliche inflationsbedingte Entwer-

69

tung der Mark. Denn solange der durch die fortdauernde Verschuldungspolitik der republikanischen Reichsregierungen seit dem Kriege verstärkte Verfall des Markkurses anhielt, war es für die Sachverständigen der Reparationskommission nahezu unmöglich, die Zahlungs- und Leistungsfähigkeit des Reiches realistisch einzuschätzen. Überhöhte Forderungen, so argumentierte man unter Hinweis auf den Markkursverfall, müssten Deutschlands schwierige Währungssituation stark verschlimmern und schließlich dazu führen, seine Zahlungsfähigkeit insgesamt zu zerstören.

Für die Westmächte war die Inflation im Reich kein Grund, die eigenen Forderungen zu senken oder die Zahlungsmodalitäten an den deutschen Wünschen auszurichten. Die Siegerstaaten traten der Reichsregierung vielmehr mit dem strikten Verlangen entgegen, die laufende Verschuldung des Reichshaushaltes anzuhalten und notfalls drastische Steuererhöhungen vorzunehmen. Ihrer Ansicht nach war es allein Sache des Schuldners die Voraussetzungen dafür zu schaffen, seinen Verpflichtungen nachkommen zu können. Auch wirtschaftspolitisch war man zu keinem Entgegenkommen gegenüber dem auf Exporte angewiesenen Reich bereit. England und Frankreich betrieben, teils auf Druck der einflussreichen Schwerindustrie ihrer Länder, eine Wirtschaftspolitik, die deutschen Waren den Zugang zu den jeweiligen Inlandsmärkten schwer machte. Die USA blieben wegen besonders hoher amerikanischer Zollmauern deutschen Handelswaren sogar fast vollständig verschlossen. Insoweit trugen die Siegerstaaten durch ihren Wirtschaftsprotektionismus ihrerseits einen Teil dazu bei, dass es für Deutschland schwer war, die alliierten Wiedergutmachungsforderungen durch gesteigerte Exportanstrengungen zu erfüllen.

Die alliierten Reparationskonferenzen von 1920/21

Den Auftakt zu einer Reihe alliierter Reparationskonferenzen 1920/21 machte im Juli 1920 eine Tagung im belgischen Spa. Auf dieser Konferenz legten die Westmächte zunächst einen Verteilerschlüssel fest, um zu klären, wie die erwarteten Reparationsbeträge untereinander aufzuteilen seien. Danach sollte Frankreich 52%, England 22%, Italien 10% und Belgien 8% der endgültigen Entschädigungszahlungen erhalten. Ende Januar 1921 einigten sich die Siegerstaaten in Paris dann auf eine deutsche Gesamtschuld von 226 Milliarden Goldmark. Auf der Höhe dieser Forderungen hatte die französische Regierung, gegen den Einspruch der britischen Delegation, bestanden. Das Reich sollte diese Schuld innerhalb von 42 Jahren in festen, jährlich steigenden Raten abtragen; zusätzlich wurde bestimmt, dass es in jedem Jahr 12% seiner Ausfuhr-Erlöse abzuliefern habe. Für den Weigerungsfall drohten die Alliierten mit Sanktionen.

Die deutsche Öffentlichkeit reagierte auf die Beschlüsse von Paris einhellig mit grenzenloser Empörung. In vielen Städten des Reiches fanden Anfang Februar Protestkundgebungen gegen die »Pariser Knechtschaft« statt. Die Regierung Fehrenbach konnte sich daher der geschlossenen Unterstützung im Lande sicher sein, als sie Anfang März 1921 auf einer alliierten Konferenz in London die Bedingungen mit demonstrativer Gestik ablehnte. Daraufhin besetzten französische und belgische Truppen am 8. März Düsseldorf, Duisburg und Ruhrort. Wenige Wochen später setzte die Reparationskommission auf der nächsten alliierten Tagung in Londen den von Deutschland zu verantwortenden Kriegsschaden auf einen Betrag von 223,5 Milliarden Goldmark fest. Als Folge britischen Einflusses sollte das Reich hiervon die deutlich niedrigere Endsumme von 132 Milliarden Goldmark zahlen; dies sollte in jährlichen Raten von 2 Milliarden Goldmark geschehen. Die Alliierten überreichten diesen so genannten Londoner Zahlungsplan in der Form eines Ultimatums. Danach hatte Deutschland die festgesetzte endgültige Reparationsschuld, wie auch die Zahlungsbedingungen, binnen sechs Tagen ohne Abstriche anzunehmen. Bei Nichterfüllung drohte der Oberste Rat der Alliierten auf Drängen der französischen Regierung damit, am 12. Mai ins Ruhrgebiet einzumarschieren.

Reichskanzler Fehrenbach wertete das Londoner Ultimatum als persönliche Niederlage und herben Rückschlag für die deutsche Politik. Als einzig ehrenvolle Konsequenz sah er seinen Rücktritt an. Fehrenbachs Nachfolger im Amt des Reichskanzlers wurde am 10. Mai sein Parteikollege Joseph Wirth. Der aus Baden stammende Politiker galt als überzeugter Demokrat und prominenter Vertreter des linken, dezidiert republikanischen Flügels der Zentrumspartei. Die erste politische Handlung seiner von Zentrum, DDP und SPD getragenen Minderheitsregierung bestand in der Annahme des Londoner Ultimatums; im Reichstag fand sich hierfür eine Mehrheit von 220 zu 172 Stimmen. Nur die DNVP, Teile der USPD und die KPD hatten sich dem Mehrheitsvotum entgegengestellt.

Das Abstimmungsergebnis war maßgeblich unter dem Einfluss der in diesen Wochen aktuellen Oberschlesienfrage zustandegekommen. Wie im Versailler Vertrag vorgesehen, hatte am 20. März in Oberschlesien eine Volksabstimmung über den staatlichen Verbleib des Gebiets stattgefunden. Fast 60% der abstimmungsberechtigten Bevölkerung waren für die weitere Zugehörigkeit Oberschlesiens zum Deutschen Reich eingetreten, etwa 40% hatten sich für den Anschluss an Polen ausgesprochen. Daraufhin begannen polnische Partisanen einen bewaffneten Aufstand, um in ihrem Sinne vollendete Tatsachen zu schaffen. Sie wurden darin indirekt durch die in Oberschlesien stationierten französischen Besatzungstruppen unterstützt, wohingegen die Briten im Abstimmungsgebiet zuließen, dass sich deutsche Selbstschutz- und Freikorpsverbände zur Gegenwehr formierten. Der Kampf um Oberschlesien strebte zeitgleich mit den alliierten Beratungen in London einem Höhepunkt zu. Unter den im Reichstag vertretenen Politikern und Parteien herrschte daher die Sorge, durch eine Ablehnung des Londoner Zahlungsplans den britischen Rückhalt für ein deutsches Oberschlesien verlieren zu können.

Deutsche »Erfüllungspolitik« 1921/22

Mit der Annahme des Londoner Ultimatums im Mai 1921 begann eine neue Phase der deutschen Reparationspolitik, die von den Nationalisten im Reich diffamierend so genannte »Erfüllungspolitik«. Die Hauptverfechter dieses Konzepts waren

Reichskanzler Wirth sowie sein Wiederaufbauminister und späterer Außenminister Walther Rathenau, welcher der DDP angehörte. Wirth und Rathenau wollten die alliierten Reparationsforderungen buchstabengetreu bis an die Grenze des nur Möglichen erfüllen. Auf diese Weise hofften sie zunächst, die ständige französische Behauptung zu widerlegen, das Reich weigere sich chronisch, seinen angeblich durchaus tragbaren Reparationsverpflichtungen nachzukommen. Gleichzeitig erwarteten sie, die Siegerstaaten würden die Unerfüllbarkeit ihrer Wiedergutmachungsforderungen selbst einsehen, wenn Deutschland als Folge seiner »Erfüllungspolitik« wirtschaftlich dem Abgrund entgegentreibe. An einem solchen Punkt angelangt, so die Überlegung auf deutscher Seite, werde jeder vernünftig denkende Politiker in den Siegerstaaten das Verlangen des Reiches nach einer realistischen Neubewertung der deutschen Reparationslast als berechtigt anerkennen. Aus Sicht der Gläubigerstaaten fehlte der deutschen Politik jedoch die Glaubwürdigkeit, besonders solange das Reich nicht die angemahnten energischen Schritte zur Sanierung seiner Währung unternahm. Zudem leistete die Regierung Wirth ihrerseits dem Argwohn unter den Alliierten Vorschub, indem sie bereits nach Überweisung der ersten Milliarde Goldmark entsprechend dem Londoner Zahlungsplan um den Aufschub weiterer Zahlungen nachsuchte. Besonders in Frankreich erregten solche deutschen Vorstöße großes Misstrauen. Über eine mögliche Erleichterung der deutschen Zahlungspflicht wollte die seit Januar 1922 amtierende rechtsnationale Regierung Poincaré daher keinesfalls mit sich reden lassen.

Die Konferenz von Genua April/Mai 1922 und der Vertrag von Rapallo

Dies wurde schon bei der Konferenz von Genua vom 10. April bis zum 19. Mai 1922 deutlich, zu der die Westmächte auch Deutschland und Russland eingeladen hatten, um die Reparationsfrage losgelöst von politischen Vorbehalten und Forderungen im übergreifenden Zusammenhang der damaligen wirtschaftlichen Probleme Europas zu beraten. Zu der Konferenz war Poincaré demonstrativ nicht erschienen, und die von ihm entsandte französische Delegation weigerte sich strikt, über die Reparationen überhaupt nur zu verhandeln. Das einzig greifbare Ergebnis bestand in einem zwischen dem Reich und Russland geschlossenen gesonderten Vertrag über den wechselseitigen Verzicht auf alle Ansprüche aus der Zeit des Krieges sowie die Wiederaufnahme diplomatischer Beziehungen. Dieser Vertrag kam am 16. April in einem Nachbarort Genuas, in Rapallo, zu Stande und wirkte auf die internationale Öffentlichkeit als politische Sensation. Vor allem Frankreich und Großbritannien fühlten sich durch den Rapallo-Vertrag der beiden großen Verliererstaaten des Krieges überrumpelt. In beiden Ländern steigerte sich das Misstrauen teils bis hin zu der Vorstellung einer gegen den Westen gerichteten deutsch-russischen Verschwörung. Zwar bedeutete »Rapallo« einen strategischen Erfolg der wieder beweglicheren deutschen Außenpolitik, inzwischen unter Führung Rathenaus; andererseits brachte es dem Reich in der bestehenden Lage von 1922 aber kurzfristig mehr Schaden als Nutzen. Denn das »Gespenst von Rapallo« bestärkte jene im Lager der westlichen Siegerstaaten, welche, wie Frankreich, immer wieder vor Deutschlands vermeintlicher Unberechenbarkeit und Unaufrichtigkeit gewarnt hatten. Die Regierung Poincaré jedenfalls war seither noch entschlossener, gegenüber dem Reich unnachgiebig vorzugehen.

Auch in Deutschland selbst gab es von Beginn an scharfe Kritik an der Konzeption der »Erfüllungspolitik«. Die stärksten Vorbehalte fanden sich bei den Nationalkonservativen bzw. den nationalistisch eingestellten Kreisen der Bevölkerung. Hier bestand Einigkeit darüber, dass die Wirthsche Außenpolitik auf einen Ausverkauf der deutschen Interessen hinauslaufe. Zum Beweis für diese Behauptung diente den Rechten oft die Entwicklung der Oberschlesienfrage. Diese war im Oktober 1921 auf Empfehlung des Völkerbundes in der Weise entschieden worden, dass das Gebiet mit einem für Deutschland ungünstigen Grenzverlauf geteilt wurde. Bis weit in die Reihen der DDP hinein galt die deutsche »Erfüllungspolitik« seitdem als diskreditiert. Die rechten Gegner der Republik reagierten mit einer Intensivierung ihrer Verleumdungs- und Hetzkampagnen gegen den Weimarer Staat und seine Repräsentanten. Besonders der 1919 in Hamburg gegründete antisemitische Deutschvölkische Schutz- und Trutzbund tat sich in dieser Phase damit hervor, herausragende Vertreter der Republik, wie den linken Zentrumspolitiker Erzberger und Außenminister Rathenau, als politische Helfershelfer der alliierten Westmächte zu verunglimpfen. Erzberger wurde nach wie vor bekämpft, weil er als der eigentliche »Drahtzieher« der Friedensresolution von 1917 galt und im Frühsommer 1919 öffentlich für die Unterzeichnung des Versailler Vertrages eingetreten war. Außerdem hatte er im November 1918 die deutsche Waffenstillstandsdelegation angeführt. Walther Rathenau zum anderen war nicht nur Republikaner und »Erfüllungspolitiker«, sondern auch ein Jude und damit in den Augen vieler Rechtsextremer in besonderer Weise für das über Deutschland hereingebrochene »Unglück« verantwortlich.

Rechtsradikale Attentate gegen deutsche
»Erfüllungspolitiker« 1921/22

Auf dem Boden solcherart Vorurteile und Hassgefühle war der Schritt zur Gewalt gegen Andersdenkende rasch getan. Am 26. August 1921 fiel zunächst Matthias Erzberger der politisch motivierten Gewalt zum Opfer. Zwei ehemalige Offiziere hatten ihn an seinem Urlaubsort im Schwarzwald erschossen. Kaum ein Jahr später, am 24. Juni 1922, erlitt Walther Rathenau das nahezu gleiche Schicksal. Ihn streckten die Mörder in Berlin nieder, als sich der Außenminister in einem offenen Wagen auf der Fahrt zum Auswärtigen Amt befand. In beiden Fällen stammten die Attentäter aus dem Umfeld der Organisation Consul, einer konspirativen Nachfolgeorganisation des Freikorps Ehrhardt. Der Anschlag auf Rathenau löste in Deutschland große Bestürzung aus. Wie schon nach dem Mord an Erzberger versammelten sich daraufhin in vielen deutschen Städten die Anhänger der Republik zu Massenkundgebungen, um gegen den Terror der aggressiven Nationalisten zu demonstrieren. Die im Reichstag vertretenen politischen Parteien zogen am 21. Juli 1922 ihre Konsequenzen aus den Attentaten, indem sie ein Gesetz zum Schutze der Republik verabschiedeten. Dieses so genannte Republikschutzgesetz kam mit den Stimmen der USPD und der DVP zu Stande und stellte Mordverschwörungen unter schwere Strafe. Zugleich bot es eine rechtliche Handhabe zum entschiedenen Vorgehen gegen die militanten Rechtsradikalen, welche sich 1921/22 in zahlreichen Geheimbünden, völkischen Zirkeln oder den so genannten Vaterländischen Verbänden zu sammeln begonnen hatten, um von dieser organisatorischen Plattform aus ihren Kampf gegen die Weimarer Republik noch zu verstärken.

Nach dem Mordanschlag auf Rathenau war auch die »Erfüllungspolitik« nicht mehr von langer Dauer. Die Abkehr von dieser Politik hing eng mit dem Regierungswechsel im Reich im Herbst 1922, vom Kabinett Wirth auf die Regierung Cuno, zusammen. Wirth war mit dem Versuch gescheitert, seine Politik durch die Bildung einer Großen Koalition unter Einschluss von Deutscher Volkspartei und SPD auf eine erweiterte parlamentarische Grundlage zu stellen. Die SPD-Reichstagsfraktion hatte sich, wie schon im Sommer 1920, geweigert, zusammen mit der DVP zu regieren und war in die Opposition gegangen. Zum Nachfolger Wirths ernannte Reichspräsident Ebert am 22. November den parteilosen Generaldirektor der Hamburger Großreederei HAPAG, Wilhelm Cuno. Der neue Regierungschef stand einem rechtsbürgerlichen Minderheitskabinett vor, das von DDP, Zentrum, DVP sowie der Schwesterpartei des Zentrums, der Bayerischen Volkspartei (BVP), getragen wurde und gemeinhin als Kabinett der Wirtschaft galt.

Ruhrbesetzung 1923

Nach Ansicht von Reichskanzler Cuno musste in der Reparationspolitik wieder der Gesichtspunkt des wirtschaftlich Möglichen zum Tragen kommen. Das hieß für ihn: Deutschland sollte weniger zahlen, zeitlich befristete Zahlungsaufschübe, so genannte Moratorien, erhalten und zugleich zur Stützung seiner Wirtschaft größere internationale Bankkredite eingeräumt bekommen. Die französische Regierung Poincaré bestand dage-

Aufruf zum passiven Widerstand gegen die Ruhrbesetzung 1923

gen auf der Formel: »Keine Moratorien ohne Pfänder!«. Mit dem Wort Pfänder war in erster Linie das wirtschaftlich höchst produktive Ruhrgebiet gemeint, das zu besitzen Frankreich schon länger anstrebte. Ausschlaggebend für das nachhaltige Interesse Frankreichs am Ruhrgebiet waren sowohl reparations- wie sicherheitspolitische Erwägungen. Denn einerseits ergab sich durch die Inbesitznahme des rheinisch-westfälischen Industr4ereviers die Möglichkeit, sich hier für nicht gezahlte deutsche Reparationen schadlos zu halten. Andererseits ging es der französischen Regierung darum, das wirtschaftliche Nervenzentrum Deutschlands in die Hand zu bekommen, um das Reich dauerhaft ökonomisch und damit auch militärisch zu schwächen, was ihr 1919 nicht gelungen schien. Die Gelegenheit, dieses zentrale französische Ziel nachträglich zu erreichen, ergab sich, als die interalliierte Reparationskommission am 9. Januar 1923 gegen die Stimmen ihrer britischen Mitglieder einen deutschen Lieferrückstand für Kohle und Holz feststellte und dies als einen vorsätzlichen Bruch der Reparationsverpflichtungen auslegte. Gestützt auf diesen Vorwand rückten am 11. Januar fünf französische Divisionen, verstärkt durch belgische Verbände, in einer Stärke von 60 000 Mann in das Ruhrgebiet ein.

Das französische Vorgehen brachte international ein starkes Echo hervor. Fast durchweg war von einem einseitigen Rechtsbruch und einer Störung des Friedens die Rede. Die heftigsten Reaktionen gab es naturgemäß in Deutschland, wo der französische »Überfall auf die Ruhr« über alle politische Grenzen hinweg Zorn und Empörung auslöste. Die Reichsregierung stellte unverzüglich sämtliche Reparationslieferungen an Frankreich und Belgien ein und rief die Bevölkerung an Rhein und Ruhr zum passiven Widerstand auf. Den deutschen Beamten im Okkupationsgebiet untersagte sie, Anweisungen der Besatzungsmächte entgegenzunehmen oder auszuführen. Es ging ihr darum, zu beweisen, dass sich die Politik der gewaltsamen Pfandnahme für Frankreich nicht auszahle. Die Besatzer reagierten auf den von den Gewerkschaften mitgetragenen regionalen Generalstreik, indem sie einen verschärften Belagerungszustand verkündeten, widerständige Beamte, vor allem der Eisenbahn, auswiesen sowie vom 15. Februar an jede

Kohleausfuhr in das unbesetzte Deutschland sperrten. Hinzu kamen weitere Schikanen und sogar offene Terrormaßnahmen der Besatzungstruppen, die gewillt waren, Härte und Entschlossenheit zu zeigen. Am 31. März ereignete sich in Essen ein besonders schwerer Zusammenstoß, als französische Soldaten 13 Arbeiter der Krupp-Werke erschossen, die versucht hatten, die Beschlagnahme von Lastkraftwagen auf dem Werksgelände zu verhindern.

Vorkommnisse wie diese verstärkten die Empörungswelle dieser Wochen und trugen wesentlich dazu bei, dass sich hier und dort der passive Widerstand in einen aktiven Kampf gegen die Besatzer wandelte. Die Hauptträger des aktiven Ruhrwiderstandes waren verschiedene rechtsradikale Wehrverbände. Diese waren zumeist aus den Freikorps von 1919/20 hervorgegangen und begannen im März/April 1923 mit Wissen der Reichswehr, und durch sie im Stillen unterstützt, eine Art Kleinkrieg gegen die fremden Truppen: Brücken und Bahnlinien wurden gesprengt, Kanäle blockiert, Güterzüge entführt und französische Wachtposten beschossen oder getötet. Den Organisatoren und Teilnehmern solcher Sabotageunternehmen drohten die Besatzungsmächte mit hohen Gefängnis- oder Zuchthausstrafen; einzelne Ruhrkämpfer wie der frühere Freikorpsoffizier und Baltikumkämpfer Albert Leo Schlageter wurden zum Tode verurteilt und hingerichtet. Die Guerillaaktionen deutscher Nationalisten an der Ruhr bescherten so zwar den Rechtsradikalen im Reich willkommene Märtyrer; außenpolitisch richteten sie aber erheblichen Schaden an, weil sie dem Reich international moralischen Kredit und damit potentielle Unterstützung kosteten.

Dessen ungeachtet wurde ein Erfolg des passiven Widerstandes im Laufe des Frühjahres 1923 zunehmend unwahrscheinlicher. Denn das Reich musste seit Beginn der Ruhrbesetzung Millionen von Menschen in den okkupierten Gebieten durch Geld- und Sachleistungen in Milliardenhöhe unterstützen. Gleichzeitig entfielen die Steuereinnahmen von dort, und da auch die Kohlelieferungen von der Ruhr unterbunden waren, sah sich die Regierung gezwungen, Kohlen gegen wertvolle Devisen aus dem Ausland zu kaufen. Der passive Widerstand kostete täglich bis zu 40 Millionen Goldmark. Um den somit zusätzlich gesteigerten Finanzbedarf des Reiches zu decken, erhöhte die Regierung die kurzfristige Verschuldung und betätigte insbesondere die Notenpresse. 300 Papierfabriken und 150 Druckereien befanden sich jetzt rund um die Uhr im Einsatz, um neues Papiergeld zu drucken. Parallel zur immer rascheren Ausgabe frischgedruckten Geldes fiel der Kurs der Mark in Schüben drastisch ab. Die Folge des besonders rasanten Niedergangs der deutschen Währung seit Anfang 1923 waren, wie noch näher darzustellen ist, sozialpolitisch verheerend. Im Sommer 1923 war Cunos Politik des passiven Widerstandes an der Ruhr nicht länger aufrechtzuerhalten. Dies umso mehr, als sich zudem die deutsche Erwartung auf ein diplomatisches Eingreifen der USA und Großbritanniens zu Gunsten des Reiches nicht erfüllte. Cuno resignierte und trat am 12. August nach einem Misstrauensantrag der sozialdemokratischen Reichstagsfraktion zurück. Am nächsten Tag kam es zur Bildung einer Regierung der »nationalen Sammlung« aus DVP, Zentrum, DDP und SPD. Neuer Reichskanzler wurde Gustav Stresemann. Der Vorsitzende der Deutschen Volkspartei erhielt diesmal auch die Unterstützung der SPD. Die Sozialdemokraten zeigten kein Interesse, selbst den Regierungschef zu stellen und damit an erster Stelle die Verantwortung für die bevorstehende schwierige Neuorientierung in der deutschen Außenpolitik zu übernehmen. Am 26. September verkündete Stresemann den Abbruch des passiven Widerstandes und die Wiederaufnahme der Reparationszahlungen an Frankreich und Belgien. Damit war der Weg für eine Rückkehr zu Verhandlungen und einer begrenzten Zusammenarbeit mit den alliierten Siegerstaaten geebnet. Zur Einstellung des passiven Widerstandes gab es keine Alternative, wollte die Regierung, wie Stresemann es ausdrückte, »das Leben von Volk und Staat ... erhalten« und die Befreiung des Ruhrgebiets von der französischen Fremdherrschaft mit diplomatischen Mitteln erreichen.

Die Hyperinflation von 1922/23

Die Ursachen der Inflation

Das alltägliche Leben der Deutschen stand im Spätsommer 1923 ganz im Zeichen der zuletzt galoppierenden Inflation. Die Geldentwertung hatte bereits während des Ersten Weltkrieges begonnen, ausgelöst vor allem durch die Art und Weise der deutschen Kriegsfinanzierung. Das Reich bestritt seine Kriegskosten in Höhe von etwa 150 Milliarden Mark fast ausschließlich durch Kriegsanleihen und kurzfristige Kredite. Allein die Reichsverschuldung, Länder und Gemeinden also ausgenommen, wuchs hierdurch zwischen 1915 und 1918 von 5 auf 105 Milliarden Mark. Weil die Steuereinnahmen dieser Jahre zur Deckung der Ausgaben bei weitem nicht ausreichten, ging man dazu über, den Geld- und Notenumlauf zu steigern. Parallel zur Aufblähung der Geldmenge hatte sich gleichzeitig das Angebot an Waren und Dienstleistungen ständig verringert. Infolgedessen verlor die Mark immer mehr an Kaufkraft und Außenwert. Bei Kriegsende besaß sie im Verhältnis zu den wichtigsten Fremdwährungen gerade noch 50% ihres früheren Wertes.

Die Mehrzahl der Deutschen betrachtete den Wertverfall der Mark und die ständigen Preissteigerungen lange als eine kriegsbedingte Teuerung, die nach Wiedereinsetzen der Friedenswirtschaft rasch zurückgehen werde. Dass diese Erwartung nicht eintrat, hatte vor allem politische Gründe. Einerseits scheute die demokratische Reichsregierung in der kritischen innenpolitischen Lage von 1918/19 davor zurück, die Bevölkerung mit den finanziellen Folgen der Kriegsniederlage im vollen Ausmaße zu konfrontieren. Denn im gegenteiligen Fall wäre es zwingend gewesen, die Kriegsanleihen des Reiches bei seinen Bürgern zu annullieren und starke Steuererhöhungen vorzunehmen. Weil dies nicht geschah, lasteten auf den öffentlichen Haushalten zu Beginn der Weimarer Republik von vornherein sehr hohe Schuldverpflichtungen. Hinzu kamen andererseits die hohen Kosten der Demobilmachung, der Erwerbslosenunterstützung infolge der Arbeitslosigkeit in den ersten Nachkriegsmonaten, der Versorgung von Kriegsopfern und -hinterbliebenen, dringend benötigter Lebensmitteleinfuhren aus dem Ausland sowie bald auch die Reparationslasten, welche etwa 10% des deutschen Volkseinkommens ausmachten. Weiterhin wirkte die lange bestehende Ungewissheit über das künftige Ausmaß der deutschen Zahlungsverpflichtungen destabilisierend, weil hierdurch der Anreiz für eine konsequente Haushaltssanierung gering war. So setzten sich in den ersten Nachkriegsjahren die Verschuldung in allen öffentlichen Haushaltsbereichen und die Beschaffung der benötigten Mittel mit Hilfe der Notenpresse fort.

Phasen der Geldentwertung nach dem Krieg

Die somit andauernde Geldentwertung zwischen 1918 und 1923 verlief nicht gleichmäßig, sondern in mehreren Phasen, die sich an der Entwicklung des Wertverhältnisses der Mark zum Dollar ablesen lassen: In der ersten Phase der Nachkriegsinflation von der Unterzeichnung des Waffenstillstandes im November 1918 bis zum Abschluss des Versailler Vertrages im Juni 1919 stieg der Dollarkurs von 7,43 Mark auf 14,01 Mark oder um 89%. Es folgte eine Zwischenphase verstärkten Wertverfalls der Mark, die vom Juli 1919 bis zum März/April1920 dauerte. In diesen Monaten verteuerte sich der Dollar von 15,08 Mark auf 83,89 Mark. Das entsprach einem Preisanstieg von 465%. Ausschlaggebend für die Talfahrt der Mark 1919/20 waren vor allem innenpolitische Vorgänge wie der Kapp-Putsch, die es im Ausland zweifelhaft erscheinen ließen, ob die Weimarer Republik politisch und wirtschaftlich überleben könne.Vom April 1920 an erholte sich der Markkurs wieder. Die jetzt beginnende Phase relativer Währungsstabilität erstreckte sich bis zum Frühsommer 1921. In dieser Zeit herrschte international die Erwartung, dass sich Deutschlands Wirtschaft und Währung dauerhaft festigen würden.

Nach der Annahme des Londoner Ultimatums vom Mai 1921 setzte jedoch der Verfall der Mark von neuem ein. Bis zum Juli 1922 stieg der Preis des Dollars von 62,30 Mark auf 493,22 Mark oder um 692%. Gleichzeitig begann sich die Lage der

Eine ältere Dame, die sicher bessere Zeiten gesehen hat, bietet ein Bild zum Verkauf an, um 1922

Ein US-Dollar kostete am / im:		Am 5. November 1923 kosteten in Berlin:	Papiermark	Goldmark
1. Juli 1914	4,20 Reichsmark	1 kg Roggenbrot	78 Mrd.	0,78
Dezember 1918	8,– Reichsmark	1 kg Kartoffeln	6,4 Mrd.	0,06
Mai 1921	62,75 Reichsmark	1 kg Rindfleisch	240 Mrd.	2,40
Sommer 1921	100,– Reichsmark	10 km Eisenbahnfahrt	172 Mrd.	0,33
Sommer 1922	500,– Reichsmark	1 Fahrschein der Straßenbahn	10 Mrd.	0,08
Nov. 1922	6 000,– Reichsmark	1 Inlands-Brief	1 Mrd.	0,01
Januar 1923	10 500,– Reichsmark			
Februar 1923	40 000,– Reichsmark			
Juni 1923	150 000,– Reichsmark			
15. Nov. 1923	1 260 Milliarden Reichsmark			
20. Nov. 1923	4 200 Milliarden Reichsmark			
danach	4,20 Rentenmark			

Dollarpreise 1914–1923 (links) und allgemeine Preise in Berlin am 5. November 1923 auf dem Höchststand der Inflation deutschen Wirtschaft auf den internationalen Märkten zu verschlechtern. In- und ausländische Besitzer von Geldkapital verloren nun das Vertrauen in die deutsche Währung. Es setzte folglich im ersten Halbjahr 1922 eine allgemeine Flucht aus der Mark ein, die zusätzlich auf den Markkurs drückte. Ab Juli 1922, mit Beginn der so genannten Hyperinflation, nahm die im Gang befindliche Talfahrt der Mark zunehmend rasante Formen an. Bis zum Dezember 1922 stieg der Kurs des Dollars von 439,22 Mark auf 7 589,27 Mark und damit um 1.539%. Zu diesem Zeitpunkt weigerten sich bereits Ausländer, die Mark weiterhin als Zahlungsmittel anzunehmen oder auf Mark lautende Kredite zu geben.

Die zerrüttete deutsche Währung verlor schließlich mit Beginn des passiven Widerstandes jeden Halt. Der Dollarkurs, der am 2. Januar 1923 mit 7 260 Mark notiert worden war, erreichte am 11. Januar den Stand von 10 450 Mark und kletterte bis zum 31. Januar auf 49 000 Mark. Zwischenzeitliche Stützungsversuche der Reichsbank konnten den weiteren Absturz der Mark nur vorübergehend bremsen. Seit August wurde in Deutschland dann nur noch in Millionen, seit Oktober in Milliarden gerechnet. Ein Kilogramm Roggenbrot kostete in Berlin am 3. Januar 1923 163 Mark, am 4. Juli 1 895 Mark, am 3. September 273 684 Mark, am 1. Oktober 9 474 000 Mark und am 5. November 78 Milliarden Mark. In dieser letzten Phase der Inflation verlor das Geld täglich, am Ende fast stündlich an Wert; seine Funktionen als Wertaufbewahrungsmittel, Berechungsgröße und Tauschmittel konnte es inzwischen nicht mehr erfüllen.

Bis zum Beginn der Hyperinflation hatte die Geldentwertung nicht allein nachteilige Auswirkungen gehabt. Dies galt in erster Linie für den Bereich des wirtschaftlichen Geschehens. Denn obwohl die Verkaufspreise ständig stiegen, ergab sich durch die Inflation zugleich eine starke Ermäßigung wichtiger Kostengrößen wie von Löhnen und Gehältern, Steuern und Abgaben sowie der Zinsen und sonstigen Kreditbelastungen. Auf Grund dieser inflationsbedingten Kostenminderungen und der raschen Entwertung des Geldkapitals wuchs die Bereitschaft der Unternehmen, Arbeitnehmer einzustellen und in neue Produktionsstätten oder Maschinen zu investieren. Auch befand sich die exportorientierte deutsche Wirtschaft hierdurch vorübergehend gegenüber den ausländischen Konkurrenten in einer vergleichsweise günstigen Wettbewerbssituation. Besonders 1921 bestand eine für die Exportwirtschaft vorteilhafte große Spanne zwischen dem Kostenniveau im Inland und dem im Ausland. 1921/22 herrschte infolgedessen in Deutschland Vollbeschäftigung und in manchen Bereichen sogar ein Mangel an Arbeitskräften. Erst als dieser Kostenvorteil für die deutsche Wirtschaft im Verlauf der Hyperinflation verloren ging, überwogen ökonomisch die nachteiligen Inflationswirkungen. Bis zum Sommer 1923 sackte die industrielle Erzeugung, auch infolge des passiven Widerstandes an der Ruhr, in Deutschland deutlich ab. Gleichzeitig stiegen die Erwerbslosenzahlen, und im dritten Quartal des Jahres bestand im Reich nahezu massenhafte Arbeitslosigkeit.

Die sozialen Folgen der Teuerung

Für die große Mehrheit der deutschen Bevölkerung wurde die Hyperinflation von 1922/23 von Monat zu Monat mehr zu einem sozialen Albdruck. Infolge der raschen Beschleunigung der Geldentwertung fielen Löhne und Gehälter sowie Pensionen und Unterstützungszahlungen bald weit hinter die Teuerungsrate zurück. So schnell wie vor allem die Nahrungsmittelpreise stiegen, konnten die verschiedenen Entgelte nicht an die Inflation angepasst werden. Wer Geld erhielt, war zunehmend gezwungen, es umgehend wieder auszugeben. Anderenfalls drohten untragbare Verluste. Auf dem Höhepunkt der Hyperinflation entlohnten daher viele Betriebe ihre Beschäftigten am Morgen und gaben ihnen anschließend Gelegenheit, ihre Löhne in Nahrungsmittel oder tauschfähige Waren umzusetzen. Dabei ergab sich eine Art Wettlauf zwischen den bedrängten Verbrauchern um Güter, die gleichzeitig immer knapper oder unbezahlbar wurden. Denn die Einzelhändler in den Städten gingen, um sich ihrerseits vor den Folgen der Geldentwertung zu schützen, dazu über, Waren zurückzuhalten oder wertbeständige Zahlungsmittel zu verlangen. Aus demselben Grund öffneten zahlreiche Geschäfte schließlich nur noch stundenweise. Hinzu kam in vielen Gegenden ein »Ablieferungsstreik« der Landwirte, welche sich teils selbst gegen Strafandrohungen weigerten, ihre Erzeugnisse gegen wertloses Papiergeld anzubieten. Im Herbst 1923 drohte somit der Zusammenbruch der lokalen Versorgung. Das Gros der Menschen in den Städten, auch diejenigen, die noch einer vollen Beschäftigung nachgingen, sah sich unmittelbar dem Hunger ausgesetzt.

Die drohende Hungerkatastrophe machte zuletzt alle Anstrengungen der Behörden zur Aufrechterhaltung der öffentlichen Ordnung und des sozialen Friedens zunichte. In den Städten entwickelten sich schwere soziale Konflikte vor allem zwischen den lohn- und gehaltsabhängigen Verbrauchern und den Einzelhändlern, denen man verbreitet die Schuld an den davoneilenden Preisen gab. Die Konsumenten durchschauten oftmals die wahren Ursachen der horrenden Teuerung nicht und warfen den vermeintlich wucherischen Gewerbetreibenden vor, sich auf Kosten der darbenden Volksmehrheit zu bereichern. Vielerorts kam es daher in der Schlussphase der Inflation zu Hungerunruhen und zur Plünderung von Lebensmittelgeschäften. In behördlichen Stimmungs- und Lageberichten aus dem Spätsommer und Herbst 1923 wird von einem drohenden »Kampf aller gegen alle« berichtet. Zugleich wuchs danach beinahe täglich der Unmut der verzweifelten Menschen über angeblich untätige Behörden und den Staat, der sich unfähig zeigte, dem Währungsverfall und der Not ein Ende zu setzen und dadurch zunehmend an Autorität einbüßte.

Erneute akute Gefährdung von Reich und Republik in der zugespitzten politischen Krise des Herbstes 1923

Vor dem Hintergrund des geschilderten Währungs- und Wirtschaftschaos in der Schlussphase der Hyperinflation spitzten sich die innenpolitischen Verhältnisse in Deutschland in den Herbstmonaten 1923 in extremer Weise zu. Mit ausschlaggebend hierfür war die Entscheidung der Regierung Stresemann, den unbezahlbar gewordenen passiven Widerstand an der Ruhr abzubrechen. Weiten Teilen der seit dem Einfall der Franzosen ins Ruhrgebiet stark emotionalisierten Bevölkerung galt die Aufgabe des Ruhrkampfes als »zweite deutsche Kapitulation«. Die rechtsnationale Presse überschlug sich in den Tagen nach dem 26. September geradezu in ihren wütenden Reaktionen. Fast über Nacht wurde Gustav Stresemann zum vielgehassten »Verzichtspolitiker«. Unter den Bedingungen eines solcherart aufgeheizten politischen Klimas sahen nun jene in Deutschland ihre Stunde gekommen, die in den Regionen für eine Loslösung vom Reich eintraten oder, wie die Republikfeinde der äußersten Linken und Rechten, auf den Sturz der republikanischen Reichsregierung hinarbeiteten:

Separatismus

Die Zentren des regionalen Separatismus lagen im französisch besetzten linksrheinischen Gebiet und in der Pfalz. Hier hatte sich die wirtschaftliche und soziale Lage der Bevölkerung in der zweiten Jahreshälfte 1923 besonders stark verschlechtert. In der Pfalz etwa wurden im November rund 120 000 Erwerbslose gezählt. Von der versprochenen Hilfe des Reiches war indessen wenig zu spüren. Vielen Menschen in den betroffenen Gegenden schien es daher, als habe die Zentralregierung in Berlin die besetzten Gebiete längst aufgegeben. Hinzu kamen traditionelle antipreußische Vorbehalte im deutschen Westen und Südwesten, so dass die augenblickliche Stimmung unter der linksrheinischen Bevölkerung für die Parole »Los von Berlin« günstig erscheinen konnte. Gleichzeitig trafen sich die Bestrebungen der rheinischen und pfälzischen Separatisten mit den Zielen der französischen Besatzungsmacht. Frankreich hatte die Ruhrbesetzung auch mit der Absicht begonnen, gleichsam im Windschatten dieses Unternehmens die linksrheinischen Reichsgebiete durch die Bildung von ihm abhängiger Satellitenstaaten politisch an sich zu binden und so den französischen Einflussbereich bis an den Rhein vorzuschieben. Demzufolge handelten die aktiven deutschen Separatisten mit offener oder verdeckter Unterstützung durch die französischen Besatzungsbehörden. Am 21. Oktober 1923 riefen sie in Aachen eine reichsunabhängige »Rheinische Republik« aus; am 12. November wiederholte sich ein ähnlicher Vorgang in Speyer, wo es zur Proklamation einer autonomen »Pfälzischen Republik« kam. Die lokale Herrschaft der Separatisten war jedoch nur von kurzer Dauer. Sie scheiterte schon nach wenigen Wochen, zum einen am Widerstand der großen Mehrheit der Bevölkerung in den besetzten linksrheinischen Gebieten, zum anderen vor allem an der Haltung der Briten, welche vergleichbare Entwicklungen in ihrer Besatzungszone von 1919 nicht zuließen und in diesem Sinne auch auf die französische Regierung außenpolitisch Druck ausübten.

Aufstandsversuche von links und rechts

Eine größere Gefährdung von Reich und Republik ging von etwa zeitgleichen Aufstandsversuchen von links und rechts in Mitteldeutschland und in Bayern aus. In den mitteldeutschen Ländern Sachsen und Thüringen verfügten im Herbst 1923 linke Sozialdemokraten und Kommunisten gemeinsam über eine parlamentarische Mehrheit. Mitte Oktober einigten sich beide Parteien auf die Bildung sozialdemokratisch-kommunistischer Landesregierungen. Gleichzeitig begann man mit der Aufstellung bewaffneter Arbeitertruppen, so genannter Proletarischer Hundertschaften, zur Abwehr rechter Putschversuche. Die Sozialdemokraten waren die Koalitionen mit der Absicht eingegangen, erstmals seit der Revolution in Deutschland reine Arbeiterregierungen zu bilden. Zugleich ging es ihnen darum, in Sachsen und in Thüringen eine Art Abwehrblock gegen die in diesen Wochen von Bayern her drohende Gefahr eines konservativ-nationalistischen Umsturzes im Reich zu errichten. Die KPD verfolgte dagegen eigene politische Ziele. Sie hatte am 1. Oktober von der Moskauer Zentrale der Kommunistischen Internationale die Weisung zum Eintritt in die gemeinsamen Regierungen erhalten. Auf Grund der sozialen Verelendung weiter Kreise der Bevölkerung als Folge von Inflation und Ruhrkampf

Zeitgenössische Karikatur »Der Retter Stresemann« von 1923. Stresemann als Schutzengel des deutschen Michel, der von links und rechts zugleich bedroht ist und auf einem schmalen Grat über dem tiefen Abgrund wandelt

beurteilten die deutschen und die russischen Kommunisten die Voraussetzungen für eine proletarische Revolution zu diesem Zeitpunkt günstiger als je zuvor. Mit den Regierungsbeteiligungen wollten sich die Kommunisten eine legale Ausgangsbasis zur Vorbereitung einer »deutschen Oktoberrevolution« schaffen. Der geplante Linksputsch sollte mit Hilfe der Proletarischen Hundertschaften geschehen, deren Stärke zuletzt etwa 100 000 Mann betrug.

Die Reichsregierung Stresemann wollte den Umsturzvorbereitungen in Mitteldeutschland nicht tatenlos zusehen und wies die regionalen Befehlshaber der Reichswehr an, einzuschreiten. Die Wehrkreisbefehlshaber in den Ländern übten seit der Verhängung des reichsweiten Ausnahmezustandes am 27. September die vollziehende Gewalt aus. Sie handelten damit stellvertretend für den Reichswehrminister unmittelbar im Namen der Reichsregierung. Der Kommandeur in Sachsen, General Müller, erklärte am 13. Oktober die Proletarischen Hundertschaften für aufgelöst und unterstellte ferner die sächsische Polizei seinem Befehl. Der sozialdemokratische Ministerpräsident des Landes, Erich Zeigner, ignorierte diese Anweisungen jedoch, und die kommunistischen Minister seiner Regierung riefen zum proletarischen Kampf auf. Reichswehrminister Geßler ließ daraufhin am 23. Oktober mit Zustimmung Stresemanns in Sachsen Reichswehrtruppen einmarschieren. Zwar kam es dabei, so in Chemnitz und im Erzgebirge, lokal zu Schießereien; doch der von den Kommunisten erwartete Generalstreik und Massenaufstand der Arbeiterschaft blieb aus. Die Zentrale der KPD wertete diesen Sachverhalt als Beleg dafür, dass die revolutionäre Bereitschaft des deutschen Proletariats noch immer nicht ausreichend sei und sah sich gezwungen, den »deutschen Oktober« zu verschieben.

Nachdem damit der geplante Linksputsch schon im Ansatz gescheitert war, forderte Reichskanzler Stresemann Ministerpräsident Zeigner am 27. Oktober ultimativ auf, eine Regierung ohne kommunistische Minister zu bilden. Eine Regierungsbeteiligung der KPD sei auf Grund ihrer revolutionären Ausrichtung mit verfassungsmäßigen Zuständen unvereinbar. Die Antwort aus Sachsen war ein klares Nein. Daraufhin entsandte Stresemann am 29. Oktober Reichswehrtruppen nach Dresden und ließ die sächsische Regierung absetzen; die Regierungsgeschäfte wurden übergangsweise an einen Reichskommissar übertragen. Ähnliches wiederholte sich wenige Tage darauf in Thüringen.

Bei dem energischen Vorgehen der Reichsregierung gegen Sachsen handelte es sich um eine so genannte Reichsexekution. Das Wort meint eine notfalls zwangsweise Durchsetzung von Beschlüssen der Reichsregierung, um im Reich die innere Ordnung aufrechtzuerhalten oder wiederherzustellen. Zur Reichsexekution gegen Sachsen von Ende Oktober 1923 hatte Reichspräsident Ebert die Regierung Stresemann unter Berufung auf den Notverordnungsartikel 48 der Weimarer Reichsverfassung ermächtigt. Die eigentliche Verantwortung für die gewaltsame Absetzung der Regierung Zeigner lag indessen bei den sächsischen Sozialdemokraten. Sie hatten durch ihr Zusammengehen mit den Kommunisten einer Partei, die den Sturz der Republik beabsichtigte, den Zugang zu staatlichen Machtstellungen ermöglicht und damit eine ernst zu nehmende innere Gefahr heraufbeschworen.

Bayern-Reich-Konflikt und Hitler-Putsch 1923

Die Entwicklung in Thüringen und Sachsen stand in wechselseitigem Zusammenhang mit dem parallel entstandenen Konflikt zwischen dem Reich und Bayern. Aus Protest gegen die Aufgabe des passiven Widerstands an der Ruhr hatte die bayerische Staatsregierung Ende September für das Land den Ausnahmezustand verhängt und den Regierungspräsidenten von Oberbayern, Gustav von Kahr, einen rechtskonservativen Monarchisten, zum »Generalstaatskommissar« erhoben. Die Ernennung eines Generalstaatskommissars für Bayern als eine Art Landesdiktator entsprach dem in diesen Wochen aus nationalen Kreisen allgemein ertönenden Ruf nach einem »starken Mann«. Die Nationalisten in Deutschland blickten daher im Herbst 1923 erwartungsvoll auf Bayern und seine Landeshauptstadt München, die sich seit der Niederschlagung der bayerischen Räteherrschaft im Frühjahr 1919 zu einem Sammelpunkt deutschnationaler sowie völkisch-nationalsozialistischer Gruppen und Verbände entwickelt hatte. Von München sollte der entscheidende Impuls zur Beseitigung der »Kommunistenherschaft« in Mitteldeutschland und – nachfolgend – der angeblich marxistischen Reichsregierung in Berlin ausgehen.

Der somit vorgezeichnete Konflikt zwischen Bayern und dem Reich brach offen aus, als sich der Kommandeur der Reichswehrtruppen in Bayern, Generalleutnant von Lossow, auf Zuraten von Kahrs weigerte, weiterhin Befehle aus Berlin auszuführen. Reichswehrminister Geßler hatte von Lossow am 19. Oktober aufgefordert, den Völkischen Beobachter der NSDAP wegen verleumderischer Hetzartikel gegen die Reichsregierung zu verbieten. Der General war dem Befehl nicht nachgekommen und daraufhin am 20. Oktober von Geßler seines Amtes enthoben worden. Die bayerische Staatsregierung und von Kahr ernannten hingegen von Lossow noch am selben Tag zum Befehlshaber der Truppen in Bayern; gleichzeitig erließ von Kahr einen öffentlichen Aufruf, in dem er die in Bayern stationierten Truppen als »Treuhänderin des deutschen Volkes« in die Pflicht des Freistaates nahm.

Die Reichsregierung wertete das bayerische Vorgehen als offenen Verfassungsbruch und militärische Meuterei. Damit waren nicht weniger als in Thüringen und Sachsen alle Voraussetzungen für eine Reichsexekution gegeben. Es kam in dieser zugespitzten Lage auf die Haltung des Chefs der Heeresleitung, General von Seeckt, an, welcher indessen gegenüber Reichspräsident Ebert am 3. November eine Reichsexekution gegen Bayern für unmöglich erklärte. Wie schon bei Ausbruch des Kapp-Putsches stellte sich von Seeckt auf den Standpunkt, Reichswehr marschiere nicht gegen Reichswehr. Andererseits verurteilte der Kommandeur des Reichsheeres zugleich die Befehlsverweigerung General von Lossows in scharfer Weise und warnte von Kahr davor, sich von den völkischen und nationalsozialistischen Extremisten in München zu einem illegalen Umsturzversuch hinreißen zu lassen.

Die Warnung von Seeckts vor einer gewaltsamen Rebellion ließen von Kahr und von Lossow zögern. Den Führern ihrer

92

»Der Stoßtrupp Hitler«, Keimzelle der späteren SS, vor dem Novemberputsch 1923 in Bereitstellung

Die Initiatoren und Führer des Hitler-Putsches von 1923 nach einer Gerichtsverhandlung vor dem Münchener Sondergericht im März 1924 (Hitler: Vierter von rechts, links neben ihm Ludendorff)

völkisch-nationalsozialistischen Verbündeten, General a.D. Ludendorff und Adolf Hitler, schien dadurch der geplante »Marsch auf Berlin« gefährdet. In Fehleinschätzung ihrer Erfolgsaussichten entschlossen sie sich also zum selbstständigen Losschlagen. Am Abend des 8. November drang Hitler mit bewaffneten Männern seiner so genannten Sturmabteilung (SA) in eine Versammlung der Anhänger von Kahrs im Münchener Bürgerbräukeller ein, um den Beginn des Staatsstreiches zu erzwingen. Neben von Kahr waren auch General von Lossow sowie der Kommandeur der bayerischen Polizei, von Seisser, anwesend. Hitler hielt ihnen eine Pistole vor und forderte sie zur Beteiligung an der von ihm proklamierten »nationalen Erhebung« auf. Die Reichsregierung und die bayerische Staatsregierung erklärte er für abgesetzt; sich selbst erhob Hitler zum Chef einer provisorischen Nationalregierung Ludendorff-Hitler-Lossow-Seisser.

Doch noch in der Nacht zum 9. November widerriefen die vermeintlichen Mitverschwörer Hitlers und Ludendorffs ihre nach eigener Darstellung erpresste Zustimmung. Ihre veränderte Haltung ergab sich, als klar geworden war, dass die bayerische Generalität den Schritt von Lossows nicht mitvollzog. Hitler und Ludendorff sahen daraufhin ihre noch verbliebene Chance am Morgen des 9. Novembers in einem geschlossenen Marsch ihrer Anhänger durch die Münchener Innenstadt. In Höhe der Feldherrnhalle wurde der Zug jedoch durch die alarmierte Landespolizei aufgehalten und beschossen. Die »nationale Erhebung« brach unter den Polizeikugeln zusammen. Es gab mehrere Tote und zahlreiche Verhaftungen; unter den Festgenommen befand sich auch Ludendorff; Hitler kam einen Tag später in Haft.

Dass der demokratische Weimarer Staat in diesen dramatischen Stunden nicht zu Fall gekommen war, hing entscheidend mit dem Verhalten General von Seeckts am 8./9. November zusammen. Reichspräsident Ebert hatte den Kommandeur der Reichswehr nach den ersten Meldungen aus München in der Nacht zum 9. November die vollziehende Gewalt im Reich übertragen und damit das Schicksal der Republik in seine Hände gelegt. Dabei war der General erklärtermaßen ein Gegner der Republik, und schon seit Wochen trug er sich mit Gedanken, seinerseits mit Unterstützung der Partei der Deutschnationalen für den Fall eines Linksputsches im Reich ein diktatorisches Regime aufzurichten. Obwohl es ihm in der konkreten Situation möglich gewesen wäre, scheute der General am 9. November doch vor dem letzten Schritt hin zu einem Zusammengehen mit den bayerischen Rebellen um von Kahr zurück. Was ihn davon abhielt, war offenbar sein Denken in den Kategorien eines strikten Legalismus. Danach kam eine nach den Maßstäben der geltenden Verfassung unrechtmäßige Machtaneignung grundsätzlich nicht in Frage. Am 23. November verbot von Seeckt für die Dauer des Ausnahmezustandes sowohl die NSDAP wie die KPD im Reich, im Februar 1924 gab er dann die vollziehende Gewalt ordnungsgemäß an die Zivilregierung zurück. An seinem dienstlichen Verhalten in dieser für das Überleben der Republik entscheidenden Phase war mithin wenig auszusetzen. Gleichwohl hatten die Ereignisse erwiesen, dass die Reichswehr auf Grund ihres Eigenlebens und besonderen Machtgewichts eine Art »Staat im Staate« darstellte bzw. in Deutschland Politik gegen die bewaffnete Macht kaum zu machen war. Zudem musste es fraglich erscheinen, ob die Streitkräfte auch im weiteren jederzeit zu dem Staate standen, auf den sie eidlich verpflichtet waren.

Eine unmittelbare politische Folge der schweren Staatskrise des Spätherbstes 1923 war der Sturz des Kabinetts Stresemann Ende November. Am 22. November hatten die Sozialdemokraten auf Druck ihres linken Parteiflügels im Reichstag einen Misstrauensantrag gegen den volksparteilichen Regierungschef eingebracht, den sie mit der unterschiedlich konsequenten Behandlung der reichs- und verfassungsfeindlichen Umtriebe von links und rechts in Sachsen/Thüringen einerseits sowie in Bayern andererseits begründeten. Stresemann beantwortete die Initiative der sozialdemokratischen Fraktion, indem er am nächsten Tag von sich aus die Vertrauensfrage stellte. Als der Reichstag seinen Antrag mit 231 gegen 156 Stimmen von Zentrum, DDP und DVP ablehnte, erklärte der Reichskanzler noch am selben Abend seinen Rücktritt. An die Stelle seiner Regierung der Großen Koalition trat am 23. November ein bürgerliches Minderheitskabinett von

Zentrum, BVP, DVP und DDP unter dem Zentrumsvorsitzenden Wilhelm Marx; Stresemann, dem ein erhebliches Verdienst an der Überwindung der politischen und wirtschaftlichen Notstände der zurückliegenden Monate zukam, war in dem neuen Kabinett weiterhin, nunmehr als Außenminister, in maßgeblicher Stellung vertreten.

Zögernde wirtschaftliche und politische Beruhigung 1923/24

Die Währungsstabilisierung von 1923/24

Mit dem Scheitern des Hitler-Putsches und der sich abzeichnenden Beilegung des Bayern-Reich-Konfliktes war eine wesentliche Last von der Republik genommen. Auf der Liste der drängenden innenpolitischen Probleme stand jetzt die Beendigung der verheerenden Inflation an oberster Stelle. Dazu waren einschneidende finanz- und steuerpolitische Maßnahmen nötig, zu denen der Reichstag die Regierung Stresemann am 13. Oktober 1923 für eine Übergangszeit ermächtigt hatte. Drei Tage später wurde daraufhin durch Regierungsverordnung eine Deutsche Rentenbank errichtet, die als neue Währung die »Rentenmark« ausgeben sollte. Das Reich verfügte zu diesem Zeitpunkt nicht über entsprechende Gold- und Devisenvorräte. Um die Rentenmark decken zu können, wurden daher der gesamte deutsche Grundbesitz, Handel und Industrie mit einer Hypothek in Höhe von 3 200 Millionen Rentenmark belastet. Auf diesen Gegenwert gab die Rentenbank 2 400 Millionen Rentenmarknoten aus. Das Geld ging je zur Hälfte an die Reichsregierung sowie an die Banken, welche es ihrerseits an die private Wirtschaft weitergaben. Am 15. November wurde dann der Kurs der Papiermark auf einen Stand von 4,2 Billionen für einen Dollar zwangsfestgesetzt. Eine Billionen Papiermark hatten nun den Wert von einer Rentenmark; dies entsprach dem Vorkriegsstand.

Bis zur Einführung der – wieder goldgedeckten – Reichsmark im Sommer 1924 stellte die Rentenmark eine Zwischenlösung dar, zu der Wirtschaft und Bevölkerung rasch Vertrauen fassten. Maßgeblichen Anteil am »Wunder der Rentenmark« hatten der parteilose Reichsfinanzminister Hans Luther, der vordem Oberbürgermeister der Stadt Essen gewesen war, sowie der neue Präsident der Reichsbank, Hjalmar Schacht. Um die Rentenmark stabil zu halten, hielten es beide für unerlässlich, die öffentlichen Ausgaben nicht über die festgesetzten Haushaltseinnahmen steigen zu lassen sowie die umlaufende Geldmenge strikt begrenzt zu halten. Am Zusammenspiel einer konsequenten Ausgabenbegrenzung mit einer Politik des knappen Geldes hielten Luther und Schacht auch fest, als das Reich den ihm zur Verfügung gestellten Rentenmarkbetrag schon nach kurzer Zeit aufgebraucht hatte. Statt, wie in der Inflationsphase, nach Bedarf neues Geld zu drucken, waren Reich, Länder und Gemeinden jetzt zu harten Sparmaßnahmen gezwungen. Dies bedeutete vor allem einen rigorosen Abbau von Personal im öffentlichen Dienst sowie starke Lohn- und Gehaltskürzungen. Bis zum 1. April 1924 schieden 400 000 Beamte, Angestellte und Arbeiter aus dem Reichsdienst aus. Die Gehälter der Weiterbeschäftigten wurden durch Verordnung auf 60% der Vorkriegssätze herabgesetzt. Hinzu kamen zur Sicherung stetiger Einnahmen neue und höhere Steuern, die in erster Linie die breite Masse der Verbraucher trafen und deren ohnehin niedrige Kaufkraft weiter minderten. Aber auch den Unternehmern ging es in der Stabilisierungsphase von 1923/24 kaum besser. Denn viele Betriebe mussten in den ersten Monaten nach dem Währungsschnitt schließen, weil geliehenes Geld bei Zinssätzen von zeitweise 16 bis 18% teuer geworden war und der Absatz stockte. Die Folge waren eine große Zahl von Konkursen und vorübergehend stark steigende Arbeitslosenzahlen.

Soziale und politische Kosten von Inflation und Währungsstabilisierung

In diesen ersten Monaten nach dem harten Währungsschnitt vom November 1923 offenbarte sich zugleich, welche längerfristigen materiellen und sozialen Folgen die gerade überwundene Inflation angerichtet hatte. Gewinner der Geldentwertung waren grundsätzlich all jene, denen es gelang, ihr eigenes oder geliehenes Geld frühzeitig in Sachwerte wie Grundstücke, Häuser, Kunstwerke oder teure Möbel umzusetzen, welche der Teuerung widerstanden. In manchen Fällen waren so erhebliche Vermögen zustandegekommen. Zu den eindeutigen Nutznießern der zurückliegenden Währungskatastrophe zählten auch viele private Schuldner. Zahlreiche oftmals hoch verschuldete Landwirte sowie viele Haus- und Grundeigentümer nutzten die Geldentwertung, um sich von alten Hypothekenlasten aus der Vorkriegszeit zu befreien. In ähnlicher Weise vermochten manche Besitzer großer industrieller Vermögen von der Geldentwertung zu profitieren. Sie hatten mit geliehenem Kapital neue Firmen und Produktionsstätten erwerben können; gleichzeitig florierten die Geschäfte, weil die Reallöhne der Arbeiter und Angestellten immer mehr gesunken waren und die Belastung durch Abgaben sowie Steuern zuletzt wirtschaftlich kaum mehr ins Gewicht fiel. Gewinner der Inflation waren ferner Reich, Länder und Gemeinden. Das Reich etwa war bei Kriegsende auf Grund von neun Kriegsanleihen bei Millionen seiner Bürger mit fast 100 Milliarden Mark verschuldet. Diese riesige innere Staatsschuld löste sich im Spätherbst 1923 praktisch in nichts auf.

Zu den eindeutigen Verlierern der Inflation gehörten mithin zunächst jene, die erhebliche Teile ihres Vermögens in Kriegsanleihen angelegt hatten. Hinzu kamen die Hypothekengläubiger sowie weiterhin besonders die vielen Sparer. Ihre bei Banken und Sparkassen angehäuften Guthaben waren durch die Inflation fast vollständig aufgezehrt worden. Dasselbe galt für die zur Altersvorsorge zum Beispiel in Lebensversicherungen angelegten Gelder. Wer, wie zahlreiche Freiberufler und Selbstständige, seine Lebensplanung darauf ausgerichtet hatte, im Alter von angespartem Kapital zu leben, war im Moment der Währungsstabilisierung faktisch mittellos geworden. Mindestens für diese Opfer der Währungszerrüttung verband sich also mit dem Wort »Inflation« eine traumatische soziale Erfahrung.

Zu dem Trauma der Geldentwertung trat bei ihnen oftmals große Erbitterung über die Art und Weise der Stabilisierungspolitik von 1923/24. Besonders die zahlreichen Gläubiger aus dem mittleren Bürgertum waren wie selbstverständlich davon ausgegangen, dass nach dem Ende des Währungschaos' über ihre von der Entwertung betroffenen Geldansprüche neu verhandelt würde. In ihren Erwartungen hatten sie sich durch ein höchstrichterliches Urteil von Ende November 1923 bestätigt gesehen. Das Reichsgericht hatte darin die Aufwertung alter Hypothekenschulden aus der Vorkriegszeit grundsätzlich bejaht. Damit war die inzwischen auf den Zentrumspolitiker Wilhelm Marx übergegangene Reichsregierung unter erheblichen Druck geraten. Sie musste einerseits dem Urteil des Reichsgerichts folgen und eine dementsprechende Entschädigungsregelung treffen. Andererseits war von vornherein klar, dass das Reich als einer der großen Schuldner die hohen Milliardenforderungen seiner Gläubiger nicht befriedigen konnte. Eine großzügige Aufwertung war objektiv nicht bezahlbar und barg zudem große Gefahren für die Stabilität der neuen Währung. Vor allem Reichsfinanzminister Luther vertrat diesen Standpunkt. Nach heftigen innenpolitischen Diskussionen erließ die Regierung im Februar 1924 eine Verordnung, wonach der Regelsatz für die Aufwertung bestimmter Vermögensanlagen auf 15% des Goldmarkbetrages festgesetzt wurde. Für die Tilgung dieser Aufwertungsschuld sollte ein Zeitraum von acht Jahren gelten. Im Falle der öffentlichen Anleihen, im Wesentlichen also der Kriegsanleihen, wurde indessen der Beginn der Tilgung bis zur endgültigen Ablösung der deutschen Reparationsverpflichtungen und damit auf noch unbestimmte Zeit hinausgeschoben. Bei den betroffenen Inflationsopfern löste diese Regelung starke Proteste aus. Aus ihrer Sicht versuchte der Staat, sich aus der finanziellen Verantwortung gegenüber vielen seiner loyalen Bürger hinauszustehlen. Die Organisationen der Inflationsgeschädigten sprachen sogar offen von Betrug. Sie gaben damit einer so motivierten Staatsverdrossenheit unter ihren Mitgliedern und Sympathisanten Ausdruck, welche in der späten Inflationszeit gewachsen war und sich nunmehr zu verfestigen begann.

Die Reichstagswahlen vom 4. Mai 1924

Dies erwies sich schon bei der Reichstagswahl am 4. Mai 1924, bei der die Bevölkerung insgesamt noch stark unter dem Eindruck der zurückliegenden wirtschaftlichen und politischen Erschütterungen stand. Bei einer Wahlbeteiligung von 77,4% erlitten nahezu alle an den letzten Regierungen im Reich beteiligten Parteien teils erhebliche Einbußen. Die SPD sank von 21,7% im Sommer 1920 auf 20,5%, die DDP rutschte von 8,3% auf 5,7%, der Stimmenanteil der DVP verminderte sich von 13,9% auf 9,2%, und die BVP sackte von 4,4% auf 3,2%. Allein die Zentrumspartei zeigte sich bei einem leichten Rückgang von 13,6% auf 13,4% wie gewohnt stabil. Eindeutige Gewinner der Wahl waren die republikfeindlichen Parteien der äußersten Linken und Rechten, daneben verschiedene bürgerliche Splitterparteien, die im Mai 1924 zumeist erstmals angetreten waren. Die KPD steigerte sich von 2,1% auf 12,6%. Sie konnte einen Großteil der früheren Wähler der USPD für sich gewinnen, welche nach der Spaltung der Partei im Herbst 1920 den Weg der rechten Unabhängigen zurück zur SPD nicht mitvollzogen. Im Lager der äußersten Rechten andererseits stieg die DNVP von 15,1% auf 19,5%. Die Deutschnationalen waren im Vorfeld der Wahl besonders nachdrücklich für die Anliegen der Inflationsgeschädigten eingetreten und gewannen 1,4 Millionen Wähler hinzu. Gleichzeitig errang eine für den Augenblick gedachte Wahlallianz von Völkischen und Nationalsozialisten als »Völkischer Block« auf Anhieb einen Stimmenanteil von 6,5%. Die verschiedenen bürgerlichen Interessenparteien wie die Reichspartei des deutschen Mittelstandes, kurz Wirtschaftspartei genannt, kamen zusammen auf 8,5%.

Nach verbreiteter Einschätzung gingen die Erfolge vor allem von DNVP sowie der mittelständischen Interessenparteien unmittelbar zu Lasten der bürgerlich-liberalen Mittel- und Rechtsparteien. Viele der gewechselten Wähler hatten danach bei früheren Wahlen für die DDP oder die DVP gestimmt. Es handelte sich großenteils um selbstständige Gewerbetreibende, Landwirte, verarmte Kapitalrentner, Angestellte oder Beamte, welche sich aus unterschiedlichen Gründen im Mai 1924 parteipolitisch veränderten. Die einen, Einzelhändler, Handwerker und Landwirte, warfen dem republikanischen Staat vor, er habe sich in der Nachkriegs- und Inflationszeit bevorzugt um die materiellen Belange der zahlenmäßig überlegenen Konsumentenschaft gekümmert und insgesamt eine mittelstandsfeindliche Steuer- und Wirtschaftspolitik betrieben. Die anderen, die inflationsgeschädigten Sparer und Hypothekengläubiger aus dem mittleren Bürgertum, machten hingegen die Republik für ihr durch die Inflation und die unterbliebene Aufwertung erlittenes »Unrecht« verantwortlich. Die Wahlentscheidung am 4. Mai 1924 zu Gunsten der DNVP sowie der bürgerlichen Interessenparteien war, wie sich später zeigte, bei vielen dieser Wähler aus den deutschen Mittelschichten ein entscheidender Schritt auf dem Weg zu einer dauerhaften Abwendung von den staatstragenden liberalen Mittel- und Rechtsparteien.

Die nach den Mai-Wahlen einsetzenden Gespräche zur Bildung einer neuen, nach rechts erweiterten Regierung scheiterten an weit überzogenen Forderungen der DNVP. Reichspräsident Ebert bestätigte daraufhin das bestehende bürgerliche Minderheitskabinett Marx im Amt, das auch nach dem freiwilligen Ausscheiden der BVP personell unverändert weiterarbeitete. Die außenpolitische Hauptaufgabe des zweiten Kabinetts Marx bestand darin, in Verhandlungen mit den früheren Kriegsgegnern die Frage der Reparationen und, damit verbunden, den Ruhrkonflikt zu lösen. Deutschland hatte dazu mit der Wiederaufnahme der Reparationsleistungen nach dem Abbruch des Ruhrkampfes und der Stabilisierung seiner Währung bereits wichtige Vorleistungen erbracht. Gleichzeitig entwickelten sich 1923/24 die außenpolitischen Rahmenbedingungen in eine für Deutschland grundsätzlich günstige Richtung. In Großbritannien und in Frankreich kamen im Januar bzw. im Mai 1924 neue Regierungen an die Macht, die wieder stärker auf einen diplomatischen Ausgleich mit dem Reich setzten. Von besonderer Bedeutung für Deutschland war der Regierungswechsel in Frankreich, wo der bisherige rechtsnationale Ministerpräsident Poincaré bei den Kammerwahlen vom 11. Mai eine Niederlage erlitt und sein Amt an den verständigungsbereiteren Radikalsozialisten Edouard Herriot abtreten musste. Nachhaltige Impulse zur Lösung der Reparationsfrage gingen in dieser Phase aber vor allem von den USA aus. Die Amerikaner hatten lange gehofft, die Krise werde von den Europäern selbst gelöst werden. Nachdem sich diese Erwartung nicht erfüllt hatte, schalteten sie sich wieder stärker in die europäische Politik ein, um die Lösung der Reparationsfrage als Voraussetzung einer wirtschaftlichen Wiedergesundung des Kontinents voranzutreiben. Hieran war den USA gleichermaßen aus politischem wie ökonomischem Eigeninteresse gelegen. Es ging ihnen darum, Deutschland als ein Bollwerk gegen die weitere Ausbreitung des Bolschewismus zu stabilisieren sowie zugleich der seit dem Krieg unter Überkapazitäten leidenden eigenen Wirtschaft in Europa einen aufnahmefähigen Markt zum Export von Waren und Kapital zu eröffnen. Außerdem waren die USA Hauptgläubiger der am Kriege beteiligten alliierten Staaten; schon von daher glaubten sie, bei der Lösung der Reparationsfrage ein gewichtiges Wort mitsprechen zu können.

Das Dawes-Abkommen von 1924

Aus Sicht der USA war es zunächst nötig, die Reparationsfrage zu entpolitisieren und unter dem Gesichtspunkt des wirtschaftlich Machbaren zu betrachten. Gegen starkes französisches Widerstreben setzte die amerikanische Regierung im Herbst 1923 die Einsetzung zweier unabhängiger Sachverständigenausschüsse durch, um die tatsächliche deutsche Zahlungsfähigkeit zu ermitteln sowie auf dieser Grundlage die Frage der künftigen Höhe der jährlichen Zahlungen sowie die finanztechnischen Einzelheiten für die spätere Transferierung der Reparationen in die Gläubigerstaaten zu klären. Der wichtigere dieser Ausschüsse stand unter dem Vorsitz des amerikanischen Finanzfachmannes Charles G. Dawes. Dieser Ausschuss legte am 9. April 1924 sein Gutachten, den so genannten Dawes-Plan, vor. Danach sollte Deutschland, abhängig von seinen wirtschaftlichen Möglichkeiten, in einem Übergangszeitraum von vier Jahren jährlich ansteigende Zahlungen von 1 Milliarde Goldmark bis 2,5 Milliarden Goldmark ab 1928/29 leisten. Diese Zahlungen sollten aus ordentlichen Haushaltsmitteln erfolgen, also vor allem aus Zoll- und Steuereinnahmen, sowie durch die Tilgung einer etwa zu gleichen Teilen der Reichsbahn und der deutschen Industrie auferlegten Schuld. Die Reichsbahn sollte dazu in eine selbstständige Aktiengesellschaft unter ausländischer Mitkontrolle umgewandelt werden. Für die Aufbringung der Reparationssumme und den Transfer der Zahlungen in die Gläubigerstaaten war nach dem Gutachten ein alliierter Reparationsagent zuständig. Dieser sollte die deutsche Wirtschaft und Finanzpolitik zweckgemäß beaufsichtigen und dabei zugleich sicherstellen, dass die Reparationszahlungen nicht zu einer Gefahr für die deutsche Währung würden. Der Dawes-Plan sah mithin einerseits weit reichende ausländische Eingriffe in deutsche Hoheitsrechte vor; dagegen standen andererseits vergleichsweise tragbar erscheinende jährliche Wiedergutmachungszahlungen sowie besonders die Aussicht auf eine große internationale Anleihe für Deutschland in Höhe von 800 Millionen Goldmark, die man als eine Art finanzielle Starthilfe ansehen konnte.

Auf einer Konferenz in London von Mitte Juli bis Mitte August 1924 nahmen die Alliierten und Deutschland den Dawes-Plan an. Für die deutsche Delegation unter Reichskanzler Marx und Außenminister Stresemann stellten die Konferenz und ihr Ausgang einen bedeutenden Erfolg dar: Erstmals seit dem Kriege war es zwischen dem Reich und den ehemaligen Feindmächten zu einer wirklich gemeinsam vereinbarten Übereinkunft gekommen. Dabei gelang es Stresemann unter diplomatischer Mithilfe der britischen Regierung, für die deutsche Zustimmung zum Dawes-Plan vom französischen Ministerpräsidenten Herriot die förmliche Zusage zu erhalten, dass das Ruhrgebiet innerhalb eines Jahres vollständig geräumt werde. Weiterhin verzichtete die französische Regierung auf ihr bisher beanspruchtes Recht zu militärischen Sanktionen gegenüber dem Reich. Schon unmittelbar im Anschluss an die Konferenz zog sie als ersten Schritt ihre Truppen aus Hörde und einigen kleineren Bezirken am Rand des Ruhrgebiets ab. Ein Zurück zum kriegsähnlichen Zustand von 1923 und zu einer Politik der gewaltsamen Pfandnahme war nach dem Londoner Abkommen ausgeschlossen.

Nach ihrer Rückkehr legte die Reichsregierung das Londoner Abkommen den Fraktionen des Reichstages zur Zustimmung vor. Die schwerste Hürde bildete dabei das Reichsbahn-Gesetz, das nur durch eine verfassungsändernde Zweidrittelmehrheit verabschiedet werden konnte. Auf Grund der parlamentarischen Mehrheitsverhältnisse hing damit alles vom Abstimmungsverhalten der deutschnationalen Abgeordneten ab, deren Partei den Dawes-Plan noch im Frühjahr als »zweites Versailles« beschimpft und seitdem heftig bekämpft hatte. In der entscheidenden Abstimmung am 29. August votierte dann überraschend etwa die Hälfte der 100 deutschnationalen Fraktionsmitglieder mit Ja. Voraufgegangen waren schwere innerparteiliche Auseinandersetzungen zwischen Befürwortern und Gegnern der Regierungsvorlage. Mitentscheidend für das aus Sicht der Regierung positive Abstimmungsverhalten zahlreicher Abgeordneter der DNVP war der massive lobbyistische Druck besonders des Reichsverbandes der deutschen Industrie sowie des Reichslandbundes, welche der DNVP nahe standen und sich von einer Annahme des Dawes-Planes jeweils unterschiedliche wirtschaftliche sowie zoll- und handelspolitische Vorteile versprachen. Mit der Zustimmung eines Teils der deutschnationalen Abgeordneten war das für Deutschland wichtige Londoner Abkommen angenommen. Es trat, wie vorgesehen, am 1. September 1924 in Kraft.

Die Dezember-Wahlen von 1924

Nach der Verabschiedung der Dawes-Gesetze zerfiel das zweite Kabinett Marx infolge auseinander gehender Vorstellungen der Regierungspartner über die künftige Koalitionszusammensetzung. Die DVP-Führung pochte auf eine Regierungsbeteiligung der DNVP; Regierungschef Marx favorisierte dagegen eine breite politische Koalition unter Einschluss von SPD und DNVP. Auf Wunsch des Kabinetts löste Reichspräsident Ebert daraufhin den Reichstag auf und setzte für den 7. Dezember Neuwahlen an. Diese zweite Reichstagswahl des Stabilisierungsjahres 1924 stand im Zeichen der inzwischen spürbar gewordenen wirtschaftlichen

Erholung. Der Konjunkturaufschwung seit dem Spätsommer war zu einem erheblichen Teil eine Folge der nunmehr nach Deutschland strömenden Auslandskredite. Nachdem die Arbeitslosigkeit in den Sommermonaten zwischenzeitlich stark gestiegen war, ging sie parallel zur konjunkturellen Besserung im Herbst beständig zurück. Unter den gewerkschaftlich organisierten Arbeitnehmern etwa sank die Erwerbslosenquote von 12,4% im Juli auf 7,3% im November.

Die in positiver Weise gewandelte wirtschaftliche Gesamtlage in Deutschland schlug sich bei der Dezember-Wahl in teils starken Stimmenverlusten der extremen Flügelparteien nieder. Bei einer gegenüber dem 4. Mai sogar leicht höheren Wahlbeteiligung von 78,8% fielen die vereinigten Völkischen und Nationalsozialisten von 6,5% auf 3%, die Kommunisten von 12,6% auf 9%. Demgegenüber verbuchten die Sozialdemokraten sowie, in geringerem Maße, die Deutschnationalen Stimmengewinne. Die SPD steigerte sich auf Kosten der KPD von 20,5% auf 26%, die DNVP wuchs von 19,5% auf 20,5%. Die liberalen Mittel- und Rechtsparteien sowie die beiden katholischen Parteien blieben bei nur leichten Zugewinnen faktisch stabil. Die DDP verbesserte sich von 5,7% auf 6,3%, die DVP von 9,2% auf 10,1%, das Zentrum von 13,4% auf 13,6% und die BVP von 3,2% auf 3,8%. Unter den kleinen Interessenparteien schnitt die mittelständische Wirtschaftspartei mit 3,3% am besten ab. Alles in allem deutete die Dezember-Wahl mit ihrer Tendenz zur Entradikalisierung darauf hin, dass die besonderen wirtschaftlichen, sozialen und politischen Belastungen der Stabilisierungsphase von 1923/24 nun bewältigt waren. Es schien, als habe die Weimarer Republik nach Jahren schwerster innerer und äußerer Erschütterungen endlich einigermaßen festen Boden erreicht.

Außenpolitische Erfolge in der Ära Stresemann 1923/24 bis 1929

Auch unter außenpolitischen Gesichtspunkten bedeutete das Stabilisierungsjahr 1924 einen wichtigen Einschnitt. Ausgehend von der Londoner Konferenz begannen sich die Beziehungen zwischen den alliierten Siegerstaaten und Deutschland nunmehr nachhaltig zu entspannen. In beiden Lagern erkannte man die Notwendigkeit, das starre Denken der ersten Nachkriegsjahre in den Kategorien von »Siegern« und »Besiegtem« zu überwinden und den Weg einer wechselseitigen Interessenberücksichtigung einzuschlagen. Motor dieses außenpolitischen Neubeginns von 1924 war auf deutscher Seite Reichsaußenminister Stresemann. Der DVP-Politiker, ehedem im Krieg Befürworter einer weit greifenden militärischen Eroberungspolitik, ging in der gegebenen Lage von einer realistischen Einschätzung der Möglichkeiten und Grenzen deutscher Außenpolitik aus. Das hieß für ihn: Deutschland hatte den Krieg verloren und war jetzt politisch wie wirtschaftlich vom Entgegenkommen der Alliierten abhängig. Nationale Alleingänge und eine Politik des konfrontativen Gegenübers konnten deshalb den grundlegenden Interessen des Reiches nur schaden. Nach Stresemanns Auffassung ging es somit zu allererst darum, die ehemaligen Feindmächte vom deutschen Friedens- und Verständigungswillen zu überzeugen sowie die bestehenden zwischenstaatlichen Probleme, vor allem auf dem Gebiet der Reparationen, kooperativ zu lösen. Stresemann sah seine Politik des einvernehmlichen Interessenausgleichs mit den Westmächten einerseits als Voraussetzung, damit das Reich weiterhin amerikanische Kredithilfe erhielt und seine Wirtschaft sich im internationalen Verbund ökonomisch erholen könne. Andererseits verfolgte er auf diese Weise sein doppeltes Ziel, Deutschland allmählich von den Fesseln der Nachkriegsordnung von Versailles zu befreien sowie – gleichsam als letzte Stufe einer friedlichen Revisionspolitik – seine durch den Krieg verlorene europäische Großmachtstellung wiederherzustellen. In der Fachliteratur wird die Stresemannsche Außen- und Entspannungspolitik zwischen 1923/24 und 1929 daher immer auch als Hilfsmittel einer nüchternen Machtpolitik gedeutet, die besonders auf die zu rekonstruierende wirtschaftliche Stärke Deutschlands setzte.

Deutsche Initiative in der Sicherheitsfrage Anfang 1925

Das Kernproblem der deutschen Außenpolitik bestand für Stresemann zunächst in einem friedlichen Ausgleich mit Frankreich. Ihm war klar, dass ohne eine Verständigung mit dem westlichen Nachbarn ein Ende der Besatzung im Ruhrgebiet und im Rheinland sowie die längerfristig erstrebte weiter gehende Revision von »Versailles« nicht erreichbar waren. Außerdem hatte das Auswärtige Amt zugleich die Erwartungen der USA in Betracht zu ziehen, welche eine Verstetigung ihres finanziellen Engagements in Deutschland und Europa von friedlichen zwischenstaatlichen Verhältnissen abhängig machten. Eine Verständigung mit Frankreich schien also sowohl aus elementaren politischen wie wirtschaftlichen Erwägungen dringend geboten. Das entscheidende Hindernis bildete dabei das nach wie vor unbefriedigte Verlangen jenseits des Rheins nach Sicherheit vor Deutschland. Frankreich war 1919 mit dem Versuch gescheitert, von den USA und Großbritannien vertraglich festgelegte Beistands- und Sicherheitsgarantien zu erhalten. Also hatte man in Paris geglaubt, die eigene Sicherheit vor dem potentiell als überlegen angesehenen östlichen Nachbarn durch eine Politik der Härte bei den Reparationen erhöhen zu müssen. Dieser Politik war aber nach dem Abbruch des Ruhrkampfes und den Ergebnissen der Londoner Konferenz vom August 1924 der Boden entzogen. Aus französischer Sicht hatten sich damit die Verhältnisse bedrohlich zu Gunsten des Reiches verändert, das sich zudem scheinbar auf das Wohlwollen der Briten und Amerikaner stützen konnte. Das Auswärtige Amt war sich über diese Lagebeurteilung auf französischer Seite im Klaren. Stresemann kam zu dem Schluss, dass die deutsche Außenpolitik, wollte sie Frankreich nicht in die Isolation und zur Sabotage der anvisierten deutschen Verständigungsbemühungen treiben, das starke französische Sicherheitsverlangen ernst nehmen und ihm entsprechen müsse.

Dies wurde aktuell deutlich, als sich die Siegermächte am 5. Januar 1925 weigerten, die erste – Kölner – Rheinlandzone termingerecht fünf Tage später zu räumen. Die Alliierten verwiesen zur Begründung auf Feststellungen der Interalliierten Kontrollkommission, wonach Deutschland den Entwaffnungsbestimmungen des Versailler Vertrages nur unzureichend nachgekommen sei. Der eigentliche Grund für die alliierte Entscheidung lag indessen, wie auch Stresemann erkannte, in dem nach wie vor großen Misstrauen auf französischer Seite. Frankreich wertete die deutschen Verstöße gegen die Entwaffnungsauflagen von 1919 als Beleg dafür, wie sehr das Reich die militärische Wiederaufrüstung zu betreiben gewillt war. Infolgedessen setzte die französische Regierung alles daran, die ihm noch verbliebenen Druckmittel gegen Deutschland so lange wie möglich in Händen zu behalten. Für Stresemann war damit der Zeitpunkt zum offensiven Handeln gekommen.

In zwei geheimen Memoranden vom 20. Januar und 9. Februar schlug er der britischen sowie der französischen Regierung vor, in einem Vertrag »aller am Rhein interessierten Mächte« die bestehenden Probleme auf friedlichem Wege zu lösen. Weitere Grundlage eines solchen Vertrages sollte die gegenseitige Anerkennung der gegebenen Gebietsverhältnisse im Westen sein. Die französische Regierung reagierte auf den spektakulären deutschen Vorschlag lange zögernd. Am 16. Juni antwortete sie zwar grundsätzlich zustimmend, fügte aber ihrerseits die Forderung hinzu, Deutschland müsse zu Gunsten vor allem Polens zu einer ähnlichen Garantie auch der deutschen Ostgrenzen bereit sein. Die Regierungen der USA und Großbritanniens unterstützten die französische Regierung hierin nicht; sie intervenierten im Gegenteil zu Gunsten der deutschen Position und drängten Paris zum Entgegenkommen.

Die Verträge von Locarno

Nach mehreren Wochen diplomatischer Notenwechsel versammelten sich daraufhin die führenden Staatsmänner Europas am 5. Oktober 1925 in der kleinen Stadt Locarno am Lago Maggio-

Reichsaußenminister Stresemann (3. von rechts, Bildmitte) und sein französischer Amtskollege Briand (2. von rechts) bei einem Treffen während der Konferenzen über die deutsch-französische Verständigung im Hotel Splendid in Lugano

Deutschnationales Agitationsplakat gegen den Locarno-Vertrag. Das Plakat zeigt im Hintergrund einen schwarzen französischen Soldaten als finstere Bedrohung für den »deutschen« Rhein

re zu einer deutsch-alliierten Sicherheitskonferenz. Die Verhandlungen fanden in freundlich-offener Atmosphäre statt und endeten am 16. Oktober mit dem Abschluss der so genannten Locarno-Verträge. In diesen Vereinbarungen verpflichteten sich Deutschland, Frankreich und Belgien zur Unverletzlichkeit der deutschen Westgrenzen von 1919; Großbritannien und Italien übernahmen dafür eine Garantie. Auf Drängen Frankreichs schloss das Deutsche Reich ferner mit Polen und der Tschechoslowakei Schiedsverträge ab, die eine friedliche Lösung auch der umstrittenen Grenzfragen im Osten vorsahen. Frankreich seinerseits garantierte seinen beiden Ostverbündeten, ihnen im Falle eines deutschen Angriffs militärisch beizustehen.

Das Vertragswerk von Locarno bedeutete für Deutschland zunächst praktisch, dass es die Entmilitarisierung des Rheinlandes anerkannte sowie auf Elsass-Lothringen und Eupen-Malmedy endgültig verzichtete. Andererseits gab Frankreich mit seiner Unterschrift gleichzeitig den Versuch auf, sich dauerhaft am linken Rheinufer festzusetzen bzw. das Rheinland zu annektieren. Weiterhin hatte sich das Reich zwar verpflichtet, die seit 1919 bestehenden Grenzen im Osten nicht gewaltsam zu verändern; eine friedliche Änderung vor allem der deutsch-polnischen Grenzziehung schlossen die Verträge aber nicht aus, so dass eines der vordringlichsten deutschen Revisionsziele nach wie vor auf dem eingeschlagenen Weg erreichbar war. Auf allgemeiner Ebene bestand darüber hinaus der Erfolg von Locarno darin, dass es der deutschen Diplomatie unter Stresemann nunmehr vollends gelungen war, die politische und moralische Isolierung der ersten Nachkriegsjahre zu durchbrechen. Durch seine Verständigung mit den Westmächten hatte das Reich dabei seinen außenpolitischen Spielraum erheblich ausweiten können und damit die Grundlage geschaffen, um seine Revisionspolitik fortan nachdrücklicher zu betreiben.

Deutscher Eintritt in den Völkerbund 1926

In Locarno hatte Deutschland auch zugesagt, dem Völkerbund beizutreten. Den Westmächten erschien die Mitgliedschaft des

Reiches in der Staatenorganisation ein geeignetes Mittel zu sein, um das deutsche Streben nach Überwindung der Versailler Nachkriegsordnung in gezügelten Bahnen zu halten. Entsprechend den Verabredungen stellte Deutschland im Februar 1926 den Aufnahmeantrag. Außenminister Stresemann knüpfte den Antrag dabei an Bedingungen, die den Artikel 16 der Völkerbundssatzung betrafen, wonach die Mitglieder des Bundes verpflichtet waren, gegebenenfalls an Strafmaßnahmen gegen friedensstörende Staaten mitzuwirken. Der deutsche Außenminister setzte einen Zusatz durch, in welchem festgestellt wurde, dass sich jedes Völkerbundsmitglied nur insoweit an Sanktionen zu beteiligen habe, als es mit seiner militärischen und geographischen Lage vereinbar war. Das Reich brauchte demnach also nicht zu fürchten, gegen seinen Willen sich beispielsweise an Strafmaßnahmen gegen die Sowjetunion beteiligen oder, bei einem sowjetisch-polnischen Krieg, den Durchmarsch französischer Truppen durch sein Gebiet erlauben zu müssen. Erst nachdem dieses Problem überwunden war und Deutschland zudem den beanspruchten ständigen Sitz im Völkerbunds-Rat erhalten hatte, erklärte das Reich, vertreten durch eine Delegation unter Führung Stresemanns, am 10. September 1926 im Genfer Völkerbundspalast feierlich seinen Beitritt.

Berliner Vertrag mit der Sowjetunion

Die deutsche Locarno-Politik und der Beitritt des Reiches zum Völkerbund wurden international stark begrüßt. Nur die Reaktion der Sowjetunion wies in eine andere Richtung. Denn aus der Sicht Moskaus bestand die Gefahr, dass sich das Reich einseitig nach Westen orientieren und sogar in eine gegen Russland gerichtete Allianz der Westmächte eintreten könne. Um das große Misstrauen der sowjetischen Führung zu zerstreuen, hatte Stresemann im Frühjahr 1926 parallel zu den Verhandlungen um die Aufnahme Deutschlands in den Völkerbund mit Russland Gespräche geführt. Diese Gespräche mündeten am 24. April des Jahres in den so genannten Berliner Vertrag. In dieser Übereinkunft sicherten sich beide Staaten für den

111

Fall eines unverschuldeten Angriffs von außen wechselseitig Neutralität zu. Ferner verpflichtete man sich, sich nicht an wirtschaftlichen oder finanziellen Boykottmaßnahmen gegen den jeweils anderen Staat zu beteiligen. Ansonsten sollte weiterhin der Rapallo-Vertrag von 1922 die Grundlage der deutsch-sowjetischen Beziehungen bilden. Stresemann begriff den Berliner Vertrag als eine notwendige Ergänzung zu den Locarno-Verträgen bzw. als ein Mittel, um einen möglichen Bruch mit der Sowjetunion zu verhindern. Es ging ihm zugleich darum, der deutschen Politik genügend Handlungsspielraum nach allen Seiten hin zu sichern.

Stand der deutsch-polnischen und der deutsch-französischen Beziehungen nach Locarno

Die Locarno-Verträge sowie die deutsch-sowjetische Übereinkunft gingen politisch vor allem zu Lasten Polens. Auf der europäischen Sicherheitskonferenz von 1925 hatte Stresemann ein »Ost-Locarno« mit Erfolg verhindert. Die Grenzziehung im Osten war, anders als die Westgrenze, durch keine der beteiligten Mächte garantiert worden, was den Schluss zuließ, die westlichen Alliierten betrachteten die deutschen Gebietsansprüche gegenüber Polen prinzipiell als nicht unberechtigt. Das deutsch-sowjetische Arrangement von Berlin schien gleichzeitig geeignet, den Druck auf Warschau zu erhöhen, sich den deutschen Revisionsforderungen gegenüber letztlich entgegenkommend zu verhalten. Stresemann war sich indessen darüber im Klaren, dass die polnische Regierung die Gebietserwerbungen von 1919 trotz der außenpolitisch ungünstigen Gesamtlage des Landes zäh verteidigen werde. Er setzte lange darauf, die zwischen 1924 und 1926 akute wirtschaftliche und finanzielle Notlage Polens im Sinne der deutschen Revisionsziele auszunutzen. Dieses Kalkül ging jedoch nicht auf; Frankreich rettete seinen östlichen Bündnispartner, indem es ihn finanziell unterstützte. Am Ende fand sich die polnische Regierung zu keinen Zugeständnissen bereit. Kein Politiker in Warschau konnte darin zustimmen, wertvolle Landesteile, wie besonders den polnischen Zugang zur Ostsee, aufzugeben sowie überdies dem empfindlichen Nationalgefühl der Bevölkerung zuwider zu handeln. Die Revision der mit dem Versailler Vertrag entstandenen Ostgrenze blieb somit aus der Sicht der deutschen Außenpolitik eine offene Wunde.

Im Vergleich zum deutsch-polnischen Verhältnis entwickelten sich die deutsch-französischen Beziehungen zeitgleich sehr positiv. Seit Locarno herrschte auf der Ebene der Diplomatie vorübergehend eine Art friedliche Aufbruchstimmung. Dieser viel zitierte »Geist von Locarno« bestimmte auch ein Aufsehen erregendes Treffen Reichsaußenminister Stresemanns mit seinem Pariser Amtskollegen Aristide Briand am 17. September 1926 in dem kleinen französischen Jura-Dorf Thoiry nahe der Grenze zur Schweiz. Die Begegnung nur eine Woche nach der Aufnahme Deutschlands in den Völkerbund zielte auf den gemeinsamen Versuch, die Hauptprobleme zwischen beiden Ländern, die Frage der Reparationen sowie der Rheinlandbesatzung, nunmehr im Zuge einer durchgreifenden Gesamtlösung in einem Schritt zu beheben: Deutschland einerseits sollte seine Reparationsschuld gegenüber Frankreich durch den Verkauf der bei den Treuhändern der Reparationskommission hinterlegten deutschen Eisenbahn- und Industrieobligationen vorzeitig abtragen. Dadurch hätte sich Frankreich in die Lage versetzt gesehen, den angeschlagenen Franc zu stabilisieren sowie einen Teil seiner fällig werdenden Kriegsschulden bei den USA und Großbritannien abzubauen. Im Gegenzug stellte Briand andererseits die vorfristige Räumung des Rheinlandes sowie eine frühere Rückgabe des Saarlandes in Aussicht. Es handelte sich also der Idee nach um ein für beide Seiten vorteilhaftes politisch-wirtschaftliches Geschäft auf Gegenseitigkeit, das letztlich jedoch nicht verwirklicht werden konnte. Zu groß waren vor allem die innenpolitischen Widerstände in Frankreich, wo im Juli 1926 erneut Poincaré Ministerpräsident geworden war, und auch in Deutschland wurden schwere Bedenken wegen der Höhe des Preises laut, den Stresemann zugestehen wollte. Das Treffen von Thoiry ließ gleichwohl nach außen hin sichtbar werden, in welch erstaulichem Maße sich die deutsch-französischen Beziehungen nur drei Jahre nach dem Höhepunkt des Ruhrkonflikts zum·Besseren verändert hatten.

Außenpolitische Stagnation 1927/28

In den sich anschließenden Jahren 1927/28 stagnierte die deutsche Außenpolitik. Wohl gab es einzelne Verbesserungen wie die Aufhebung der alliierten Militärkontrolle Ende Januar 1927; insgesamt aber war auf dem Gebiet der Außen- und Revisionspolitik nahezu ein Stillstand eingetreten, der Stresemanns Vision von einem souveränen und wiedererstarkten Reich vorerst in kaum erreichbare Ferne rücken ließ. In dieser Phase des ungeduldigen Wartens auf alliierte Zugeständnisse vor allem hinsichtlich der Rheinlandfrage verlegte der deutsche Außenminister das Schwergewicht seines Engagements auf die Völkerbundspolitik. Unter seiner Führung übernahm die deutsche Delegation in Genf zunehmend die Rolle eines unparteiischen Schiedsrichters internationaler Streitigkeiten. Diese Bemühungen Stresemanns um eine tragfähige internationale Friedensordnung führten am 27. August 1928 zum Abschluss des so genannten Briand-Kellogg-Paktes, der den Angriffskrieg ächtete. An die Stelle der bewaffneten Austragung von Konflikten sollte das Mittel schiedsgerichtlicher und damit friedlicher Streitschlichtung treten. Am Zustandekommen des Kriegsächtungspaktes hatte der Reichsaußenminister an herausgehobener Stelle aktiv mitgewirkt. Für ihn stellte der Vertrag, dem bis Ende 1929 fast 60 Staaten beitraten, nicht zuletzt einen bedeutenden persönlichen Erfolg dar, von dem auch Deutschland in Form zugewonnenen internationalen Ansehens und Vertrauens profitierte.

Der Young-Plan

Ende 1928 trat wieder das Problem der Rheinlandräumung sowie der deutschen Wiedergutmachungslasten auf die politische Tagesordnung Europas. Denn nach dem Dawes-Plan begann mit dem Haushaltsjahr 1928/29 für das Reich die Phase der hohen jährlichen Tilgungsraten, die von der deutschen Wirtschaft nur unter großen Schwierigkeiten aufgebracht werden konnten. Mit dem in Berlin ansässigen alliierten Reparationsagenten, dem

Amerikaner Parker Gilbert, sahen jetzt auch die Regierungen Frankreichs, Großbritanniens sowie der USA den Zeitpunkt für eine endgültige Reparationsregelung gekommen, wobei sie dem Reich anboten, eine solche Regelung im unmittelbaren Zusammenhang mit der Frage der Rheinlandräumung zu behandeln. Man beschloss zunächst die Einsetzung einer internationalen Sachverständigenkommission, auf deren Vorschläge sich die Staatsmänner bei ihrer späteren Beschlussfassung stützen wollten. Die Kommission unter Vorsitz des amerikanischen Industriemanagers Owen D. Young nahm am 11. Februar 1929 in Paris ihre Arbeit auf. Von deutscher Seite nahmen Reichsbankpräsident Schacht sowie der Großindustrielle Albert Vögler als Vertreter der Industrie teil. Am 7. Juni lag das Ergebnis der äußerst schwierig verlaufenen Beratungen in Form eines Gutachtens, des so genannten Young-Plans, vor.

Das Gutachten nannte als endgültige Reparationssumme einen Betrag von 122 Milliarden Reichsmark und bestimmte erstmals auch das zeitliche Ende der Zahlungen. Anstatt der bis dahin geltenden Jahresrate von 2,5 Milliarden Reichsmark sollte Deutschland für die Dauer von 59 Jahren, also bis 1988, durchschnittlich 2 Milliarden Reichsmark jährlich überweisen. Die vorgesehenen Jahresraten machten etwa 3,5% des jährlichen deutschen Volkseinkommens aus. Der besondere Vorteil des Young-Plans lag einerseits darin, dass Deutschland bis zum 31. März 1932 zunächst etwa 1,7 Milliarden Reichsmark weniger zahlen musste, als es nach dem Vorgängerplan von 1924 gewesen wären. Andererseits war wichtig, dass die ausländische Kontrolle der Reichsbahn sowie der deutschen Finanzpolitik fortfallen und das Reich damit ein entscheidendes Stück seiner wirtschaftspolitischen Souveränität zurückerhalten sollte. Darüber hinaus erklärten sich die alliierten Siegerstaaten insbesondere bereit, bei Annahme des Young-Plans das gesamte Rheinland bis zum 30. Juni 1930, und damit fünf Jahre früher als 1919 in Versailles festgesetzt, Zone für Zone zu räumen. Bei der in Aussicht gestellten Rheinlandräumung handelte es sich um einen unmittelbaren und greifbaren Gewinn, mit dem die Stresemannsche Revisionspolitik in einem wesentlichen Punkt erfüllt wurde; im Blick auf die jahrzehntelangen deutschen Zahlungsverpflichtungen konnte man hingegen auf spätere Erleichterungen im Verhandlungswege hoffen.

Stresemanns Tod 1929

Stresemann konnte die auf die Pariser Sachverständigenkonferenz folgenden politischen Beratungen der Regierungen in Den Haag nur noch mit stark angeschlagener Gesundheit verfolgen. Die Unterzeichnung des Young-Planes Ende Januar 1930 sowie seine endgültige Annahme durch den Reichstag am 12. März des Jahres erlebte er nicht mehr. Der DVP-Politiker starb wenige Monate zuvor, am 3. Oktober 1929, nach einem Herzanfall. Mit Stresemanns Tod verlor Deutschland einen bedeutenden Politiker, der in den sechs Jahren seiner Außenministertätigkeit unter schwierigen außenpolitischen Rahmenbedingungen viel für sein Land erreicht hatte: Er war auf dem Weg zur letztlichen Überwindung der Nachkriegsordnung von Versailles mit friedlichen Mitteln beachtlich vorangekommen und hatte das Reich aus seiner lange bestehenden internationalen Isolation herausgeführt. Zugleich war es ihm gelungen, das Verhältnis zu den ehemaligen Kriegsgegnern im Westen weitgehend zu normalisieren und vor allem in Großbritannien sowie den USA eine verstärkte Bereitschaft zur Unterstützung seiner kombinierten Friedens- und Revisionspolitik zu erreichen. Seinem kompromissorientierten, dabei auf das Machbare konzentrierten Wirken war ferner zu danken, dass Deutschland außenpolitisch wieder über einen gewissen Handlungsspielraum verfügte.

In Deutschland selbst blieb Stresemann die Anerkennung für seine außenpolitische Leistung weitgehend versagt. Vor allem seine innenpolitischen Gegner auf der Rechten attackierten jedes deutsches Zugeständnis und jeden Ausgleich mit den ehemaligen Feindmächten von Anfang an scharf. Ihnen war alles, was Stresemann in zähen Verhandlungen erreichte, zu wenig, es kam angeblich zu spät und diente ihrer Auffassung nach allein dazu, Deutschland davon abzuhalten, wieder eine souveräne und stolze Großmacht in den alten Grenzen von 1914 zu wer-

Plakat der »nationalen Opposition« zum Volksbegehren gegen den Young-Plan, 1929

den. Den Young-Plan bekämpften sie als ein Mittel der weiteren »Versklavung« Deutschlands. Im Juli 1929 fanden sich die DNVP, der ihr nahe stehende »Stahlhelm. Bund der Frontsoldaten« sowie die NSDAP unter Führung der Deutschnationalen zusammen, um ein Volksbegehren gegen den Young-Plan zu initiieren, dem sich im Dezember 5,8 Millionen Bürger und somit immerhin 13,8% der Wahlberechtigten anschlossen. Solche aggressive innenpolitische Daueragitation gegen seine Verständigungspolitik machten es Stresemann nicht leichter, außerhalb des Reiches für die Echtheit und Verlässlichkeit des deutschen Friedenswillens erfolgreich zu werben. Außerdem verfestigte die aggressiv-trotzige Anti-Versailles-Propaganda der Rechten die tief sitzenden Ressentiments in weiten Teilen der deutschen Bevölkerung besonders gegen die Polen, die französischen »Erbfeinde« sowie den demokratischen Westen im Ganzen. Schon bald nach Stresemanns Tod war in Deutschland von Friedenspolitik kaum noch die Rede, dafür umso mehr von einer härteren Gangart und einer Außenpolitik der »nationalen Würde«.

Innenpolitische Scheinstabilität 1924 bis 1929

Die koalitionspolitischen Konstellationen seit 1924

Einhergehend mit der außenpolitischen Entspannung hatten sich die inneren Verhältnisse in Deutschland mit dem politischen und wirtschaftlichen Neuanfang von 1923/24 rasch beruhigt. Der Trend zur innenpolitischen Konsolidierung war schon in den Reichstagswahlen vom Dezember 1924 deutlich geworden, bei denen die linken und rechten Flügelparteien, die KPD sowie Völkische und Nationalsozialisten, starke Verluste erlitten hatten. Der Ausgang dieser Wahl beließ unter koalitionspolitischen Gesichtspunkten zwei realistische Möglichkeiten, eine regierungsfähige Mehrheit zu bilden: eine Große Koalition von der SPD bis hin zur DVP oder eine so genannte Bürgerblock-Regierung der bürgerlichen Mittelparteien Zentrum, BVP, DDP und DVP mit der rechtskonservativen DNVP. Gegen die erste dieser Alternativen sprachen einerseits die großen politischen Gegensätze zwischen der SPD, die mit 131 von 493 Sitzen die stärkste Reichstagsfraktion stellte, und der »großindustriellen« DVP sowie andererseits die im Winter 1924/25, wie schon früher, starke Grundstimmung bei den Sozialdemokraten gegen eine Regierungsbeteiligung. Viele in der SPD zogen es nach den Erfahrungen aus den zurückliegenden Jahren an der Macht bzw. als tolerierende »Quasi-Regierungspartei« vor, in der Opposition zu bleiben und sich so belastenden Zugeständnissen an andere Parteien, wie besonders an die DVP, zu entziehen. Umgekehrt waren weite Teile der DVP zu einem Zusammengehen mit der als klassenkämpferisch angesehenen SPD ebenfalls nicht bereit, und auch im Zentrum sowie bei der BVP gab es erhebliche Vorbehalte gegen die angeblich glaubensfeindlichen Sozialdemokraten. So kam nach wochenlangen schwierigen Verhandlungen schließlich auf Drängen der DVP am 15. Januar 1925 die erste »Bürgerblock«-Regierung der Weimarer Republik unter dem der DVP nahe stehenden früheren Reichsfinanzminister Hans Luther zu Stande.

Mehrfache Regierungs- und Koalitionswechsel

Die Regierung Luther war die Erste von nicht weniger als vier Reichskabinetten in der Zeit des dritten Reichstages von Ende 1924 bis zum Mai 1928. Der jährliche Wechsel der Regierungen erfolgte stets in Begleitung parlamentarischer Krisen, welche die durchweg geringe Belastungsfähigkeit der jeweiligen Koalitionsgebilde aus vier und mehr überwiegend sehr unterschiedlichen Parteien erwiesen. Bezeichnend war schon das Schicksal des ersten Kabinetts Luther, bei dem von Anfang an Spannungen wegen der Locarno-Politik Stresemanns bestanden. Zwar zeigten sich die deutschnationalen Minister der Regierung Luther anfangs durchaus bereit, die Verständigungspolitik gegenüber Frankreich mitzutragen; weil aber die in diesem Zusammenhang in Aussicht gestellte Räumung des Rheinlandes nicht sofort erfolgen sollte, erklärten die der DNVP zugehörigen Regierungsmitglieder unter dem starken Druck der deutschnationalen Landesverbände Ende Oktober 1925 ihren Austritt aus der Regierung. Danach dauerte es mehrere Monate, ehe im Januar 1926 nochmals unter Luther eine regierungsfähige Mehrheit in Form eines bürgerlichen Minderheitskabinetts von Zentrum, BVP, DDP und DVP zusammengebracht werden konnte. Dieses zweite Kabinett Luther stürzte seinerseits nach nur wenigen Monaten Amtszeit im Frühsommer 1926 über den weiter unten näher dargestellten »Flaggenstreit« um die nationalen Symbolfarben. Es folgte ein weiteres bürgerliches Minderheitskabinett, nun unter dem früheren Reichskanzler Wilhelm Marx vom Zentrum. Dieses Kabinett Marx erlag im Dezember 1926 einem Misstrauensvotum von SPD und DNVP und wurde im Januar 1927 von einer zweiten »Bürgerblock«-Regierung, wieder mit Marx an der Spitze, abgelöst. Die Anlässe zu diesen periodischen Regierungskrisen und -wechseln waren oftmals vergleichsweise minderbedeutend. Vor allem standen sie in keinem Verhältnis zu dem Schaden, den sie dem Ansehen des Parlamentes und der politischen Parteien in der Öffentlichkeit zufügten. Tatsächlich nährten besonders die oft kleinkariert wirkenden Krisenanlässe bei zahlreichen Menschen das hauptsächlich von den Rechten geschürte Vorurteil, die demokratischen Parteien beherrschten wohl das anödende »Parteiengezänk«; zur entschlossenen Machtausübung seien sie dagegen auf Grund innerer Schwäche und Zerstrittenheit grundsätzlich unfähig.

Tod Friedrich Eberts 1925

Zu den innenpolitisch bedeutendsten Ereignissen während der Legislaturperiode des dritten Reichstages gehörte ein Wechsel im Amt des Reichspräsidenten, zu dem es im Frühjahr 1925 kam. Am 25. Februar des Jahres starb Friedrich Ebert im Alter von 54 Jahren an einer verschleppten Blinddarmentzündung. Sein früher Tod war mit das Ergebnis einer Flut übelster Anfeindungen und öffentlicher Schmähungen, die sich seit seinem Amtsantritt im Jahre 1919 über ihn ergoss. Die Spanne der Beleidigungen vor allem aus nationalen Kreisen reichte von ehrverletzenden Anspielungen wegen Eberts und seiner Frau sozialer Herkunft aus dem Arbeiterstand bis hin zu Vorwürfen, welche den sozialdemokratischen Politiker der Bestechlichkeit, der Trunksucht sowie auch des unsittlichen Lebenswandels bezichtigten. Ebert führte mehr als 170 Beleidigungsprozesse, um seine persönliche Ehre und die Würde des republikanischen Reichspräsidenten gegen fast modisch gewordene Beleidigungen wie diese zu verteidigen. Der letzte in dieser Kette von Prozessen wurde im Dezember 1924 in Magdeburg verhandelt. Ein deutschvölkischer Zeitungsredakteur hatte Ebert in besonders infamer Weise vorgeworfen, er habe durch seinen Eintritt in die Leitung des Berliner Metallarbeiterstreiks von Ende Januar 1918 Landesverrat begangen; der Streik habe den militärischen Nachschub zur Front behindert. Tatsächlich war der Sozialdemokrat seinerzeit in den Aktionsausschuss eingetreten, um Einfluss auf den Ausstand zu gewinnen und seine weitere Radikalisierung zu verhindern. Für die offensichtlich voreingenommenen Richter bestand dennoch der Landesverratsvorwurf »objektiv« zu Recht, obgleich, wie sie feststellten, vom politischen und moralischen Standpunkt aus auch eine andere Wertung möglich sei. Den beklagten Redakteur sprachen sie folglich vom Vorwurf der Verleumdung frei. Nach diesem Urteil war es fortan jedermann in Deutschland erlaubt, den amtierenden Reichspräsidenten und obersten Repräsentanten des jungen Staates unter Hinweis auf das Magdeburger Urteil als Landesverräter zu verunglimpfen. Ebert fühlte sich zutiefst getroffen. Er drang auf einen sofortigen Berufungsprozess und achtete dabei nicht auf seine Gesundheit, ehe es schließlich zu spät war. Mit Ebert verlor die Weimarer Republik gleichermaßen einen überzeugten sozialdemokratischen Patrioten wie einen Garanten für demokratische Verlässlichkeit in der bisherigen deutschen Innenpolitik.

Reichspräsidentenwahl 1925

Nach den gesetzlichen Bestimmungen war für die Wahl zum Reichspräsidenten im ersten Wahlgang die absolute Mehrheit von mehr als 50% der abgegebenen gültigen Stimmen erforderlich; in einem zweiten Wahlgang genügte hingegen die relative Mehrheit. Wie erwartet worden war, erreichte im ersten Wahlgang am 29. März 1925 keiner der sieben Kandidaten die nötige Stimmenanzahl. Die meisten Stimmen, 10,4 Millionen, erhielt der ehemalige Reichsinnenminister und damalige Oberbürgermeister von Duisburg Karl Jarres, welcher als Gemeinschaftskandidat von DNVP, DVP sowie der Wirtschaftspartei angetreten war. Es folgten der sozialdemokratische preußische Ministerpräsident Otto Braun mit 7,8 Millionen Stimmen und der Zentrumskandidat Wilhelm Marx mit 3,9 Millionen Stimmen. Dahinter rangierten mit weitem Abstand der KPD-Vorsitzende Ernst Thälmann, der badische Staatspräsident Willy Hellpach von der DDP, Bayerns Ministerpräsident Heinrich Held als Vertreter der BVP sowie General a. D. Erich Ludendorff, den die Völkischen und Nationalsozialisten aufgeboten hatten.

Im Vorfeld des zweiten Wahlganges am 26. April 1925 formierten sich die politischen Fronten neu. SPD, Zentrum und DDP schlossen sich zu einem »Volksblock« zusammen und benannten Wilhelm Marx als gemeinsamen Kandidaten. Die Wahlparole des »Volksblocks« lautete: »Für das Vaterland, für den Volksstaat, für die Republik!« und war darauf gerichtet, die verfassungstreuen Wähler der demokratischen Mitte zu mobilisieren. Nach Lage der Dinge schien ein Sieg des aus Köln stammenden Zentrumspolitikers weitgehend sicher zu sein, sofern die Wähler der Weimarer Parteien sich am Wahltag geschlossen für ihn entschieden. Die Rechtsparteien, angeführt von der DNVP, glaubten daher zu einer außergewöhnlichen Lösung greifen zu müssen: Sie nominierten überraschend den früheren Weltkriegsgeneral Paul von Hindenburg, der zuletzt als Pensionär in Hannover gelebt hatte. Ungeachtet der Kriegsniederlage von 1918 war von Hindenburg weithin in der deutschen Bevölkerung nach wie vor überaus populär. Mit seinem Namen verbanden die Menschen viele militärische Erfolge im Krieg, darunter besonders die Vertreibung der ins Land eingebrochenen Russen aus Ostpreußen im Spätsommer 1914. Zum Zeitpunkt seiner Nominierung war von Hindenburg ein 78-jähriger älterer Herr, der seine Bereitschaft zur Kandidatur davon abhängig gemacht hatte, nicht auf Wahlveranstaltungen reden zu müssen. Zusammen mit den Deutschnationalen, die den Coup eingefädelt hatten, stellten sich die Bayerische Volkspartei, die Wirtschaftspartei sowie die DVP Stresemanns hinter diesen Wahlvorschlag, den man gemeinsam als »Reichsblock« vertrat.

Bei einer gegenüber dem ersten Wahlgang um fast 8% gestiegenen Wahlbeteiligung von 77,6% kam von Hindenburg auf 14,6 Millionen Stimmen oder 48,3%. Auf Marx entfielen 13,7 Millionen Stimmen bzw. 45,3%; der Kommunist Thälmann als Dritter der zur Wahl stehenden Kandidaten erhielt 1,9 Millionen Stimmen und somit 6,4%. Ausschlaggebend für den – knappen – Sieg des »Reichsblocks« mit einem Vorsprung von rund 900 000 Stimmen war einerseits, dass die BVP ihre Wähler nicht etwa zur Stimmabgabe für den rheinischen Katholiken Marx, sondern zur Wahl des evangelischen Preußen von Hindenburg aufgerufen hatte. Fast 80% der BVP-Wähler folgten diesem Aufruf der bayerischen Schwesterpartei des Zentrums, die sich nicht dazu durchringen konnte, einen Kandidaten zu unterstützen, den auch die Sozialdemokraten mittrugen und der sich überdies für die Idee des republikanischen Volksstaates ausgesprochen hatte. Hinzu kam andererseits das politische Verhalten der deutschen Kommunisten, welche auch im zweiten Wahlgang an ihrem chancenlosen Kandidaten festhielten, anstatt ihre Anhängerschaft zur Wahl von Marx aufzurufen und damit das aus Sicht der Linken vermeintlich »kleinere Übel« zu unterstützen.

Der Erfolg von Hindenburgs war zum einen Ausdruck des tiefen Wunsches vieler Deutscher nach nationaler Größe und autoritärer Führung. Die Person des neuen Reichspräsidenten stand für eine verloren gegangene Zeit, welche die Menschen nach den für sie enttäuschenden Erfahrungen mit der chronisch krisenanfälligen Weimarer Republik geradezu als Hort politischer und wirtschaftlicher Stabilität in Erinnerung hatten. Zu von Hindenburg schauten viele als eine Art nationalem Hoffnungsanker auf; er wirkte dabei wie ein volkstümlicher Kaiserersatz, der die romantisch verklärte Vergangenheit des monarchischen Deutschland gegenwärtig werden ließ. Zum anderen

Hindenburg auf seiner einzigen Wahlrede vor der Reichspräsidentenwahl 1925 in der Stadthalle von Hannover

Reichspräsident von Hindenburg beim Abschreiten der Front der Ehrenkompanie nach seiner Vereidigung im Mai 1925, links von ihm General von Seeckt

war das Ergebnis der Reichspräsidentenwahl vom 26. April 1925 zugleich Spiegelbild der aktuellen politischen Mehrheits- und Stimmungsverhältnisse im Reich. Gemessen an den Stimmenrelationen hatte sich gezeigt, dass sich die Mehrzahl der erwachsenen Deutschen zu diesem Zeitpunkt jedenfalls nicht eindeutig auf die Seite der Republik stellen wollten. Ein damals bekannter linksliberaler Publizist sprach deshalb im Zusammenhang der Hindenburg-Wahl von einer »verlorenen Schlacht« der Republikaner. Ähnlich argumentierten manche Kommentatoren im westlichen Ausland. Die Pariser Tageszeitung Le Temps etwa wertete den Sieg des kaiserlichen Generalfeldmarschalls als Beleg sowohl für den fortwirkenden Rachegedanken in Deutschland wie als konkrete Vorstufe einer zu erwartenden Wiederkehr der Hohenzollernmonarchie.

Am Ende täuschten sich jedoch all jene, welche befürchtet oder aber, wie viele Konservative in Deutschland, gehofft hatten, von Hindenburg werde seine Machtstellung als Reichspräsident einsetzen, um die demokratischen Politiker unter Druck zu setzen und sogleich einen scharfen Rechtskurs voranzutreiben. Tatsächlich bewies der neue Reichspräsident in den ersten fünf Jahren seiner Amtszeit, dass er als preußischer Pflichtmensch seinen am 12. Mai 1925 vor den Abgeordneten des Reichstages abgelegten Eid auf die Weimarer Reichsverfassung unbedingt ernst nahm. Solange die im Parlament vertretenen Parteien in der Lage waren, von sich aus arbeitsfähige Mehrheiten zu bilden und zu regieren, sah er keinen Anlass, sich gestützt auf seine weit reichenden Amtsbefugnisse in das laufende »Parlamentsgetriebe« einzumischen. Anders als sein Vorgänger Ebert in den unruhigen ersten Nachkriegsjahren, machte von Hindenburg in diesem Zeitraum kein einziges Mal von seinem Notverordnungsrecht gemäß Artikel 48 Gebrauch. Im Übrigen war ihm wichtig, dem Parlament streng überparteilich gegenüberzustehen und auf die streitenden Parteien vermittelnd einzuwirken. Persönlich hegte er gleichwohl die Auffassung; für das Reich und das deutsche Volk sei es das Beste, wenn die Sozialdemokraten nicht mitregierten und folglich Große Koalitionen vermieden würden. Die geeignetste Konstellation war aus seiner Sicht eine bürgerliche Regierung unter Einschluss der

Deutschnationalen, denen von Hindenburg politisch, weltanschaulich und gefühlsmäßig am nächsten stand und für deren Regierungsbeteiligung er sich, beispielsweise in der Regierungskrise des Winters 1926/27, besonders nachdrücklich einsetzte. Es müsse »mehr nach rechts regiert« werden, beschrieb der neue Reichspräsident einmal selbst seine ihn bestimmende politische Grundeinstellung.

Nach der Wahl von Hindenburgs im Frühjahr 1925 stellte sich eine innenpolitische Beruhigung von nur kurzer Dauer ein. Im Frühjahr und Frühsommer des folgenden Jahres ergaben sich mit dem Streit um die schon angesprochene »Flaggenfrage« sowie der Auseinandersetzung um das Vermögen der 1918/19 entmachteten deutschen Landesfürsten leidenschaftlich geführte neue Kontroversen:

Flaggenstreit

Der Streit um die deutschen Farben schwelte bereits seit der Entstehungsphase der Weimarer Republik. Damals waren die Anhänger des neuen demokratischen Staates für das Schwarz-Rot-Gold der bürgerlichen Freiheitsbewegung von 1848/49 eingetreten, wohingegen Konservative und Nationalisten weiterhin den Symbolfarben des untergegangenen Kaiserreichs, Schwarz-Weiß-Rot, anhingen. Auch in der Nationalversammlung war es im Frühjahr 1919 zwischen den jeweiligen Lagern zu heftigen Debatten gekommen. Der Ausgang dieser Auseinandersetzungen von hohem politisch-emotionalem Gehalt spiegelte sich in Artikel 3 der Weimarer Verfassung, der einerseits bestimmte, dass Schwarz-Rot-Gold die offiziellen Reichsfarben seien; andererseits sollte die deutsche Handelsflotte eine schwarz-weiß-rote Flagge mit den neuen Reichsfarben in der – von weitem kaum erkennbaren – oberen inneren Ecke führen. Dieser Flaggenkompromiss aus den ersten Nachrevolutionsmonaten war von den Anhängern des alten Systems sowie den rechten Gegnern der Weimarer Republik nie anerkannt worden. Es gab Schuldirektoren, die sich weigerten, zu besonderen Anlässen andere als die monarchistischen Symbolfarben aufziehen zu lassen. An »nationalen« Gedenktagen wie dem Tag der erfolgreichen Sedanschlacht von 1870 pflegte man in konservativnationalistischen Kreisen demonstrativ Schwarz-Weiß-Rot zu hissen, und auch nach der Wahl von Hindenburgs waren vielfach an Privathäusern die kaiserlichen Farben geflaggt worden.

Dieser nie ganz erloschene Streit um die Reichsfarben entbrannte neu, als das Kabinett Luther am 5. Mai 1926 eine Verordnung beschloss, wonach es den deutschen Behörden im überseeischen Ausland sowie in den europäischen Seehäfen erlaubt sein sollte, künftig neben den offiziellen Reichsfarben auch die schwarz-weiß-rote Handelsflagge zu zeigen. Luther berief sich auf Wünsche der Auslandsdeutschen, vor allem in Lateinamerika, für welche die alten Farben eine sentimentale Erinnerung an vergangene Zeiten »deutscher Seegeltung« seien. Der Kabinettsbeschluss löste einen Sturm der Entrüstung bei Sozialdemokraten, Freien Gewerkschaften und dem beiden nahe stehenden republikanischen Wehrverband, dem Reichsbanner Schwarz-Rot-Gold, aus. Aber auch die Demokraten und viele Politiker sowie Anhänger des Zentrums protestierten vehement. Für sie handelte es sich gleichermaßen um einen Affront gegen die Republik wie um eine Ermutigung für alle ihre Gegner von rechts. Am 11. Mai stellten die Demokraten, obwohl sie selbst in der Regierung vertreten waren, im Reichstag einen Missbilligungsantrag, der mit 176 Stimmen der Fraktionen von SPD, DDP und KPD gegen 146 Stimmen von BVP, Zentrum und DVP angenommen wurde und noch am selben Tag zum Rücktritt des erst wenige Monate alten Kabinetts führte.

Streit um die Fürstenenteignung

Etwa zeitgleich mit der Regierungskrise um die Flaggenverordnung Luthers erreichte der Streit um die Fürstenvermögen seinen Höhepunkt. Auch in diesem Fall handelte es sich um eine Hinterlassenschaft aus der Revolutionszeit. In der Umbruchphase nach dem Krieg war das Eigentum der bis dahin regieren-

Das Volksbegehren zur Fürstenenteignung im März 1926 war Ursache zahlreicher Demonstrationen.

In einem Abstimmungslokal anlässlich der Volksabstimmung zur Fürstenenteignung

den deutschen Landesfürsten zwar beschlagnahmt, nicht aber, wie in Österreich, enteignet worden. Nach dem Ende der Inflation und der Stabilisierung der Mark begannen die ehemaligen Dynasten Forderungen nach Entschädigungen und staatlichen Rentenzahlungen zu stellen. Es kam zu komplizierten Rechtsstreitigkeiten, bei denen vielfach monarchistisch eingestellte Richter zu Gunsten der adeligen Antragsteller entschieden. In der deutschen Öffentlichkeit lösten die Richtersprüche oft Unverständnis und Erbitterung aus, dies umso mehr, als die Gerichte in manchen Fällen Ansprüche anerkannten, welche sogar über die im Mai 1925 beschlossenen gesetzlichen Aufwertungssätze hinausgingen. Vielen Menschen, besonders jenen, die durch die Geldentwertung und die Art und Weise der anschließenden Stabilisierung faktisch enteignet worden waren, erschien die materielle Besserstellung der noch immer vermögenden Fürsten als höchst ungerecht.

Im November 1925 brachte die DDP im Reichstag einen Gesetzentwurf ein, der die einzelnen Länder ermächtigen sollte, die noch schwebenden vermögensrechtlichen Auseinandersetzungen durch Landesgesetze abschließend zu lösen. Am 16. Januar 1926 antworteten KPD und SPD gemeinsam mit einem sehr viel radikaleren Antrag. Dieser sah eine entschädigungslose Enteignung der Fürstenvermögen zu Gunsten sozial bedürftiger Gruppen, wie Erwerbslose, Kriegsbeschädigte sowie besitzlose Landarbeiter und Kleinbauern, vor. Die Initiative dazu war von den Kommunisten ausgegangen. Diese sahen den Streit um die Fürstenvermögen in erster Linie als eine ideale Gelegenheit, um innerhalb der deutschen Arbeiterschaft verlorenen politischen Boden zurückzugewinnen sowie die SPD-Führung zu zwingen, auf die Linie ihrer im Herbst 1925 beschlossenen Taktik einer Einheitsfront aller proletarischen Kräfte in Deutschland unter Führung der KPD einzuschwenken.

Nach der Verfassung hatte dem Volksentscheid ein Volksbegehren vorauszugehen, für dessen Erfolg die Unterschrift von mindestens einem Zehntel der Stimmberechtigten notwendig war. Dieses Volksbegehren fand im März 1926 statt und ergab 12,5 Millionen Unterschriften. Das waren etwa 2 Millionen mehr als SPD und KPD bei den letzten Reichstagswahlen im Dezember 1924 zusammen an Stimmen erreicht hatten und übertraf die vorgeschriebene Quote bei weitem. Am 6. Mai lag der Gesetzentwurf der beiden Arbeiterparteien daraufhin dem Reichstag vor, wo er wegen der Mehrheit bürgerlicher Abgeordneter erwartungsgemäß durchfiel. Die bürgerlichen Parteien sahen in dem Antrag von KPD und SPD einen Angriff auf das gesetzlich geschützte Privateigentum; außerdem hatte die Initiative nach ihrer Beurteilung nur den Zweck, die momentane Stimmung in der Bevölkerung zur Erlangung politischer Vorteile demagogisch auszunutzen. Nach dem Beschluss des Reichstages folgte am 20. Juni der Volksentscheid, bei dem 15,5 Millionen Wahlberechtigte für die Enteignungsforderung stimmten. Damit war der Antrag zwar gescheitert, weil zur Annahme mindestens die Hälfte der Wahlberechtigten, das hieß 20 Millionen Bürger, hätte zustimmen müssen. Dennoch konnten die Linksparteien die Kampagne für sich als großen Erfolg verbuchen. Immerhin hatte der von ihnen in Gang gesetzte Volksentscheid rund 1 Millionen Stimmen mehr erbracht als für von Hindenburg im Frühjahr 1925 bei seiner Wahl zum Reichspräsidenten abgegeben worden waren. KPD und SPD war es somit im Frühsommer 1926 gelungen, Massen zu mobilisieren und dabei auch zahlreiche Wähler aus dem bürgerlichen Lager für den Augenblick zu sich herüberzuziehen.

Die Streitigkeiten um die Flaggenfrage sowie die Fürstenvermögen hatten die Gemüter im Frühsommer 1926 stark erregt, weil es um Grundsätzliches ging. Im Hintergrund stand als eigentliches Problem die Frage nach der prinzipiellen Grundrichtung des neuen Staates. Sollte er als eine zivile soziale Demokratie bestehen oder sich – im Sinne einer restaurativen Rückwendung – wieder auf die gesellschafts- und verfassungspolitische Gestalt des halbfeudalen Obrigkeits- und Machtstaates von vor 1918 zubewegen? Dies war der Kern der Auseinandersetzung, welche seit der Revolution durchweg latent vorlag und nach wie vor nicht entschieden war. Die deutsche Gesellschaft blieb demnach auch in den mittleren Jahren der Weimarer Republik in zwei miteinander konkurrierende politisch-ideologische Lager gespalten. Gleichzeitig wurde durch die geschil-

130

derten Vorgänge von 1926 sichtbar, dass das aus der Revolution hervorgegangene demokratische Staatswesen selbst in der Phase, wo es aus rückschauender Sicht innenpolitisch vergleichsweise gesichert war, keineswegs als ausreichend akzeptiert und gefestigt gelten konnte.

Die Reichstagwahl vom 20. Mai 1928

Wie instabil gerade auch die politisch-parlamentarischen Verhältnisse in diesen Jahren waren, zeigte sich einmal mehr, als seit dem Frühsommer 1927 das »Bürgerblock«-Kabinett Marx zu zerbrechen begann. Hauptanlass des sich rasch steigernden Koalitionskonflikts war die unterschiedliche Haltung von Zentrum, BVP und DNVP auf der einen Seite sowie der DVP auf der anderen Seite zum Entwurf eines »christlichen« Reichsschulgesetzes. Nach Artikel 146 der Reichsverfassung bestand im Weimarer Staat ein Vorrang der konfessionsübergreifenden Gemeinschaftsschule gegenüber den reinen Konfessionsschulen. Im Juli 1927 brachte nun das Zentrum den Entwurf für ein neues Reichsschulgesetz ein, der dagegen die rechtliche Gleichstellung der katholischen und der evangelischen Bekenntnisschulen vorsah. Nach dem von BVP und DNVP mitgetragenen Zentrumsentwurf mussten in solchen Ländern, wo es, wie in Baden, nur Gemeinschaftsschulen gab, Volksschulen getrennt nach Konfessionen eingerichtet werden. Die DVP, die stets für die Trennung von Kirche und Staat eingetreten war, lehnte diese Initiative aus ihrem weltlich-liberalen Selbstverständnis heraus strikt ab. Es folgten verbissene Verhandlungen zwischen den Regierungsparteien, bei denen weder hier noch dort Kompromissbereitschaft bestand, am wenigsten noch beim Zentrum, für das es um eine Sache von überragender Bedeutung ging. Auf Grund der unüberbrückbar gewordenen Gegensätze stellte der interfraktionelle Ausschuss der Regierungsparteien am 15. Februar 1928 folgerichtig das Scheitern des Schulgesetzes und – damit verbunden – der gemeinsamen Regierung fest. Drei Wochen später löste Reichspräsident von Hindenburg den Reichstag auf und setzte für den 20. Mai Neuwahlen an.

Der Ausgang der Wahl bedeutete eine schwere Niederlage für die Parteien des »Bürgerblocks«. Am stärksten brach die DNVP ein. Sie fiel von 20,5% im Dezember 1924 auf 14,2%, was dramatischen Verlusten gleichkam. Das Zentrum ging unterdessen von 13,6% auf 12,1% zurück, die BVP von 3,7% auf 3,1% und die DVP von 10,1% auf 8,7%. Ferner musste auch die DDP Stimmeneinbußen hinnehmen; ihr Wähleranteil verringerte sich von 6,3% auf 4,9%. Gewinner der Wahl waren vor allem die Sozialdemokraten, daneben, in geringerem Umfang, die Kommunisten sowie die kleineren mittelständischen Interessenparteien wie die Wirtschaftspartei und die Christlich-Nationale-Bauern- und Landvolkpartei. Die SPD gewann fast 1,3 Millionen Stimmen hinzu und steigerte sich von 26,0% auf 29,8%. Gleichzeitig stieg die KPD von 9,0% auf 10,6%, und die mittelständischen Interessenparteien kamen zusammen auf 14,7%, während es bei der voraufgegangenen Reichstagswahl noch 8,5% gewesen waren.

Das Wahlergebnis als Ganzes war ein Resultat mit zwei Gesichtern. Auf der einen Seite hatten die systemgegnerischen Deutschnationalen stark verloren und die Parteien der Weimarer Koalition dank des Wahlerfolges der SPD mit 46,8% ein Ergebnis erzielt, das bis nahe an die absolute Mehrheit heranreichte. Das war ihr zweitbestes Resultat nach der Wahl zur Nationalversammlung im Januar 1919, wenngleich immer noch rund 30% weniger als damals. Auf der anderen Seite fiel zum einen die starke Schwächung und parteipolitische Zersplitterung der bürgerlichen Mitte auf. Zentrum, BVP, DDP und DVP hatten von den Verlusten der Deutschnationalen nicht profitieren können, sondern selbst verloren, während die zahlreichen mittelständischen Interessenparteien eine große Zahl von Wählern gleichermaßen von diesen Parteien wie auch von der DNVP gewannen. Viele selbstständige Gewerbebetreibende, kleine Handwerker, Hausbesitzer, aufwertungsgeschädigte Sparer und Bauern hatten sich im Mai 1928 von den »Bürgerblock«-Parteien abgewandt und jetzt für Parteien gestimmt, die ihre wirtschaftlichen Sonderinteressen nachdrücklicher zu vertreten versprachen. Es handelte sich um einen Trend, der schon bei den Mai-Wahlen von 1924 in Ansätzen begonnen hatte und die bürgerliche Mitte, sofern er sich fortsetzte, zunehmend auszehren musste. Ein weiteres Warnsignal stellten die regionalen Erfolge der NSDAP in den ländlich-bäuerlichen Gegenden Norddeutschlands dar, die schon vor Einbruch der noch darzustellenden weltweiten Depression von 1929/30 von einer schweren Agrarkrise erfasst worden waren. In einzelnen kleinen Gemeinden der holsteinischen Geest etwa erreichten die Nationalsozialisten, welche im Reich lediglich 2,6% erzielten, bis zu 36,8%. Hinzu kam ferner, dass immerhin rund 10 Millionen Wahlberechtigte der Reichstagswahl ferngeblieben waren; mit 75,6% wies die Mai-Wahl von 1928 die niedrigste Wahlbeteiligung überhaupt bei Reichstagswahlen in der Zeit der Weimarer Republik auf. Hinter Hunderttausenden von Nichtwählern wurden schon damals besonders stark Jung- und Erstwähler vermutet. Es handelte sich um ein politisch nicht festgelegtes großes Wählerreservoir, von dem abzuwarten war, wohin es sich vielleicht noch wenden würde.

Nach diesem Wahlergebnis konnte es eine Erneuerung des »Bürgerblocks« nicht geben. Die einzig realistische Alternative war eine Große Koalition von der SPD bis zur DVP unter Führung der siegreichen Sozialdemokraten. Anders als früher war die SPD diesmal auch dazu bereit, regieren zu wollen. Den Auftrag zur Regierungsbildung erteilte Reichspräsident von Hindenburg dem Partei- und Fraktionsvorsitzenden der SPD, Hermann Müller. Der gebürtige Mannheimer war 1920 nach dem Kapp-Putsch schon einmal Reichskanzler gewesen; er galt als sachverständig, fleißig und zum Ausgleich fähig. Es folgten überaus schwierige Koalitionsverhandlungen, bei denen jede der beteiligten Seiten schwer erfüllbare Forderungen stellte. Es war dem persönlichen Einsatz des DVP-Vorsitzenden Stresemann zu danken, dass sich die demokratischen Parteien schließlich doch noch zu einer gemeinsamen Regierung mit Ministern aus SPD, DDP, Zentrum, BVP und DVP zusammenfanden, der es indessen von Anfang an am nötigen Zusammenhalt mangelte. Am wenigsten umstritten waren zwischen den Parteien der neuen Regierung die anstehenden außenpolitischen Aufgaben, wobei es aktuell vor allem um die Neuregelung des Reparationsproblems im Zusammenhang des schon erläuterten Young-

Planes ging. In der Innenpolitik war dagegen nur ein vorsichtiges Lavieren möglich. Zu unterschiedlich waren die politischweltanschaulichen Grundansichten sowie die Interessen der einzelnen Regierungsparteien, von denen sich eigentlich nur die SPD und die DDP als echte, das heißt koalitions- und regierungsloyale Kooperationspartner betrachteten.

Ungesicherte wirtschaftliche Verhältnisse, soziale Reformen und sozialpolitische Konfliktlinien 1924 bis 1929

Die wirtschaftliche Entwicklung in den mittleren Zwanzigerjahren

Die deutsche Wirtschaft erholte sich nach der überwundenen Inflation erstaunlich rasch. Der Dawes-Plan von 1924 hatte den Weg für den Zufluss ausländischer Kreditmittel frei gemacht, die das infolge der voraufgegangenen Geldentwertung fehlende Inlandskapital ersetzten. Vor allem aus den USA strömten bis 1929 über 20 Milliarden Goldmark ins Land, womit eine kräftige konjunkturelle Belebung in Gang kam. Der Anreiz, deutschen Unternehmen wie auch Reich, Länder und Gemeinden Geld zu leihen, ergab sich hauptsächlich aus den gegenüber den USA hohen deutschen Zinsen. Zudem waren amerikanische Firmengruppen daran interessiert, sich durch den Einkauf in deutsche Unternehmen einen erleichterten Zugang zum deutschen Binnenmarkt zu verschaffen. Der durch die ausländischen Kreditgelder getragene Wirtschaftsaufschwung seit der Stabilisierung drückte sich in stark steigenden Produktionsraten aus. Die Quote der industriellen Erzeugung hatte gemessen am entsprechenden Vorkriegsstand im Jahre 1923 noch bei 47% gelegen. 1924 kletterte sie bereits auf 70%, 1925 auf 82% des Niveaus von 1913. Nach einem leichten Rückgang im wirtschaftlichen Krisenjahr 1926 auf 79% erreichte die inländische Industrieproduktion 1927 erstmals wieder den Vorkriegsstand, und in den beiden Folgejahren, 1928 und 1929, bewegte sie sich mit jeweils 102% leicht über dieser Vergleichsmarke.

Trotz der hohen Wachstumsraten in den mittleren Jahren der Weimarer Republik konnte die deutsche Wirtschaft in dieser Phase ihre frühere Führungsposition im Weltmaßstab nicht mehr zurückerobern. Vor dem Ersten Weltkrieg hatte der deutsche Anteil an der weltweiten industriellen Erzeugung 14,3% betragen; im Mittel der Jahre 1926 bis 1929 waren es noch 11,6%. Damit lag das Reich zwar vor Großbritannien mit 9,4% und Frankreich, das auf 6,6% kam, aber schon weit hinter den ökonomisch führenden USA mit 42,2%. Auch der deutsche Anteil am Weltexport sank von 13,2% im Jahre 1913 auf 9,1% in den Jahren 1927 bis 1929. Für den deutschen Außenhandel hatte es sich als schwierig erwiesen, die während des Weltkrieges verlorenen Auslandsmärkte zurückzugewinnen und sich neue Märkte zu erschließen. Deutschland kam somit in den 1920er Jahren im internationalen Vergleich aus der Situation des Aufholens nicht heraus.

Strukturschwächen und Krankheitssymptome der deutschen Wirtschaft

Von Beginn an wies der Konjunkturaufschwung im Reich erhebliche binnenwirtschaftliche Schwächemomente auf. Zu diesen dauerhaften Krankheitssymptomen gehörte zunächst die mangelnde Investitionsfähigkeit und -bereitschaft der deutschen Unternehmer, die weit hinter jener der Vorkriegszeit zurückblieb. Einer der Gründe für die zurückhaltende Investitionsneigung waren die hohen Zinsen, welche geliehenes Geld teuer machten. Weiterhin scheinen viele Investitionen unter volkswirtschaftlichen Gesichtspunkten fehlgeleitet worden zu sein. Statt in moderne Wachstumsindustrien, wie die Chemieindustrie, den Maschinenbau oder die Elektroindustrie, flossen die Kredite der Banken überwiegend in die Schwerindustrie, den Bergbau und die Landwirtschaft, die gesamtwirtschaftlich immer mehr an Bedeutung verloren. Eine Folge solcher Fehlinvestitionen waren teilweise erhebliche Überkapazitäten, etwa im Bergbau, wo die vielfach neuangeschafften Produktionsanlagen wegen der ungenügenden Nachfrage unausgelastet blieben.

Ferner krankte die deutsche Wirtschaft in der Mittelphase der Weimarer Republik an den hohen Kostenbelastungen der Unternehmen durch Steuern, Sozialabgaben sowie Löhne, welche vor allem zwischen 1927 und 1930 dem Produktivitätsfortschritt zum Teil deutlich vorauseilten. Die – von einem sehr niedrigen Ausgangswert her – gestiegenen Löhne verringerten zum einen den unternehmerischen Spielraum für Investitionen; zum anderen wurden sie ihrerseits auf die Preise überwälzt, so dass sich die deutschen Waren im In- wie im Ausland verteuerten und folglich schwerer absetzen ließen. Hinzu kamen schließlich stagnierende Daten der deutschen Arbeitsproduktivität, ein nahezu chronisch hoher Einfuhrüberschuss sowie eine Dauerkrise der deutschen Landwirtschaft, die unter sinkenden Erzeugerpreisen sowie hohen Steuern und Bodenpreisen litt und schon bald nach der Inflation wieder in eine wachsende Verschuldung geraten war.

Hohe Sockelarbeitslosigkeit

Wie unter ökonomischen Gesichtspunkten, so konnte auch in sozialpolitischer Hinsicht keine Rede von oft beschworenen »goldenen Zwanzigern« sein. Zwar waren die realen Einkommen der Arbeitnehmer nach den Inflationsjahren wieder angewachsen, aber selbst im wirtschaftlich relativ günstigsten Jahr der Weimarer Republik, im Jahr 1927, erreichten sie gerade einmal den Stand von 1913. Trotz eines hierdurch leicht verbesserten allgemeinen Lebensstandards blieb man von einem Breitenwohlstand weit entfernt. Zudem bot die Entwicklung der Erwerbslosigkeit ständig Grund zur Sorge. Nach Wiederingangkommen der Wirtschaft war die Arbeitslosigkeit im Laufe des Jahres 1924 und im ersten Halbjahr 1925 zunächst rückläufig gewesen. Ihr tiefster Punkt in diesen Monaten lag 1925 bei 200 000. Als Folge des starken Konjunktureinbruchs von 1925/ 26 schnellte die Zahl der Erwerbslosen zwischenzeitlich auf 2,3 Millionen hoch. Im ersten Halbjahr 1927 und 1928 fiel sie wieder auf 1,3 Millionen und 1,9 Millionen. Gegen Ende der Ära Stresemann, im Winter 1929/30, waren dann schon über 3 Millionen Menschen ohne Arbeit. Von kurzen Phasen abgesehen, wie zwischen April 1924 und Oktober 1925, bestand in den mittleren Jahren der Weimarer Republik ein von Jahr zu Jahr weitergegebener Sockel hoher Arbeitslosigkeit von durchschnittlich 8 bis 10%.

Die Gründe für die anhaltende Erwerbslosigkeit im Reich waren verschiedenartig: Einerseits handelte es sich um konjunkturbedingte Einflussmomente, andererseits kamen strukturell wirksame Faktoren wie die Einführung moderner Fertigungstechniken, etwa des Fließbandes, zum Tragen. Rationalisierungen und Arbeitsplatzabbau griffen somit Hand in Hand. Darüber hinaus hatte sich auch die Zahl derjenigen erhöht, welche Arbeit nachfragten. Auf den Arbeitsmarkt dieser Jahre drängten geburtenstarke Jahrgänge, die vielfach vor überfüllten Berufen standen und daher für sich keine befriedigende soziale Aussicht sahen. Zunehmende Proteste der Jugend gegen eine »seelenlose« Industriekultur und den »Egoismus der Alten« waren Ausdruck dieser beruflichen Perspektivlosigkeit vieler junger Menschen.

Sozialpolitische Fortschritte und Reformen

Zwar blieb mithin die Beschäftigungslage in den mittleren Jahren der Weimarer Republik ein durchweg belastendes Problem; auf der anderen Seite erhöhte sich in dieser Phase der soziale Schutz derer, die Opfer von Erwerbslosigkeit wurden. Schon im Herbst 1926, nach der Erfahrung der schweren Zwischenkrise von 1925/26, war die so genannte Krisenfürsorge eingeführt worden, die es mit sich brachte, dass bedürftige Erwerbslose nach Verlöschen ihrer Ansprüche aus der – auf höchstens 39 Wochen begrenzten – Erwerbslosenfürsorge noch eine Zeit lang aus staatlichen Mitteln unterstützt wurden. In die gleiche Richtung wies die im selben Jahr ins Leben gerufene Kurzarbeiterunterstützung. Von Bedeutung für die Betroffenen war ferner die »produktive« Erwerbslosenfürsorge von 1925, bei der es darum ging, den Arbeitslosen über die zeitweise finanzielle Unterstützung hinaus eine Beschäftigung in öffentlichen so genannten Notstandsarbeiten zu geben. Im Vordergrund standen Straßenbaumaßnahmen, Flussregulierungen, Kanalbauten und ähnliche Arbeiten, welche zwar volkswirtschaftlich wertvoll waren, jedoch aus der Sicht eines Privatunternehmers wenig rentabel erschienen. Wegen der besonderen Notlage von 1926 hatte die Reichsregierung überdies im Juni jenes Jahres das erste nationale Arbeitsbeschaffungsprogramm aufgelegt. Bestimmend war hierbei der Gedanke, in bestimmten Krisenphasen der verbreiteten Erwerbslosigkeit durch verstärkte öffentliche Auftragsvergabe, etwa der Reichsbahn, begegnen zu sollen. Jede der aufgeführten Maßnahmen zu Gunsten der Arbeitslosen zielte darauf, die Folgen von Arbeitslosigkeit für den einzelnen Arbeitnehmer zu mildern und ein Mehr an sozialer Sicherheit zu verwirklichen.

Dazu trug entscheidend auch das Gesetz zur Einführung der Arbeitslosenversicherung vom 9. Juli 1927 bei. Für den zu Grunde liegenden Gesetzentwurf zeichnete das »Bürgerblock«-Kabinett Marx verantwortlich, und innerhalb dieser Regierung vor allem Reichsarbeitsminister Heinrich Brauns von der Zentrumspartei. Das Gesetz entsprach einer alten sozialpolitischen Forderung der Gewerkschaften. Es wandelte die bestehende Erwerbslosenfürsorge in eine Versicherung um, was dazu führte, dass jeder pflichtversicherte Beitragszahler fortan einen einklagbaren Rechtsanspruch auf Arbeitslosenunterstützung besaß, sofern er arbeitswillig und -fähig war und seine Situation nicht selbst verschuldet hatte. Die bis dahin übliche und oft beschämende Bedürftigkeitsprüfung entfiel. Auch an der ursprünglichen Bedingung eines Zusammenhangs der Erwerbslosigkeit mit wirtschaftlichen »Kriegsfolgen« wurde nicht länger festgehalten. In die Versicherung zahlten je zur Hälfte Arbeitgeber und Arbeitnehmer einen Höchstbetrag von 3% des Grundlohnes ein. Als Träger der Arbeitslosenversicherung wurde die Reichsanstalt für Arbeitsvermittlung und Arbeitslosenversicherung mit Sitz in Nürnberg errichtet. Die finanziellen Mittel, die ihr aus den Beiträgen zuflossen, reichten aus, um durchschnittlich 800 000 Erwerbslose zu unterstützen. Für besondere Krisenzeiten unterhielt sie einen Notstock, aus dem weitere 600 000 Arbeitslose bezuschusst werden konnten. Da-

138

bei war das Reich verpflichtet, der Reichsanstalt Darlehen zu gewähren, wenn sie die benötigten Unterstützungsgelder nicht mehr aus Eigenmitteln aufzubringen vermochte.

Das Arbeitslosenversicherungsgesetz entsprach dem in Artikel 151 der Weimarer Reichsverfassung festgeschriebenen Sozialstaatsprinzip und trug wesentlich dazu bei, seine reale Wirkung erfahrbar werden zu lassen. Nach diesem Artikel war die Ordnung des Wirtschaftslebens darauf auszurichten, möglichst allen Mitgliedern der Gesellschaft ein menschenwürdiges Dasein zu ermöglichen. Mit der Einführung der Arbeitslosenversicherung hatte Deutschland als eines der ersten Länder in der Welt entschieden, dass die Hilfe für unverschuldet erwerbslos gewordene Menschen eine Verpflichtung für die gesamte Gemeinschaft als Solidargemeinschaft darstelle. Das Gesetz vom Sommer 1927 wird daher zu Recht zu den wichtigsten sozialpolitischen Reformwerken in der Zeit der Weimarer Republik gezählt. Zu dem Zeitpunkt, an dem es mit überwältigender Mehrheit durch den Reichstag verabschiedet wurde, befand sich die deutsche Wirtschaft, wie erläutert, in ihrer bislang günstigsten Konjunkturphase. In Phasen relativer wirtschaftlicher Stabilität wie diesen schien die Arbeitslosenversicherung finanzierbar. Das rasche Anwachsen der Arbeitslosigkeit im Verlauf der beginnenden Weltwirtschaftskrise ließ sie aber schon 1929 in Bedrängnis geraten; ihre Sanierung bildete seither ein heftig umstrittenes innenpolitisches Dauerthema.

Konfliktbeladene Beziehungen der Sozialpartner

Die ungefestigte Konjunktur- und Arbeitsmarktlage zwischen 1924 und 1929 hinterließ ihre Spuren auch auf dem Gebiet der Arbeits- und Tarifbeziehungen, wo Arbeitgeber und Arbeitnehmer zunehmend konfrontativ miteinander rangen. Zu einem besonders umkämpften sozialpolitischen Streitpunkt entwickelte sich, neben dem im November 1918 gesetzlich verankerten Achtstundentag, vor allem die staatliche Zwangsschlichtung. Das Schlichtungswesen der Weimarer Republik sah zur Lösung tariflicher Auseinandersetzungen so genannte Schlich-

Jahr	Effektivlöhne je Stunde	(nominal) je Woche	Reallöhne je Woche	Arbeitszeit je Woche
1913/14	53	61	93	ca. 50-60
1925	77	75	81	49,5
1926	82	78	84	–
1927	90	88	89	46,0
1928	100	100	100	46,0
1929	106	103	102	–
1930	103	95	97	–
1931	95	84	94	–
1932	80	69	86	41,5
1933	77	71	91	42,9

Soziale Verhältnisse 1913–1933:
Bruttoverdienste der Arbeiter (1928 = 100)
und Arbeitszeit (Stunden)

Jahr	Streiks				Aussperrungen	
	Anzahl	Höchstzahl der Streikenden 1000	verlorene Arbeitstage 1000	Anteil erfolgreicher Streiks %	Anzahl	Höchstzahl der gleichzeitig Ausgesperrten 1000
1913	2 127	266	8 819	17	337	57
1919	3 682	2 100	32 464	22	37	32
1920	3 693	1 418	15 444	24	114	91
1921	4 093	1 415	22 596	17	362	202
1922	4 348	1 683	23 383	24	437	213
1923	1 878	1 507	11 014	15	168	119
1924	1 581	666	13 427	27	392	981
1925	1 490	509	11 259	19	224	265
1926	316	57	886	21	40	39
1927	733	228	2 869	33	109	269
1928	687	327	8 519	27	72	451
1929	431	151	1 852	29	19	83
1930	342	208	3 600	19	29	16
1931	458	136	1 569	11	41	42
1932	643	129	1 127	24	16	2
1933	66	6	70	25	3	5

Wirtschaftliche Arbeitskämpfe 1913–1933 (März)

tungsausschüsse vor, die zahlenmäßig ausgewogen aus Vertretern von Arbeitgebern und Arbeitnehmern bestanden. Den Vorsitz führten jeweils behördlich bestellte Schlichter, welche seit Oktober 1923 dazu ermächtigt waren, wenn sich keine Einigung erzielen ließ, die Schiedssprüche der Schlichtungsausschüsse für verbindlich zu erklären. Die beteiligten Konfliktparteien hatten sich der so getroffenen Entscheidung zu unterwerfen. Über dieses Mittel der Zwangsschlichtung übte der Staat folglich weit gehenden tarifpolitischen Einfluss aus, wie er in solcher Form vor dem Kriege unbekannt war.

Die meisten Unternehmer in Deutschland orientierten sich indessen in ihrem Denken an der Gestaltung der Arbeitsbeziehungen in der Zeit vor 1914. Im Kaiserreich hatte man sich noch als uneingeschränkter »Herr im Hause« betrachten können. Während des Krieges und – mehr noch – seit der Revolution von 1918/19 glaubten sich die Arbeitgeber jedoch immer mehr durch einen in ihren Augen sozialdemokratisch beherrschten »Gewerkschaftsstaat« in die Defensive gedrängt. Für viele von ihnen war die Zwangsschlichtung lediglich dazu da, gewerkschaftliche Tarif- und Lohnforderungen, gestützt auf die Autorität des seiner Unparteilichkeit beraubten Staates, durchzusetzen. Dies erklärt den anwachsend großen Unmut der Arbeitgeber über angeblich »politische Löhne« in der Weimarer Republik.

Solange die Konjunktur halbwegs zufrieden stellend lief, fügten sie sich den Gegebenheiten, wenn auch widerstrebend. Dies änderte sich im Herbst 1928 mit Beginn des so genannten Ruhreisenstreits. Die verbandlich organisierten Eisenindustriellen des rheinisch-westfälischen Industriebezirks weigerten sich Ende Oktober des Jahres, einen für verbindlich erklärten Schiedsspruch anzuerkennen. Um den Abschluss eines neuen Tarifs zu erzwingen, kündigten sie nun zum 1. November ihrer gesamten Arbeitnehmerschaft; rund 220 000 Beschäftigte wurden als Folge der Massenaussperrung arbeitslos. Die liberale »Frankfurter Zeitung« sprach von einem revolutionären Akt der Arbeitgeber, die für ihr rigoroses Vorgehen in der deutschen Öffentlichkeit wenig Verständnis fanden. Um den Arbeitskonflikt nicht eskalieren zu lassen und zu lösen, übertrug die

Reichsregierung Ende November dem sozialdemokratischen Reichsinnenminister Carl Severing die Rolle eines Oberschiedsrichters. Severing fällte einen Schiedsspruch, der beiden Seiten Kompromisse abverlangte und dem sich die streitenden Lager schon im Vorhinein unterworfen hatten. Am 3. Dezember 1928 endete daraufhin die bis dahin größte und längste Aussperrung in Deutschland.

Die geschichtliche Bedeutung dieses Ruhreisenstreits liegt im Exemplarischen: Denn der von den Unternehmern bewusst herbeigeführte Konflikt machte deutlich, dass einflussreiche Gruppen der deutschen Wirtschaft und Großindustrie, genauer: ihr schwerindustrieller Flügel, dem Weimarer Sozial- und »Gewerkschaftsstaat« nunmehr den Kampf angesagt hatten. Das erste Ziel der Arbeitgeber bestand darin, das Netz der als wirtschaftsfeindlich gedeuteten Sozial- und Tarifregelungen der nachrevolutionären Zeit wieder abzuschaffen und somit eine sozialpolitische Rückwärtswendung durchzudrücken. Hierzu war es aus ihrer zunächst Sicht nötig, dass die im Reich regierenden Sozialdemokraten politisch ausgeschaltet würden und es möglichst auf Dauer blieben. Gleichzeitig beurteilten die schwerindustriellen Unternehmer das parlamentarische System an sich als hinderlich, weil es grundsätzlich die Möglichkeit für ein Mitregieren der SPD bot. Insofern war das Vorgehen der Ruhrindustriellen im Herbst 1928 auch als ein Akt des Aufbegehrens gegen die demokratische Republik von 1918/19 zu werten.

Zusammenfassend lassen sich die mittleren Jahre der Weimarer Republik als wirtschaftlich trügerisch und sozialpolitisch als Phase lediglich geminderter Konflikte charakterisieren. Unter ökonomischen Gesichtspunkten konnte allenfalls 1927 ein uneingeschränkt zufrieden stellendes bis gutes Jahr genannt werden. Der relative Aufschwung seit Überwindung der Zwischenkrise von 1925/26 hatte bereits 1928 seinen Höhepunkt erreicht und wies seit dem Folgejahr deutlich abwärts. In der wirtschaftsgeschichtlichen Forschung herrscht daher weit gehende Übereinstimmung, dass die gesamtwirtschaftliche Lage in Deutschland schon vor Einbruch der Weltwirtschaftskrise höchst gefährdet war. Manche Historiker sprechen infolgedesen von einer »Krise vor der Krise«. Unter dem Einfluss dieser schwierigen wirtschaftlichen Rahmenbedingungen waren die Beziehungen zwischen den Sozialpartnern im Streit um Arbeitszeiten und Löhne naturgemäß zunehmend größerer Belastung ausgesetzt. Die im November 1918 angesichts der anrollenden Revolution auf Spitzenebene vereinbarte tarifpolitische Zusammenarbeit zwischen Arbeitgebern und Arbeitnehmern, die so genannte Zentralarbeitsgemeinschaft, wich immer mehr der beidseitigen Bereitschaft zum Konflikt. Auch in dieser Hinsicht handelte es sich um eine Phase scheinstabiler Verhältnisse, die bei einem Zunehmen des wirtschaftlichen Drucks eine weitere Verschärfung der sozialpolitischen Gegensätze im Reich erwarten ließen.

Das Scheitern der Weimarer Republik unter dem Druck der Weltwirtschaftkrise 1929 bis 1933

Ausbruch, Verlauf und Erscheinungsformen der schweren Depression

Die schwerste wirtschaftliche Krise der neueren Zeit mit weltweiter Ausbreitung brach am 25. Oktober 1929 in Amerika aus. An jenem so genannten Schwarzen Freitag kam es an der New Yorker Effektenbörse zu gewaltigen Kursstürzen, nicht selten von 90%, die den Wert der angebotenen Aktien binnen Stunden um viele Milliarden einbrechen ließ. Dem spektakulären Börsenkrach war eine anhaltende Überproduktion in den USA vorausgegangen, wo seit dem Kriege ein beinahe schrankenloser wirtschaftlicher Optimismus geherrscht hatte. Auf Grund einer beständig hohen Inlandsnachfrage sowie der guten Absatzmöglichkeiten im kriegszerstörten Europa hatten viele amerikanische Unternehmen, besonders der Konsumgüterindustrie, ihre Produktionskapazitäten stark ausgeweitet und Personal eingestellt. Der hierdurch zusätzlich beflügelte starke Boom verführte weite Teile der amerikanischen Bevölkerung dazu, sich Geld zu leihen und immer mehr Aktien zu kaufen. Es entstand eine geradezu wilde Aktienspekulation, die auf der einen Seite die Börsenkurse nach oben trieb und andererseits die Industrieun-

143

ternehmen zu weiter verstärkten Produktionsanstrengungen herausforderte. Im Oktober 1929 trat dann plötzlich zu Tage, dass das Angebot an Autos, Kühlschränken und anderen Konsumgütern die tatsächliche Nachfrage inzwischen bei weitem übertraf, die Aktienkurse also in krassem Maße überbewertet waren. Am »Schwarzen Freitag« setzte mit einem Schlag die überfällige Berichtigung der Werte ein.

Der Kurssturz an der New Yorker Börse wirkte sich sogleich auch auf die amerikanischen Banken aus, welche vielfach die Aktienspekulation ihrer Kunden durch eine großzügige Kreditvergabe unterstüzt hatten. Die riesigen Verluste zwangen viele der betroffenen Aktienbesitzer dazu, ihre Geldeinlagen zurückzuziehen, um Schulden zu begleichen oder sich aus anderen Gründen Barmittel zu beschaffen. Auch die Sparer bangten um ihr Geld, so dass ein panikartiger Ansturm auf die Banken einsetzte. Zahlreiche amerikanische Geldinstitute gerieten infolgedessen in Zahlungsschwierigkeiten oder brachen zusammen. Diejenigen unter ihnen, welche sich noch behaupten konnten, versuchten ihren so entstandenen Kapitalmangel zu beheben, indem sie nun ihre überwiegend kurzfristigen Auslandskredite zurückforderten. Dadurch breitete sich die Krise in der Folge auch auf die europäischen Staaten aus, deren Volkswirtschaften auf den Zustrom von Anleihen sowie Investitionsgeldern aus den USA lebensnotwendig angewiesen waren. Am stärksten traf es die deutsche Wirtschaft, die den Hauptteil der amerikanischen Kreditgelder erhalten hatte und nach der voraufgegangenen Inflation über keine genügenden finanziellen Reserven verfügte.

Nahezu überall zeigte die Krise Erscheinungsformen und Reaktionsweisen wie in den USA: Aufgrund der offenkundig gewordenen Überproduktion verfielen die Preise. Daraufhin begannen die Unternehmer, die Warenherstellung einzuschränken oder ihre Betriebe wegen der fehlenden Aufträge und Absatzmöglichkeiten stillzulegen und Beschäftigte freizusetzen. Die steigende Arbeitslosigkeit verringerte die allgemeine Kaufkraft und führte dazu, dass der Absatz weiter schrumpfte. Auf den stockenden Absatz reagierten die Firmen mit der nochmaligen Drosselung der Produktion und wieder neuen Entlassungen. Die US-Regierung glaubte die ins Wanken geratene eigene

144

Wirtschaft schützen zu sollen, indem sie hohe Schutzzollmauern errichtete und so ausländische Einfuhren unterband. Zu ähnlich protektionistischen Maßnahmen griffen schließlich die meisten Länder. Bald war der weltwirtschaftliche Augleichs- und Austauschmechanismus außer Kraft gesetzt, weil die nationalen Regierungen die gegenseitige Abhängigkeit der Wirtschaften von Im- und Export ignorierten. Hauptbetroffen war wiederum Deutschland, dessen hoch entwickelte und exportorientierte Industrie in besonderer Weise von einem freien Zugang zu den Auslandsmärkten abhing.

Die von außen hereinbrechende Wirtschaftskrise und der beginnende Abzug amerikanischer Kreditgelder trafen die deutsche Wirtschaft zu einem Zeitpunkt, als sich diese, wie festgestellt, schon auf dem Weg in die Rezession befand. Umso schwerer waren hier die ökonomischen und sozialen Folgen: Die industrielle Erzeugung sackte zwischen 1929 und 1932 im Reich um etwa 40%. Sie fiel damit auf den Stand von 1903/04. Einhergehend mit der schrumpfenden Produktion sanken gleichzeitig die Preise rapide, zwischen 1928 und 1932 um durchschnittlich mehr als 30%. Parallel dazu verminderten sich, teilweise infolge mehrerer staatlich verordneter Lohn- und Gehaltskürzungen, die ohnehin nicht hohen Einkommen der Arbeitnehmer. Auf dem Tiefpunkt der Krise, 1932, lag das deutsche Volkseinkommen um 39% unter dem Stand von 1929. Entsprechend war der allgemeine Lebensstandard drastisch abgesunken.

Das hervorstechendste Merkmal der Weltwirtschaftskrise bestand in der massenhaften Arbeitslosigkeit. Seit Ende 1929 stieg die Erwerbslosigkeit im Reich sprunghaft an: von 1,2 Millionen im Juli 1929 auf 3,2 Millionen im Januar 1930, 4,8 Millionen im Januar 1931 und 6,0 Millionen im Januar 1932. Diesen Zahlen entsprach eine jahresdurchschnittliche Erwerbslosenquote von 8,5% 1929, 14% 1930, 21,9% 1931 und 29,9% im Jahre 1932. Anfang 1933, als die Arbeitslosenzahl, wie zuvor schon im Februar 1932, die Marke von 6 Millionen überschritten hatte, war den offiziellen Erhebungen zufolge jeder dritte Arbeitnehmer im Reich beschäftigungslos; in Großbritannien war es gleichzeitig jeder Fünfte, in Frankreich jeder Siebte und in den USA jeder Vierte. Hinzu kamen in Deutschland Hunderttausende von Kurzarbeitern sowie eine hohe Dunkelziffer derer, die zu dem Heer der »unsichtbaren« Arbeitslosen zählten. Das waren jene, welche auf Grund der aussichtslos erscheinenden Lage inzwischen darauf verzichtet hatten, sich beim Arbeitsamt registrieren zu lassen, weil sie die Hoffnung auf einen Arbeitsplatz aufgegeben hatten oder keinen Anspruch mehr auf staatliche Unterstützung besaßen. Ihre Zahl betrug nach zuverlässigen Schätzungen im Juli 1932 1,7 bis 1,8 Millionen Menschen. Faktisch war zuletzt jede zweite deutsche Familie nahezu jeder Schichtenzugehörigkeit von den Folgen der weltweiten Wirtschaftsdepression ergriffen.

Bruch der Großen Koalition 1930

Aus nachträglicher Sicht begann vor dem Hintergrund der anhebenden Wirtschaftskrise 1929/30 ein Prozess der stufenweisen Auflösung des Weimarer politischen Systems, der von der Verschränkung von ökonomischem und demokratischem Verfall gekennzeichnet war. Am Beginn des immer abschüssigeren Weges der Weimarer Republik stand am 27. März 1930 der Sturz der Regierung Hermann Müller. Das Kabinett unter dem sozialdemokratischen Kanzler war 1928 als Koalitionsregierung unter Einschluss von SPD und DVP gebildet worden. Nahezu vom ersten Tag an hatte es sich um ein höchst zerbrechliches Gebilde gehandelt, dessen Lebensdauer schon damals kaum jemand besonders hoch einschätzte. Der äußere Grund für das Auseinanderbrechen der Regierung Müller lag in der Unfähigkeit der sie tragenden Parteien, ein gemeinsames Konzept zur Bewältigung der finanzpolitischen Probleme des Reiches von 1929/30 zu finden. Auf dem Reich lastete im Herbst 1929 eine schwebende Schuld von 1,2 Milliarden Reichsmark. Gleichzeitig war infolge des starken Anstiegs der Erwerbslosigkeit in diesen Monaten der Finanzbedarf der Reichsanstalt für Arbeitslosenvermittlung und Arbeitslosenversicherung erheblich gewachsen. Ohne eine finanziell wirksame Reform der Arbeitslosenversicherung vorzunehmen, schien die notwendige Gesundung der Reichsfinanzen nicht möglich zu sein, weshalb sich die

	1928	1929	1930	1931	1932	1933	1934
Produktion und Beschäftigung							
- Produktionsgüter	100	103	86	61	46	54	77
- Investitionsgüter	100	103	84	54	35	45	75
- Verbrauchsgüter des elastischen Bedarfs	100	97	91	87	74	80	90
- Verbrauchsgüter des unelastischen Bedarfs	100	101	101	95	85	88	98
- Beschäftigte	100	99	92	80	71	74	85
Preise und Löhne							
- Produktionsgüter	100	102	101	96	86	83	83
- Konsumgüter	100	98	91	80	67	64	67
- Lebenshaltung	100	102	98	90	80	78	80
- Reallohn	100	101	97	93	87	91	95

Daten zum Verlauf der Weltwirtschaftskrise (1928 = 100)

Reichskanzler Müller (links) mit Reichsjustizminister v. Guérard und dem preußischen Kultusminister Becker im Februar 1930. Am 27. März wurde die Regierung Müller gestürzt

Diskussion innerhalb der Koalition bald zwangsläufig auf diesen Problemkreis konzentrierte.

Die DVP wollte Beitragserhöhungen zur Arbeitslosenversicherung sowie eine sich steigernde Inanspruchnahme allgemeiner Steuer- und Haushaltsmittel zur Verkleinerung des Defizits der Reichsanstalt unbedingt verhüten. Unter dem Druck ihres industriellen Flügels forderte sie daher einen Abbau der Versicherungsleistungen sowie die Senkung der direkten Steuern und aller öffentlichen Ausgaben. Auf diese Weise sollten die Unternehmen finanziell entlastet werden, um dringend benötigte Investitionen tätigen sowie Arbeitsplätze schaffen zu können. In den Augen der Sozialdemokraten waren dies »reaktionäre« Vorschläge. Der SPD und den ihr nahe stehenden Freien Gewerkschaften ging es darum, zu verhindern, dass die Bekämpfung der im Gang befindlichen Wirtschaftskrise einseitig zu Lasten von Arbeitnehmern sowie der Arbeitslosen geschehe. Einschnitte bei den Leistungen der Arbeitslosenversicherung lehnten beide folglich strikt ab. Statt dessen verlangte die SPD, die Steuern auf Besitz zu erhöhen und die Beiträge zur Arbeitslosenversicherung befristet anzuheben. Außerdem sollten nach ihrer Auffassung die Festbesoldeten, also Beamte und Angestellte des öffentlichen Dienstes, ein einmaliges geldliches Notopfer leisten, wie es auch die Zentrumspartei sowie die DDP vorschlugen.

Die Verhandlungen innerhalb der Koalition um diese Fragen zogen sich an der Jahreswende 1929/30 wochenlang hin. Zuletzt, im März 1930, fixierte sich der Streit auf einen halben Prozentpunkt der Beiträge zur Arbeitslosenversicherung. Die SPD hatte eine Anhebung der Sätze von 3,5% auf 4% gefordert. Das bedeutete eine Erhöhung um jeweils einen Viertel Prozentpunkt für die Arbeitgeber und für die Beschäftigten. Die DVP wiederum sperrte sich gegen eine Steigerung der – zwischenzeitlich bereits um 0,5% erhöhten – Beitragssätze über 3,5% hinaus, so dass die Lage unlösbar festgefahren schien. Um einen Ausweg zu weisen und die Koalition zumindest vorübergehend zu retten, legte der Fraktionsvorsitzende des Zentrums und steuerpolitische Experte seiner Partei, Heinrich Brüning, den Fraktionen am Vormittag des 27. März einen von ihm erarbeiteten Vermittlungsvorschlag vor.

Danach sollte die Reichsanstalt Sparmaßnahmen einleiten und zugleich im Bedarfsfall Reichszuschüsse erhalten. Würde sich die Lage auf dem Arbeitsmarkt weiter verschlechtern, sollte die Regierung neu entscheiden, ob sie die Beiträge zur Arbeitslosenversicherung durch Gesetz erhöhen, die Leistungen herabsetzen oder zur Finanzierung des Reichsdarlehens die Steuern auf den Massenverbrauch heraufsetzen wollte. Dieser Kompromissvorschlag Brünings lief zwar insgesamt auf eine Vertagung des Beitragsstreits hinaus; dennoch war damit immerhin eine Möglichkeit aufgezeigt, die akute Kabinettskrise ohne den drohenden endgültigen Bruch zu überstehen.

Das Zentrum und die DDP stellten sich sogleich hinter das vorliegende Lösungsangebot, und auch die DVP stimmte nach heftigen internen Auseinandersetzungen, wenn auch widerstrebend, zu. Bei den Sozialdemokraten ergab sich ein geteiltes Meinungsbild. Die größere Zahl der sozialdemokratischen Kabinettsmitglieder sprach sich, wie Reichskanzler Müller, in der entscheidenden Fraktionssitzung am selben Tag dafür aus, das Angebot anzunehmen. Ein anderer Teil, angeführt von Reichsarbeitsminister Wissell sowie den Gewerkschaftlern in der SPD-Fraktion, plädierte hingegen aus grundsätzlichen Erwägungen gegen den »Brüning-Kompromiss«. Wissell und seine Mitstreiter betrachteten die Arbeitslosenversicherung als Eckstein dessen, was Sozialdemokraten und Gewerkschaften seit der Revolution an sozialem Fortschritt in Deutschland erreicht hatten; ein Nachgeben kam daher für sie nicht in Betracht. In der folgenden Abstimmung stimmten die Fraktionslinken gemeinsam mit den Gewerkschaftlern gegen eine Annahme des Plans. Der Fraktionsvorstand schloss sich diesem Votum an, weil er eine Abspaltung der Freien Gewerkschaften von der SPD befürchtete und ihm diese Gefahr größer erschien als der nunmehr fast unvermeidlich gewordene Bruch der Regierungskoalition. Nach diesem Entschluss der Fraktion und der ablehnenden Haltung des Kabinetts dazu sah Reichskanzler Müller einzig die Möglichkeit, Reichspräsident von Hindenburg um Entlassung seiner Regierung zu ersuchen.

Für das Ende der Großen Koalition trugen die Sozialdemokraten zweifellos eine entscheidende Verantwortung. Sie hatten sich, wie ein bekannter Historiker urteilt, ohne Not »selbst aus der Regierung entlassen« und damit einhergehend einen Reichskanzler aus den eigenen Reihen zu Fall gebracht. Viele politisch aufgeklärte Zeitgenossen sparten infolgedessen nicht mit Kritik am Verhalten der Sozialdemokraten in dieser besonderen Lage. Wie bei der SPD war jedoch auch bei der anderen Flügelpartei der Koalition, der DVP, das Interesse am gemeinsamen Weiterregieren mittlerweile restlos aufgebraucht, insbesondere nachdem mit der Verabschiedung des Young-Plans am 12. März im Reichstag die einzig verbliebene Gemeinsamkeit auf außenpolitischem Gebiet fortgefallen war. In beiden Fällen, bei der SPD wie der DVP, siegte nun die Rücksichtnahme auf die hinter den Parteien stehenden Interessengruppen, welche gänzlich unvereinbare Vorstellungen darüber besaßen, wie die sich entwickkelnde schwere Wirtschaftskrise zu bekämpfen sei und – vor allem – wer die finanz- und sozialpolitischen Lasten der Krisenbekämpfung zu tragen habe. In diesem grundsätzlichen Auffassungsunterschied lag der eigentliche Grund für den Sturz der Regierung Müller im Frühjahr 1930, dessen weit reichende Bedeutung für die Geschichte der Weimarer Republik erst aus der nachfolgenden politisch-parlamentarischen Entwicklung voll ersichtlich wurde.

Übergang zur Präsidialregierung Brüning

Bereits einen Tag nach dem Rücktritt Müllers betraute Reichspräsident von Hindenburg den Zentrumspolitiker Heinrich Brüning mit der Bildung einer Nachfolgeregierung. Die Entscheidung für ihn als neuen Kanzler hatte sich bereits seit Monaten angebahnt. In engen Beraterkreisen um von Hindenburg war immer wieder Brünings Name gefallen, wenn es darum ging, nach einer weithin annehmbaren konservativen Alternative zum Sozialdemokraten Müller sowie zu dessen Regierung der Großen Koalition Ausschau zu halten. Hauptverfechter solcher Überlegungen war der damalige Leiter des Ministeramtes im Reichswehrministerium, Generalmajor Kurt von Schleicher. Der General hatte im Herbst 1929 an von Hindenburg den Plan herange-

Heinrich Brüning (links) mit Reichsminister Groener

tragen, die zerstrittene Regierung Müller durch ein von den Reichstagsparteien unabhängiges bürgerliches Rechtskabinett zu ersetzen. Nach dem erwarteten Auseinanderbrechen der Großen Koalition sollte im Reich endgültig ohne die marxistischen Sozialdemokraten regiert und zugleich der vermeintlich unfruchtbaren »Parlamentswirtschaft« ein Ende gesetzt werden; dies war auch länger schon die Auffassung von Hindenburgs.

Die Wahl war auf Brüning gefallen, weil er auf der einen Seite mit der katholischen Zentrumspartei die stabilste bürgerliche Kraft hinter sich hatte. Das Zentrum war an sämtlichen Reichsregierungen seit 1919 beteiligt und hatte sich in den jeweiligen Regierungskonstellationen als verbindendes Element zwischen den widerstreitenden politischen Lagern erwiesen. Keine andere Partei hatte in ähnlicher Weise den Weimarer Staat parlamentarisch getragen. Auf der anderen Seite kamen Brünings politischer Werdegang und seine Persönlichkeit in vielen Punkten den Erwartungen von Hindenburgs und seiner Berater entgegen: Brüning war promovierter Staats- und Wirtschaftswissenschaftler und hatte sich als steuer- und finanzpolitischer Sachverständiger seiner Partei den Ruf eines Fachmannes für Wirtschafts- und Finanzfragen erworben. Als ehemaligen Geschäftsführer des christlich-nationalen Deutschen Gewerkschaftsbundes konnten ihn die Arbeitnehmer akzeptieren; andererseits galt er auch als Vertreter des rechten Flügels seiner Partei, was die Bürgerlichen und die Konservativen zu überzeugen vermochte. Sein Reden und seine politischen Grundanschauungen wiesen Brüning als einen überzeugten Patrioten und gefühlsmäßigen Anhänger der untergegangenen preußischen Monarchie aus. Zudem wusste man von ihm, dass er die Interessenpolitik der Parteien stark kritisierte und sich dem Staatsnotwendigen verpflichtet fühlte. Schließlich hatte Brüning während des Krieges als Frontoffizier gedient; er war verwundet und dekoriert worden und sah in von Hindenburg noch immer den früheren höchsten militärischen Vorgesetzten, was unbedingte Loyalität zum Reichspräsidenten erwarten ließ.

Zum ersten Mal trat mit dem Kabinett Brüning am 29. März 1930 ein so genanntes Präsidialkabinett sein Amt an. Entsprechend der Initiative von Schleichers war die Regierung Brüning, anders als alle Vorgängerkabinette, nicht auf Grund von Verabredungen und Verhandlungen koalitionswilliger Parteien, sondern allein dadurch zustandegekommen, dass der Reichspräsident, ohne den Willen des Parlamentes zu erfragen, von sich aus einen Kanzler seines Vertrauens ernannte. Zu diesem Vorgehen über die Köpfe der Abgeordneten hinweg war von Hindenburg verfassungsjuristisch berechtigt. Nach Artikel 53 der Weimarer Reichsverfassung konnte der Reichspräsident den Kanzler formell frei bestimmen. Es musste sich allerdings, wie Artikel 54 einschränkend vorschrieb, um eine Persönlichkeit handeln, von der zumindest »anzunehmen« war, dass der Reichstag ihr das Vertrauen nicht versagen würde. Dies durfte bei Brüning durchaus unterstellt werden. Denn ihn unterstützten nicht nur die bürgerlichen Mittelparteien Zentrum, BVP, DDP, DVP. Hinzu kamen auch zahlreiche gemäßigte Abgeordnete der deutschnationalen Fraktion, die seit der Wahl Alfred Hugenbergs zum Vorsitzenden der Partei im Oktober 1928 in Gemäßigte sowie in Gefolgsleute des auf einen Kurs radikaler Opposition zur Weimarer Republik drängenden Hugenberg aufgespalten war. Aber auch für den Fall, dass der Reichstag der so getragenen neuen Regierung das Misstrauen aussprach oder wichtige ihrer Gesetzesvorlagen ablehnte, war durch von Hindenburg vorgesorgt worden, indem er Brüning bereits im Vorhinein zugesagt hatte, diese gegebenenfalls unter Rückgriff auf den präsidialen Notstandsartikel 48 der Reichsverfassung durchsetzen zu können. Der Übergang auf die Regierung Brüning im Frühjahr 1930 war also weit mehr als ein normaler Regierungswechsel. Es handelte sich um einen bedeutenden qualitativen Einschnitt zu Lasten der politischen Mitwirkungs- und entscheidungsmöglichkeiten der gewählten Volksvertretung.

Haushaltspolitischer Streit und Reichstagsauflösung im Juli 1930

Brüning war erklärtermaßen mit seinem Kabinett angetreten, um zunächst vor allem die zerrütteten Reichsfinanzen unter den Bedingungen der fortschreitenden Wirtschaftskrise zu sanieren.

Sofern ihn die Parteien dabei unterstützten, so versprach der Zentrumskanzler in seiner Regierungserklärung vom 1. April, wollte er die Verständigung mit dem Parlament suchen. Anderenfalls werde er nicht zögern, die für notwendig befundenen Schritte notfalls mit Hilfe des Artikels 48 einzuleiten. Über erste Hürden für sein Sanierungsprogramm war das Kabinett im April einigermaßen glatt hinweggekommen. Aber schon im Juni erwiesen sich die Deckungsbeschlüsse vom Frühjahr als nicht mehr ausreichend. Wegen der schlechter gewordenen Konjunkturlage waren die Steuereinnahmen hinter den ursprünglichen Ansätzen zurückgeblieben. Hinzu kam die anhaltend hohe Erwerbslosigkeit, die weitere Ausgabensteigerungen für die Arbeitslosenunterstützung erzwang. Um die hierdurch entstandene Deckungslücke zu schließen, wollte Brüning verschiedene Steuern und Abgaben erhöhen, den Beitragssatz zur Arbeitslosenversicherung auf 4,5% anheben sowie zugleich deren Leistungen einschränken. Zudem sollten die Angehörigen des öffentlichen Dienstes das länger diskutierte »Notopfer« bringen, und es sollte eine allgemeine Bürgersteuer eingeführt werden, die für alle Teile der Bevölkerung, also ohne eine soziale Unterscheidung, in gleicher Höhe gedacht war.

Mit der größten Oppositionspartei im Reichstag, der SPD, verhandelte Brüning über sein Sanierungsprogramm nicht. Die Unterstützung der Deutschnationalen, auf die der Zentrumskanzler gesetzt hatte, blieb dagegen unter dem Einfluss Hugenbergs aus. Unter diesen Umständen war der sich nun zuspitzende Konflikt zwischen der Regierung und den Reichstagsparteien vorgezeichnet: In der Parlamentssitzung am 16. Juli lehnten die Abgeordneten von KPD, NSDAP, des rechten Flügels der DNVP sowie der SPD die Deckungsbeschlüsse des Kabinetts mit 256 gegen 193 Stimmen ab. Brüning antwortete auf diese politische Niederlage, indem er das geplante Sanierungsprogramm auf der Grundlage einer durch von Hindenburg unterschriebenen Vollmacht noch am selben Abend als Notverordnung in Kraft setzte. Noch nie zuvor in der Geschichte der Weimarer Republik war ein abgelehnter Gesetzentwurf auf diese Weise durch die Regierung gegen den Willen der Volksvertreter umgesetzt worden. Zwei Tage später, am 18. Juli, hob der

Reichstag nach stürmischer Debatte diese Notverordnung gemäß seinem verfassungsmäßigem Recht auf Antrag der SPD hin wieder auf. Daraufhin zog Brüning eine vorbereitete Verordnung des Reichspräsidenten und erklärte das Parlament auf Grund des Verfassungsartikel 25 für aufgelöst. Für den Zentrumskanzler war dieser gravierende Schritt eine notwendige Maßnahme, um eine bestehende wirtschaftliche und finanzielle Notsituation des Reiches zu meistern, wozu die untereinander scheinbar nicht kooperationsfähigen Parteien aus seiner Sicht nicht mehr fähig waren.

Die Reichstagswahl vom 14. September 1930 und ihre Folgen

Der Termin für die notwendig gewordene Neuwahl des Reichstages wurde auf den 14. September 1930 festgesetzt. Das war der spätmögliche Zeitpunkt. Bis zu den Wahlen, so war Brünings Hoffnung, würde die Mehrheit der Deutschen erkannt haben, dass es zu seiner Finanz- und Haushaltspolitik keine Alternative gebe. Er glaubte daher an die Möglichkeit, seine Mitte-Rechts-Regierung werde aus den Wahlen gestärkt hervorgehen. Die Gefahr, dass die Reichstagswahl auf Grund der zunehmend pessimistischen Stimmung in der Bevölkerung vor allem den Nationalsozialisten Gewinne bescheren könnte, schätzte der Reichskanzler dagegen nicht sehr hoch ein.

Aber schon der Wahlkampf musste an der Realitätsnähe dieser Beurteilung zweifeln lassen. Denn nahezu überall beherrschten die umtriebigen Propagandisten und Wahlhelfer der radikalen Parteien von links und rechts die politische Szene. Während die KPD den Kampf gegen das »Hungerregime« Brünings, gegen Steuern, Lohnabbau sowie Erwerbslosigkeit verkündete, konzentrierte sich die NSDAP auf eine Kampagne gegen den Young-Plan und die damit einhergehende »Versklavung« Deutschlands; gleichzeitig gab sie sich als Sprachrohr des politisch entrechteten Volkes aus. In einer bis dahin nicht gekannten Welle von Saalveranstaltungen, Straßenkundgebungen, Aufmärschen, Flugblattaktionen sowie öffentlichen Reden hetzten die Nationalsozialisten gegen das verhasste Weimarer

Zeitgenössische Karikatur des englischen Blattes The Source zum Wahlerfolg der NSDAP im September 1930. Für den Karikaturisten war der Versailler Vertrag die wesentliche Ursache für das starke Anwachsen der Hitler-Partei in Deutschland.

»System«, dem sie ihre Vision eines Führerstaates unter Adolf Hitler entgegensetzten.

Am Ende zahlten sich die rastlos anmutenden Werbekampagnen der Radikalen aus: Bei einer gegenüber der letzten Reichstagswahl im Mai 1928 um rund 6 %-Punkte höheren Wahlbeteiligung erzielte die NSDAP sensationelle Stimmengewinne. Die Zahl ihrer Wähler war von zuvor gut 800000 auf 6,4 Millionen angewachsen. Das entsprach einer Steigerung von 2,6% auf 18,3%, womit die »Hitler-Bewegung«, wie sie sich bezeichnenderweise nannte, mit einem Schlag zur zweitstärksten politischen Kraft im Reich avancierte. Auch die Kommunisten gewannen, wenn auch in erheblich geringerem Maße, Stimmen hinzu; die KPD veränderte sich von 10,6% auf 13,1%. Alle anderen Parteien zählten mit Abstufungen zu den Wahlverlierern, wobei die mittelständische Wirtschaftspartei sowie die katholischen Parteien eher leichte Einbußen erlitten. Die Wirtschaftspartei fiel von 4,5% auf 3,9%, das Zentrum von 12,1% auf 11,8% und die BVP von 3,1% auf 3%. Demgegenüber verbuchten die Sozialdemokraten, die liberalen Mittelparteien sowie die DNVP weitaus stärkere Verluste. Die SPD sank von 29,8% auf 24,5%, die DDP, welche unter der Bezeichnung »Deutsche Staatspartei« angetreten war, rutschte von 4,8% auf 3,8%, und die Deutschnationalen, bei denen es zu besonders starken Einbrüchen kam, schrumpften von 14,3% auf 7%. Im Ganzen war der Wahlausgang vom 14. September somit durch den erheblichen Stimmenzuwachs der republikfeindlichen Flügelparteien, allen voran der NSDAP, sowie durch die weitere Schwächung der bürgerlich-liberalen Mitte und der DNVP gekennzeichnet.

Das spektakuläre Ergebnis der Reichstagswahl spiegelte bereits die politischen Folgen der Weltwirtschaftskrise, aus der die Partei Hitlers auch im weiteren den größten Nutzen zog. Ihre propagandistischen Parolen entsprachen zunächst den durch die Krise wiederbelebten Vorurteilen gegen die Parteien und den Parlamentarismus, der verbreiteten Sehnsucht nach einer starken politischen Führung sowie der antimarxistischen Einstellung weiter bürgerlich-mittelständischer Kreise, in denen man sich vor einem erneuten Anwachsen der Sozialdemokraten und – mehr noch – der Kommunisten fürchtete. Anziehend wirkte weiterhin insbesondere der extreme Nationalismus der NSDAP. Ihr kompromissloser Kampf gegen die »Erfüllungspolitik« der republikanischen Reichsregierung beeindruckte vor allem jene, die länger schon der Auffassung waren, Deutschlands wirtschaftliche Notlage sei hauptsächlich auf die vermeintlich ungerechten Reparationsbelastungen aus dem Versailler Vertrag zurückzuführen. Dies erklärte ja auch die Regierung Brüning wiederholt öffentlich, was die Kampagnen der Nationalsozialisten gegen den Versailler Vertrag zusätzlich aufwertete. Hinzu kamen der große Elan und die in den Massenveranstaltungen oder Straßenumzügen der uniformierten SA zur Schau gestellte Siegeszuversicht der Nationalsozialisten, die zahlreichen der damaligen Wähler imponierten. Es entstand oder verfestigte sich dabei das Bild einer jungen, zupackenden »Bewegung«, von der man glauben konnte, sie sei eher als die traditionellen Parteien in der Lage, allen Schwierigkeiten Herr zu werden. Dies war es auch, was die NSDAP selbst immer wieder eingängig versprach: Wenn die Nationalsozialisten das vermeintlich abgewirtschaftete Weimarer »System« erst einmal abgelöst haben würden, werde die wirtschaftliche und soziale Not des Volkes rasch überwunden und das gedemütigte Reich in kürzester Zeit wieder zu einer wehrhaften Großmacht aufgestiegen sein. Diese – auf allgemeinen Versprechungen beruhende – diffuse Aussicht auf eine bessere persönliche sowie nationale Zukunft unter Führung Hitlers und der NSDAP reichte bei vielen schon aus, um im September 1930 für die radikale nationalistische Alternative zur bestehenden politischen Ordnung zu stimmen.

Die Wähler der NSDAP

Die Wähler der NSDAP stammten aus allen Bevölkerungsschichten, wobei gleichwohl soziale Schwerpunkte bestanden. Besonders anfällig für die Wahlparolen der Nationalsozialisten waren die Angehörigen der selbstständigen und unselbstständigen Mittelschichten: kleine Handwerker und Ladenbesitzer, Bauern, Freiberufler, Angestellte, Beamte, Rentner und Pensionäre. Sie stellten unter den NSDAP-Wählern einen teils deutlich größeren Anteil, als es ihrer jeweiligen Quote innerhalb der erwerbstätigen Bevölkerung entsprach. Zu den unterrepräsentierten Bevölkerungsgruppen zählten dagegen die Arbeiter, auch wenn keine der nichtmarxistischen Parteien so viele Stimmen aus ihren Reihen zu gewinnen vermochte wie die NSDAP. Die Arbeitslosen trugen zum Aufstieg der Nationalsozialisten vergleichsweise wenig bei; sie gaben ihre Stimme sehr viel häufiger der KPD. Unter konfessionellen Gesichtspunkten war der Wähleranhang der Nationalsozialisten protestantisch bestimmt. Der Anteil der Protestanten hierunter übertraf den der Katholiken fast um das Doppelte. In parteipolitischer Hinsicht handelte es sich bei den NSDAP-Wählern von 1930 vor allem um solche, die bei früheren Wahlen für die DVP sowie besonders für die DNVP votiert hatten. Hinzu kamen in relativ großer Zahl bisherige Nichtwähler und junge Leute, die zu Beginn der Weltwirtschaftskrise erstmals wahlberechtigt geworden waren.

Sozialdemokratische Tolerierungspolitik und
Machtverlust des Reichstages

Nach dem Ausgang der Septemberwahl verfügten die Republikgegner von links und rechts, KPD sowie NSDAP und DNVP, über fast 40% aller Abgeordnetenmandate. Gleichzeitig bestand keine Aussicht auf eine – rechnerisch mögliche – Kombination von der SPD bis hin zur DVP, der Wirtschaftspartei sowie verschiedenen gemäßigt-rechten Splittergruppen. Brüning, an dem von Hindenburg festhielt, musste infolgedessen feststellen, dass die parlamentarische Basis für eine Fortsetzung seiner Politik der Notverordnungen zu schmal geworden war. Wie im zurückliegenden Juli, konnte jederzeit eine Mehrheit der Reichstagsparteien die Aufhebung einer Notverordnung erzwingen und dem Kanzler das Misstrauen aussprechen. Für diesen Fall war jedoch zu erwarten, dass von Hindenburg den Reichstag erneut auflösen würde, was wiederum die akute Gefahr eines weiteren Anschwellens von Kommunisten und Nationalsozialisten in sich barg. Wegen dieser politi-

Erwerbstätige	Im Reichsgebiet (Volkszählung von 1925)		in der NSDAP vor dem 14.9.1930		Unter den neuen NSDAP-Mitgliedern (zw. 14.9.1930 und 30.1.1933)	
		v.H.		v.H		v.H.
Arbeiter	14 443 000	45,1	34 000	28,1	233 000	33,5
Selbständige						
a) Landwirte	2 203 000	6,7	17 100	14,1	90 000	13,4
b) Handwerker und Unternehmer	1 785 000	5,5	11 000	9,1	56 000	8,4
c) Kaufleute	1 193 000	3,7	9 900	8,2	49 000	7,5
d) Freie Berufe	477 000	1,5	3 600	3,0	20 000	3,0
Beamte						
a) Lehrer	334 000	1,0	2 000	1,7	11 000	1,7
b) Andere	1 050 000	3,3	8 000	6,6	36 000	5,5
Angestellte	5 087 000	15,9	31 000	25,6	148 000	22,1
Mithelfende Fam.-Angehörige (meist weibl.)	5 437 000	17,3	4 400	3,6	27 000	4,9
Insgesamt	32 009 000	100	121 000	100	670 000	100

Sozialstruktur der NSDAP vor 1933: (Erwerbstätige im Reich und in der NSDAP)

Die nationalsozialistische Fraktion erschien im Reichstag bei der Eröffnungssitzung am 13. Oktober 1930 in den Braunhemden der Partei.

schen Perspektive rangen sich die Sozialdemokraten Anfang Oktober 1930 gegen starken Widerstand in den eigenen Reihen dazu durch, das neue Kabinett Brüning nunmehr von Fall zu Fall zu unterstützen bzw. zu tolerieren. Ausschlaggebend für die gewandelte Haltung der SPD zur Regierung Brüning war die Auffassung vieler Sozialdemokraten, nach dem politischen Debakel vom 14. September gehe es zuallererst darum, Hitler und seinem Anhang den Weg zur Macht zu versperren. Brüning erschien ihnen im Vergleich zu Hitler als das kleinere Übel. Zusammen mit solchen grundsätzlichen staatspolitischen Erwägungen spielte der Gedanke der Rücksichtnahme auf die Koalitionsregierung aus SPD, Zentrum und DDP/Staatspartei in Preußen eine entscheidende Rolle. Das »Bollwerk Preußen« unter dem sozialdemokratischen Ministerpräsidenten Otto Braun wollte man nicht dadurch gefährden, dass die SPD im Reichstag dem Zentrumskanzler Brüning ein Regieren unmöglich machte.

Der Tolerierungskurs der SPD kam bereits bei den ersten Sitzungen des neuen Reichstages am 13. und 18. Oktober zum Tragen, in denen die Sozialdemokraten Misstrauensanträgen der Rechtsparteien sowie der KPD die Unterstützung verweigerten und somit zu Fall brachten. Für die nächsten anderthalb Jahre, bis zum Sturz Brünings im Frühsommer 1932, hielt die SPD in dieser Weise der Regierung aus Gründen der politischen Vernunft den Rücken zum Handeln frei. Der Zentrumskanzler war damit in die Lage versetzt, noch auf der Grundlage parlamentarischer Duldung weitgehend unabhängig vom Reichstag und den Parteien zu regieren. Während das Parlament infolgedessen nunmehr zwangsläufig fortschreitend an Einfluss verlor, verselbstständigte sich andererseits zugleich die Regierung, welche die politische Initiative vollständig an sich zog. Es entsprach dieser Entwicklung, wenn der Reichstag 1931/32 immer seltener zusammentrat bzw. sich auf Drängen der Regierung oft für Wochen und sogar Monate vertagte. Eine parlamentarische Kontrolle fand unter solchen Umständen kaum mehr statt; seit dem Herbst 1930 bestand insoweit in Deutschland bestenfalls noch ein halbparlamentarisches System, das bereits unverkennbar autoritäre Züge trug.

Deflationspolitik

Aus der Sicht Brünings war diese weit gehende Ausschaltung der Parteien eine notwendige Voraussetzung, um in der Folgezeit entschiedene weitere Maßnahmen zur Bekämpfung der immer rascher um sich greifenden Wirtschaftskrise umzusetzen. Durchgreifende und dauerhafte Erfolge konnte es hierbei nach seiner Beurteilung nur geben, wenn es zu allererst gelang, die bisherige »Pumpwirtschaft« von Reich, Ländern und Gemeinden zu beenden und die öffentlichen Haushalte zu sanieren. Bereits im Sommer 1930 hatte Brüning seinen festen Willen zu einer konsequenten Konsolidierungspolitik unter Beweis gestellt, als er die im Parlament verworfene Deckungsvorlage für den Reichshaushalt jenes Jahres durch eine erste Wirtschafts-Notverordnung in Kraft setzte. Den Kern der nun systematisch einsetzenden Brüningschen Sanierungspolitik, der so genannten Deflationspolitik, bildete das Bemühen, die krisenbedingt sich verschärfenden Haushaltsprobleme vor allem durch drastische Einsparungen bei den Sach- und Personalausgaben in den Griff zu bekommen. Durch drei weitere Notverordnungen zur »Sicherung von Wirtschaft und Finanzen« vom 1. Dezember 1930, 5. Juni und 8. Dezember 1931, verfügte die Regierung demzufolge jeweils starke Kürzungen bei den Beamten- und Angestelltengehältern, den Staatsarbeiterlöhnen, den Pensionen und Renten sowie den Unterstützungszahlungen für Kriegsopfer und Arbeitslose. Um das ständig sinkende Steuereinkommen auszugleichen, wurden gleichzeitig bereits bestehende Steuern und Abgaben, unter anderem auf Einkommen, den Verbrauch von Zucker, Tabak und Bier, erhöht sowie neue Steuern wie eine »Krisensteuer« für Besserverdiende und eine Warenhaussteuer eingeführt. Die Dezember-Notverordnung von 1931 enthielt daneben einschneidende Bestimmungen zur Senkung der freien und gebundenen Preise sowie von Mieten und Zinsen. Auf diese Weise sollte einerseits das Verhältnis von Löhnen und Inlandspreisen einigermaßen im Lot gehalten werden; andererseits erwartete Brüning von solchen staatlichen Eingriffen in das bestehende Lohn-Preisgefüge einen kostendämpfenden Effekt vor allem zu Gunsten der exportorientierten deutschen Wirtschaft.

Die deutschen Unternehmen, so sein Kalkül, sollten durch gemminderte Herstellungskosten in die Lage kommen, ihre Waren auf dem Weltmarkt zu besonders vorteilhaften Preisen anbieten zu können; von einem so angestoßenen Aufschwung des Auslandsgeschäftes erwartete er belebende Auswirkungen gleichermaßen auf die Inlandskonjunktur wie den brachliegenden Arbeitsmarkt.

Brüning verstand seinen harten Deflationskurs als eine zwar bittere, aber notwendige Medizin, zu der es keine Alternative gab. Denn nach seiner Auffassung, die viele zeitgenössische Experten teilten, befand sich die deutsche Wirtschaft schon seit längerem in einem Zustand chronischer Schwäche. Zu hohe Löhne, Steuern, Herstellungs- und Kreditkosten zählten danach zu den offenkundigsten Krankheitsursachen. Für den Zentrumskanzler bot folglich die laufende Wirtschaftskrise die Chance zu einer grundlegenden Korrektur. Man gebrauchte damals dafür das Wort von der »Reinigungskrise«. Zugleich war Brünings strikte Sparpolitik vor allem außen- und reparationspolitisch motiviert. In den Augen des Zentrumskanzlers besaß die endgültige Streichung der Reparationslasten zentrale Bedeutung. Eine Mehrzahl der Historiker geht davon aus, dass er bereit war, seine Wirtschaftspolitik diesem für ihn obersten Ziel weitgehend oder sogar vollständig unterzuordnen. Durch eine eiserne Sparpolitik im Innern wollte Brüning danach den Siegermächten des Krieges demonstrieren, dass Deutschland alles in seiner Kraft stehende unternahm, um seinen zuletzt im Young-Plan geregelten Reparationsverpflichtungen pünktlich und vollständig nachzukommen. Wenn es dabei wirtschaftlich die Grenzen seiner Belastbarkeit überschritt, würden Neuverhandlungen zwangsläufig werden. Dann aber, so Brünings Erwartung, sei ein Ende der Reparationen mehr als wahrscheinlich. Bei einer wiederaufstrebenden Konjunktur und Wirtschaftslage mussten diese Überlegungen dagegen wieder unrealistischer werden. Also lag es für ihn nahe, die augenblicklich anscheinend nicht lösbare schwere Wirtschaftskrise zumindest im Sinne der außenpolitischen Interessen des Reiches zu nutzen.

Die Berechtigung seiner Annahmen zeichnete sich schon im Sommer 1931 ab. Zu diesem Zeitpunkt löste der Zusammenbruch der Österreichischen Creditanstalt auch in Deutschland eine schwere Bankenkrise aus. Die seit der Inflation eigenkapitalschwachen deutschen Banken gerieten infolge des nun einsetzenden Ansturms ihrer verunsicherten Gläubiger und Kunden in akute Zahlungsschwierigkeiten. Sämtliche Geldinstitute mussten daraufhin für zwei Tage geschlossen werden. Das Reich sah sich trotz seiner großen Haushaltsprobleme in dieser Lage gezwungen, zur Stützung und Sanierung der Banken mehr als 1 Milliarde Reichsmark zur Verfügung zu stellen. In Reaktion auf diese dramatische Finanzkrise in Deutschland verkündete der amerikanische Präsident Herbert Hoover am 20. Juni 1931 ein einjähriges internationales Schuldenfeierjahr. Für die Dauer zunächst dieses Zeitraumes war das Reich von seinen Reparationszahlungen an die Alliierten freigestellt. Wenige Monate später, im Dezember des Jahres, stellte ein im Young-Plan vorgesehener Sonderausschuss zur Prüfung der deutschen Leistungsfähigkeit fest, Deutschland werde auch künftig keine Reparationen mehr zahlen können. Folgerichtig empfahlen die Mitglieder des Ausschusses die vollständige Streichung seiner Lasten, wie sie schließlich im Juni/Juli 1932 auf einer Reparationskonferenz in Lausanne beschlossen wurde.

Während die Regierung Brüning, wenn auch von der Öffentlichkeit kaum bemerkt, bei den Reparationen auf einem aussichtsreichen Weg zu sein schien, zeigte sie sich im Kampf gegen die Wirtschaftskrise von Monat zu Monat erfolgloser. Sie verfügte weder über ein in sich widerspruchsfreies Konzept, noch kam sie infolgedessen über ein behelfsmäßiges Durchlavieren hinaus. Hinzu kam, dass das starre Festhalten an der Deflationspolitik die unkontrollierte wirtschaftliche Krisenentwicklung sogar noch verschärfte. Denn die rigorosen Kürzungen der Staatsausgaben führten dazu, dass der Staat als Abnehmer von Gütern und Dienstleistungen zunehmend ausfiel. Gleichzeitig drückten die verschiedenen Notverordnungen die privaten Einkommen herab, womit sich die Massenkaufkraft verringerte. Auf den damit einhergehenden Rückgang der Nachfrage auf dem Binnenmarkt reagierten die Unternehmen, indem sie ihre Produktion weiter drosselten und nochmals Arbeitskräfte entließen. Als Folge der großen Zahl an Entlassungen stieg die Ar-

164

beitslosigkeit, während sich parallel dazu der allgemeine Kaufkraftschwund weiter verstärkte. So kam ein Zerstörungsprozess in Gang, welcher sich selbst antrieb und die wirtschaftlichen Verheerungen im Reich immer größer werden ließ.

Auf Grund der zumindest momentan erfolglosen Wirtschaftspolitik der Regierung tauchten 1931/32 bald erste Vorschläge einer so genannten aktiven Konjunkturpolitik auf. Die Überlegungen stützten sich auf den zeitgenössischen britischen Wirtschaftswissenschaftler John Maynard Keynes. Dieser riet dazu, bei sinkender privater Nachfrage, im Konjunkturabschwung, durch vermehrte staatliche Auftragsvergaben gegenzusteuern und dafür vorübergehend auch eine verstärkte öffentliche Verschuldung in Kauf zu nehmen. In Deutschland waren es vor allem die SPD-nahen Gewerkschaften, welche den damals neuen Thesen des britischen Wissenschaftlers zustimmten und sie für sich übernahmen. Weiterhin gab es innerhalb des Wirtschaftsministeriums namhafte Befürworter dieser Idee, die besonders im Frühjahr 1932, auf dem Höchststand der Arbeitslosigkeit im Reich, diskutiert wurde. Für den Zentrumskanzler kam ein Aufgreifen dieser Anregungen jedoch nicht in Frage. Nach seiner Auffassung konnten kreditfinanzierte Staatsaufträge und Arbeitsbeschaffungsprogramme »auf Pump« allenfalls kurzfristige Scheinerfolge hervorbringen. Neue Schulden, gleich für welchen Zweck, würden die Preise anheizen und dadurch die Stabilität des Geldes gefährden; die Gefahr einer neuerlichen Inflation, deren traumatische Folgen noch immer gegenwärtig waren, wollte Brüning aber keinesfalls eingehen. Zudem mussten, wie er glaubte, die Alliierten aus großzügigen Konjunkturprogrammen in Deutschland den Schluss ziehen, das Reich sei durch die Reparationszahlungen finanziell weniger belastet, als es nach außen hin den Anschein zu erwecken suche. Insoweit stand die Idee einer aktiven Konjunkturpolitik durch den Staat also auch in Konflikt mit dem außenpolitischen Kernanliegen Brünings: der Streichung der Reparationen.

Für weite Teile der deutschen Bevölkerung, besonders aber für die vielen Erwerbslosen, wurde die »Brüning-Ära« auf Grund der ausbleibenden Erfolge im Kampf gegen die Wirtschaftsnot zu einer Phase fast unerträglicher materieller und

Stichtag 31.12.	Unterstützte Arbeitslose insgesamt	Hauptunterstützungsempfänger in der Arbeitslosenversicherung	Hauptunterstützungsempfänger in der Krisenfürsorge	Unterstützungsempfänger in gemeindlicher Fürsorge
1929	2,315 Mill.	1,775 Mill (76,7%)	0,210 Mill. (9,1%)	0,330 Mill. (14,2%)
1930	3,711 Mill.	2,166 Mill. (58,4%)	0,667 Mill. (18,0%)	0,878 Mill. (23,6%)
1931	4,845 Mill.	1,642 Mill. (33,9%)	1,506 Mill. (31,1%)	1,697 Mill. (35,0%)
1932	4,873 Mill.	0,792 Mill. (16,2%)	1,281 Mill. (26,3%)	2,800 Mill. (57,5%)

Quelle: Statistisches Jahrbuch deutscher Städte 28 (1933), S. 543

Arbeitslosenunterstützung in der Weltwirtschaftskrise

Stichtag 31.12.	Unterstützte Arbeitslose insgesamt	Hauptunterstützungsempfänger in der Arbeitslosenversicherung	Hauptunterstützungsempfänger in der Krisenfürsorge	Unterstützungsempfänger in gemeindlicher Fürsorge	
1930	21 038	11 100 (52,8%)	3 521 (16,7%)	6 417 (30,5%)	Bochum
1931	29 903	7 008 (23,4%)	8 470 (28,3%)	14 425 (48,3%)	
1932	34 039	1 964 (5,8%)	6 528 (19,2%)	25 547 (75,0%)	
1930	7 139	3 630 (50,9%)	810 (11,3%)	2 699 (37,8%)	Herne
1931	12 794	2 602 (20,3%)	3732 (29,2%)	6 460 (50,5%)	
1932	14 656	881 (6,0%)	2 459 (16,8%)	11 316 (77,2%)	
1930	5 564	3 018 (54,2%)	757 (13,6%)	1 789 (32,2%)	Wattenscheid
1931	8 190	1 658 (20,3%)	2 541 (31,0%)	3 991 (48,7%)	
1932	8 605	330 (3,8%)	1 343 (15,6%)	6 932 (80,6%)	
1930	10 069	3 106 (30,8%)	1 762 (17,5%)	5 201 (51,7%)	Offenbach
1931	12 860	2 608 (20,3%)	2 360 (18,3%)	7 892 (61,4%)	
1932	12 948	769 (5,9%)	2 096 (16,2%)	10 083 (77,9%)	

Beispiele aus besonders betroffenen Regionen

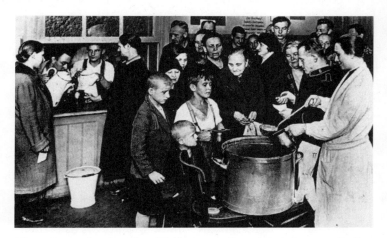

Eine Suppenküche der Heilsarmee für Arbeitslose und ihre Familien in einem Arbeiterviertel 1931

Ausschnitt aus dem Fotozyklus »Ein Tag im Leben des arbeitslosen Schlossers Karl Döhler« von Walter Ballhause, Hannover, um 1930

psychischer Belastungen. In den meisten Fällen dauerte die Arbeitslosigkeit länger als ein Jahr. Mit den entsprechend sinkenden Chancen, eine neue Stelle zu finden, wuchsen daher bei den Betroffenen das Gefühl der Mutlosigkeit, von Verzweiflung und Nutzlosigkeit. Zu den Folgen gehörte oftmals eine tiefe Störung des seelischen Gleichgewichts und – damit verbunden – ein immer stärkerer Verlust an Orientierung. Nach außen hin, in amtlichen Statistiken, drückten sich die verheerenden psychologischen Konsequenzen der Dauerarbeitslosigkeit vor allem in einer steigenden Kriminalität, in der überdurschnittlichen Zunahme von Alkoholismus sowie einem Anstieg der Selbstmordrate aus.

Zu den seelischen Nöten trat die fortschreitend sich verschlimmernde materielle Situation der Erwerbslosen. Die Reichsanstalt für Arbeitslosenvermittlung und Arbeitslosenunterstützung gewährte ihre Zahlungen für eine Dauer von 26 Wochen, wobei die gezahlten Sätze in der Regel zwischen 35% und 70% des früheren Erwerbseinkommens erreichten. Familien erhielten einen 5-prozentigen Zuschlag. Nach Auslaufen des Anspruchs auf Arbeitslosenunterstützung trat für weitere 13 Wochen die so genannte Krisenfürsorge ein. Anschließend rutschten die Betroffenen in die gemeindliche Wohlfahrtsfürsorge. Der Übergang von der einen zur jeweils nächsten Unterstützungsstufe erfolgte dabei im Verlauf der Krise zunehmend früher, nachdem die Bedingungen für den Leistungsbezug durch Notverordnungen 1931/32 immer weiter verschärft worden waren. In vielen deutschen Städten waren schon Ende 1931 über die Hälfte der gemeldeten Arbeitslosen in der Wohlfahrtsfürsorge der Kommunen angelangt, welche nach voraufgegangener obligatorischer Bedürftigkeitsprüfung oftmals kaum mehr das Existenzminimum sicherte. Zu dieser Zeit mussten im Reich 1,5 Millionen Menschen mit einem wöchentlichen Fürsorgesatz von durchschnittlich 7 Reichsmark auskommen. In Berlin etwa konnte man für das Fürsorgegeld der Stadt damals täglich sechs kleine Kartoffeln, fünf Scheiben Brot und ein Stück Margarine sowie dreimal im Monat einen Hering kaufen. Die Reparatur oder der Ersatz schadhafter Kleidung, Schuhe oder Haushaltsartikel waren davon nicht zu bestreiten.

Je länger die Krise dauerte, desto mehr wandten sich die zunehmend verzweifelten Menschen von der Regierung Brüning ab. Als besonders bedrückend wurde empfunden, dass gegen das verbreitete Elend scheinbar nichts Konstruktives geschah. Immer neue Appelle des Kanzlers an den Durchhaltewillen der Bevölkerung mussten daher ins Leere laufen. Statt Hoffnungszeichen etwa in Form eines staatlichen Arbeitsbeschaffungsprogramms zu setzen, machte die Regierung den Eindruck, sie verwalte lediglich die Not. Es fehlte vor allem eine nachvollziehbare Erklärung, die den Sinn und die Frucht bringende Perspektive allen Leidens deutlich machen konnte. Niemanden durfte unter diesen Umständen verwundern, in welchem Ausmaß die Regierung Brüning 1931/32 ihren noch verbliebenen Kredit bei der Bevölkerung einbüßte. Eine politische Führung, welche für die drängendsten sozialen und wirtschaftspolitischen Sorgen der Bürger keinen Rat wusste, hatte in den Augen einer immer größeren Zahl von Menschen ihre Berechtigung verloren.

Etappen auf dem Weg zum Sturz Brünings

Aber nicht nur in weiten Teilen der Bevölkerung, sondern auch beim Reichspräsidenten begann Brüning seit Jahresbeginn 1932 das Vertrauen zu verlieren. Eine entscheidende Station dieser Entwicklung bildete die Reichspräsidentenwahl im Frühjahr jenen Jahres. Die Amtszeit des Staatsoberhauptes lief im März 1932 regulär aus. Brüning hatte zunächst versucht, die Deutschnationalen und die Nationalsozialisten dafür zu gewinnen, die Amtszeit des Reichspräsidenten mit Hilfe einer Zweidrittel-Mehrheit im Reichstag gesetzlich zu verlängern. Doch dieser Plan scheiterte; DNVP, der Stahlhelm-Frontsoldatenbund und NSDAP, die Kräfte der so genannten nationalen Opposition, sperrten sich und stellten mit Theodor Duesterberg sowie Hitler jeweils eigene Kandidaten auf. Für die Wiederwahl von Hindenburgs traten dagegen SPD, Zentrum, BVP, DDP und DVP ein. Beim ersten Wahlgang am 13. März erhielt von Hindenburg 49,6% der abgegebenen Stimmen und verfehlte die absolute

Die Wahl des Reichspräsidenten 1925

	1. Wahlgang 29.3.		2. Wahlgang 26.4	
Stimmberechtigte	39,226 Mill.		39,414 Mill.	
Wahlbeteiligung	68,9%		77,6%	
Kandidaten und die nominierenden Parteien	Jarres (DNVP)	38,8%	Hindenburg	48,3%
	Braun (SPD)	29,0%	(DNVP, DVP, BVP,	
	Marx (Zentrum)	14,5%	NSDAP)	
	Thälmann (KPD)	7,0%	Marx	45,3%
	Hellpach (DDP)	5,8%	(Zentrum, SPD, DDP)	
	Held (BVP)	3,7%	Thälmann	6,4%
	Ludendorff (NSDAP)	1,1%	(KPD)	

Quelle: Statistik des Deutschen Reiches N.F. Bd. 321

Die Wahl des Reichspräsidenten 1932

	1. Wahlgang 13.3.		2. Wahlgang 10.4.	
Stimmberechtigte	43,949 Mill.		44,064 Mill.	
Wahlbeteiligung	86,2%		83,5%	
Kandidaten und die nominierenden Parteien	Hindenburg (Zentrum, SPD, DDP, DVP, BVP)	49,6%	Hindenburg	53,0%
	Hitler (NSDAP)	30,1%	Hitler	36,8%
	Thälmann (KPD)	13,2%	Thälmann	10,2%
	Duesterberg (DNVP)	6,8%	(Die DNVP ließ ihren Anhängern freie Hand zwischen Hindenburg und Hitler)	

Quelle: Statistik des Deutschen Reiches N.F., Bd. 427

Mehrheit nur knapp. Von seinen Gegenkandidaten hatte Hitler mit 30,4% die größte Zustimmung erfahren; Duesterberg kam auf 6,8% und der Kandidat der KPD, Ernst Thälmann, erreichte 13,2%. Am notwendig gewordenen zweiten Wahlgang, der am 10. April stattfand, beteiligten sich nur noch von Hindenburg, Hitler und Thälmann. Dabei ging von Hindenburg mit 53% als Sieger hervor; Hitler brachte es bei erheblichen Zugewinnen auf 36,9% und Thälmann auf 10,2%. Trotz seines eindeutigen Wahlerfolgs empfand es von Hindenburg als eine Schmach, dass er seine Wiederwahl den Parteien der bürgerlichen Mitte sowie den Sozialdemokraten zu verdanken hatte, während sich insbesondere die Deutschnationalen, denen er sich politisch nahe fühlte, von ihm abgewandt hatten. Sein Unmut hierüber richtete sich gegen Brüning, dem er dieses persönlich zum Vorwurf machte.

Seinen letzten Schlag erhielt das Verhältnis zwischen Reichspräsident und Reichskanzler durch Ereignisse im Zusammenhang des reichsweiten Verbots von SA und SS am 13. April 1932. Die Maßnahme entsprang dem Druck mehrerer Landesregierungen, allen voran der preußischen, die eine massive staatliche Gegenwehr gegen die Überhand nehmende politische Gewalt der Nationalsozialisten verlangten. SA und SS, inzwischen zu einer Stärke von fast 500 000 Mann herangewachsen, hatten im Wahlkampf der Vorwochen die Straße zum Ort ihres Terrors gegen politische Gegner gemacht. Gleichzeitig war die Polizei im Zuge von Haussuchungen bei NSDAP und SA auf konkrete Umsturzpläne gestoßen. Das Verbot von SA und SS durch Reichswehr- und innenminister Groener war insoweit folgerichtig. Dennoch gab von Hindenburg seine Zustimmung nur äußerst widerstrebend. Der Reichspräsident war verärgert, dass neben den paramilitärischen Verbänden der NSDAP nicht auch der republiktreue Wehrverband von Sozialdemokraten, Zentrum und Demokraten, das Reichsbanner Schwarz-Rot-Gold, verboten worden war. Der Missmut von Hindenburgs nützte wiederum General von Schleicher, der nunmehr begann, gegen Groener und Brüning zu intrigieren. Für von Schleicher handelte es sich bei den Mitgliedern von SA und SS um »wehrfreudige Elemente«, welche an die Reichswehr heranzuführen seien. Zudem stand der General gerade in konspirativen Verhandlungen mit der NSDAP-Führung, bei denen es um die Bildung einer weiter nach rechts orientierten neuen Regierung ging. Am 7. Mai trafen von Schleicher und Hitler eine geheime Vereinbarung, wonach der General die Trennung des Reichspräsidenten von Brüning, die Aufhebung des SA- und SS-Verbots sowie eine Reichstagsneuwahl durchsetzen sollte. Im Gegenzug, so hatte von Schleicher die Übereinkunft verstanden, würden die Nationalsozialisten die nächste Präsidialregierung stützen.

Den letzten Anstoß zum Sturz Brünings boten schließlich Meinungsverschiedenheiten zwischen Reichskanzler und Reichspräsident um das damals aktuelle Osthilfeprogramm der Regierung. Seit Jahren schon befanden sich viele ostelbische Großgrundbesitzer in einer wirtschaftlichen und finanziellen Dauerkrise. Zudem war eine große Zahl der Güter im Osten hoffnungslos überschuldet. Nach einem Entwurf der Brüning-Regierung sollten nicht mehr entschuldungsfähige Landgüter durch den Staat aufgekauft, aufgeteilt und an siedlungswillige Arbeitslose sowie Kleinbauern gegeben werden. Die ostelbischen Landadeligen, von denen viele von Hindenburg zu seinen Freunden zählte, reagierten mit anhaltenden schriftlichen und telefonischen Protesten beim Büro des Reichspräsidenten gegen den angeblichen »Agrarbolschewismus« der Regierung. Unter den Einflüsterungen seiner näheren persönlichen Umgebung kam von Hindenburg daraufhin zu der Meinung, dass nunmehr der richtige Zeitpunkt zum Handeln gekommen sei. Am 29. Mai zitierte er den Zentrumskanzler zu sich, um ihm in einer kurzen und kühlen Unterredung den sofortigen Rücktritt als Regierungschef abzuverlangen.

Das Kabinett von Papen

Das neue Kabinett, das am 1. Juni seine Amtsgeschäfte übernahm, setzte sich mehrheitlich aus preußischen Konservativen, Vertretern des ostelbischen Adels sowie politisierenden Militärs zusammen. In den sozialdemokratischen Zeitungen war wegen dieser einseitigen sozialen Besetzung von einem »Kabinett der

Barone« die Rede. An dessen Spitze stand mit Franz von Papen ein Exponent des westfälischen katholischen Adels. Der Nachfolger Brünings war vor 1918 Generalstabsoffizier und Militärattaché gewesen. Nach dem Krieg hatte er sich als Mitglied der Zentrumspartei in den Preußischen Landtag wählen lassen. Innerhalb des Zentrums stand von Papen auf dem äußersten rechten Flügel; politisch war er national-konservativ, scharf antimarxistisch und antiparlamentarisch eingestellt. Den Vorschlag zu seiner Ernennung hatte General von Schleicher gemacht, der seinerseits als Reichswehrminister in das neue Kabinett eintrat. Beide Männer kannten sich aus gemeinsamen Zeiten beim Militär. Ihre augenblicklichen politischen Vorstellungen deckten sich besonders dort, wo es um die Beseitigung der letzten noch vorhandenen Reste des Weimarer Parlamentarismus ging. An die Stelle der halbparlamentarischen Regierungsweise Brünings setzten von Papen und von Schleicher die Idee eines vom Reichstag auf Dauer gänzlich unabhängigen Präsidialregimes. Die künftige Regierung, darin stimmte man überein, durfte insbesondere auf die Zustimmung oder Wünsche der angeblich marxistischen SPD keine Rücksicht mehr nehmen. Ihre Basis sollten vor allem das Vertrauen des Reichspräsidenten und die Stärke der Reichswehr sein. Für diesen Kurs setzten von Papen und von Schleicher auf politische Rückendeckung durch die Deutschnationalen und die Nationalsozialisten, wobei namentlich von Schleicher erwartete, die Nationalsozialisten durch eine begrenzte Beteiligung an der Macht allmählich »zähmen« und abnützen zu können.

Entsprechend den erwähnten Abmachungen zwischen von Schleicher und der NSDAP-Führung verfügte die Reichsregierung am 4. Juni zunächst die – vorzeitige – Auflösung des Reichstages. Die Verfügung stützte sich auf eine präsidiale Notverordnung, in der es zur Begründung hieß, das bestehende Parlament repräsentiere nach den Wahlen im Frühjahr den politischen Mehrheitswillen der Bevölkerung nicht mehr. Etwas über eine Woche später, am 16. Juni, löste das Kabinett auch das zweite Versprechen gegenüber der NSDAP ein und erklärte das Verbot von SA und SS für aufgehoben. Beide Maßnahmen führten dazu, dass der beginnende Wahlkampf für die auf den 31.

Juli festgesetzte Reichstagsneuwahl von einer nochmals gesteigerten Welle politischen Terrors bestimmt wurde. Beinahe täglich berichteten die Zeitungen jetzt von Tumulten, Schlägereien, Messerstechereien und Schießereien zwischen den politischen Kontrahenten. Allein in Preußen forderten die blutigen Straßenkämpfe zwischen Mitte Juni und Mitte Juli 99 Tote und 1 125 Verletzte. Besonders schlimm waren die Ereignisse am 17. Juli in Altona. Dort hatte die SA in Stärke von fast 7 000 Mann einen Demonstrationszug durch einen kommunistischen Stadtteil veranstaltet. Daraufhin entwickelte sich ein stundenlanges Feuergefecht zwischen Nationalsozialisten, Kommunisten und der Polizei, bei dem es 18 Tote und 61 zum Teil schwer Verletzte gab. Wenigstens für die Nationalsozialisten wirkten sich Vorkommnisse wie diese politisch sogar vorteilhaft aus. Denn in der Bevölkerung, besonders im Bürgertum, verstärkten solche Straßenschlachten den Eindruck, der republikanische Staat sei zu schwach und ohnmächtig, um Ruhe und Ordnung zu garantieren; Rettung vor dem drohenden Bürgerkrieg sei nur von einem zu allem entschlossenen »Führer« zu erwarten.

Der »Altonaer Blutsonntag« lieferte zugleich der Regierung von Papen den Anlass, um die preußische Landesregierung des sozialdemokratischen Ministerpräsidenten Otto Braun auszuschalten. Am 20. Juli erklärte der Kanzler diese unter Rückgriff auf den Notverordnungsartikel 48 für abgesetzt. Gerechtfertigt wurde das verfassungswidrige Vorgehen mit der Behauptung, die Regierung Braun-Severing habe es versäumt, gegen den kommunistischen Terror und die staatsfeindlichen Umtriebe der KPD in Preußen energische Maßnahmen zu ergreifen. Sogar von einem geheimen Bündnis zwischen der preußischen Führung und den Kommunisten wollte die Reichsregierung Kenntnis haben. Das Ziel dieses staatsstreichartigen Unternehmens bestand darin, die letzte starke Bastion der Weimarer Demokratie im Reich zu beseitigen. Zugleich sollte auf diese Weise das autoritäre Kabinett von Papen von einem möglichen Widerstandsfaktor befreit und so innenpolitisch gefestigt werden.

Knapp zehn Tage nach dem so genannten Preußenschlag fanden am 31. Juli die Reichstagswahlen statt. Das Wahlergebnis bedeutete vor allem für die Nationalsozialisten einen großen Erfolg. Bei einer außergewöhnlich hohen Wahlbeteiligung von 84,1% erhielt die Partei Hitlers 13,8 Millionen Stimmen oder 37,4%. Das war gegenüber der Reichstagswahl von 1930 ein Zugewinn von mehr als 7 Millionen Stimmen. Der erhebliche Zuwachs der NSDAP ging unmittelbar auf Kosten der – mittlerweile fast aufgeriebenen – Parteien der bürgerlichen Mitte sowie der gemäßigten Rechten. Die Wirtschaftspartei etwa sackte von zuvor 3,9% auf 0,4%, die liberale Staatspartei fiel von 3,8% auf 1,0% und die DVP von 4,5% auf 1,2%. Allein die katholischen Parteien, Zentrum und BVP, die SPD sowie die KPD konnten sich gegenüber der NSDAP behaupten, welche aus nahezu allen politischen Lagern, einschließlich dem Lager der bisherigen Nicht- und Erstwähler, Wähler zu sich herüberzuziehen vermochte. Die Partei der Nationalsozialisten war damit zu einer eindrucksvollen Protestbewegung gegen das »System« von Weimar geworden. Rechnet man die 14,3% Wähleranteile der KPD sowie die 5,9% der DNVP hinzu, so belief sich der Anteil der Anti-System-Wähler in der deutschen Bevölkerung inzwischen auf 57,6%. Die Juliwahl von 1932 stellte insoweit ein deutliches Bekenntnis der Wähler gegen die bestehende politische Ordnung dar, die nach Meinung vieler hauptsächlich innenpolitisches Chaos sowie wirtschaftliches und soziales Elend gebracht hatte.

Gestützt auf seinen Wahltriumph erklärte Hitler nach den Wahlen die Phase der Tolerierung der Papen-Regierung durch seine Partei für beendet. Das Angebot General von Schleichers, die Nationalsozialisten an der Regierung zu beteiligen, wies der NSDAP-Führer brüsk zurück. Einem »Alles-oder-nichts-Kurs« folgend, forderte Hitler stattdessen eine Neubildung der Regierung unter seiner Führung. In einer Unterredung mit dem Reichspräsidenten am 13. August wiederholte er sein Verlangen, dem von Hindenburg jedoch keinesfalls entsprechen wollte. Wie dieser erklärte, sei eine alleinige Herrschaft der NSDAP in seinen Augen nicht verantwortbar. Damit war der NSDAP für den Augenblick der Weg zur Macht versperrt.

		19. Jan. 1919	6. Juni 1920	4. Mai 1924	7. Dez. 1924	20. Mai 1928	14. Sept. 1930	31. Juli 1932	6. Nov. 1932	5. März 1933
NSDAP	Zahl der gültigen Stimmen	—	—	—	—	809 771	6 406 924	13 779 111	11 737 391	17 277 185
	Stimmanteile in Prozent	—	—	—	—	2,6	18,3	37,4	33,1	43,9
DNVP	Zahl der gültigen Stimmen	3 121 479	4 249 100	5 696 368	6 205 324	4 380 029	2 457 572	2 186 661	3 131 657	3 136 752
	Stimmanteile in Prozent	10,3	15,1	19,5	20,5	14,2	7,0	5,9	8,3	8,0
DVP	Zahl der gültigen Stimmen	1 345 638	3 919 446	2 694 317	3 049 215	2 678 207	1 577 411	436 014	661 794	432 312
	Stimmanteile in Prozent	4,4	13,9	9,2	10,1	8,7	4,5	1,2	1,9	1,1
Zentrum und BVP	Zahl der gültigen Stimmen	5 980 216	5 018 345	4 861 027	5 250 169	4 656 445	5 185 716	5 792 507	5 326 583	5 498 457
	Stimmanteile in Prozent	19,7	18,0	16,6	17,4	15,2	14,8	15,7	15,0	13,9
DDP; seit 1930 DSP	Zahl der gültigen Stimmen	5 641 825	2 333 741	1 655 049	1 917 764	1 504 148	1 322 028	373 338	339 613	334 232
	Stimmanteile in Prozent	18,5	8,3	5,7	6,3	4,9	3,8	1,0	1,0	0,9
SPD	Zahl der gültigen Stimmen	11 509 048	6 104 398	6 008 713	7 880 963	9 151 059	8 575 699	7 959 712	7 250 752	7 181 633
	Stimmanteile in Prozent	37,9	21,7	20,5	26,0	29,8	24,5	21,6	20,4	18,3
USPD	Zahl der gültigen Stimmen	2 317 290	5 046 813	235 141	98 809	20 685	11 651			
	Stimmanteile in Prozent	7,6	17,9	0,8	0,3	0,1	0,0			
KPD	Zahl der gültigen Stimmen	—	589 454	3 693 139	2 708 345	3 263 354	4 590 453	5 297 068	5 980 540	4 848 079
	Stimmanteile in Prozent	—	2,1	12,6	9,0	10,6	13,1	14,3	16,9	12,3
Sonstige	Zahl der gültigen Stimmen	6 465 064	935 035	4 437 432	3 173 217	5 084 445	4 830 352	1 057 943	1 043 437	634 665
Wahlbeteiligung in Prozent		83,0	79,2	77,4	78,8	75,5	82,0	84,1	80,6	88,8

Stimmergebnisse der Wahlen zur Nationalversammlung (1919)
und zu den Reichstagen der Weimarer Republik

Die Reichstagswahl vom 6. November 1932

Andererseits geriet aber das Kabinett von Papen nach der Wahl politisch ins Wanken. Am 12. September beschlossen die Parteien des neugewählten Reichstages mit der überwältigenden Mehrheit von 512 zu 42 Stimmen einen Misstrauensantrag gegen die Regierung. Nur die Abgeordneten von DNVP und DVP stimmten dagegen. Der Reichskanzler reagierte auf diese schwere Niederlage, indem er noch während der laufenden Abstimmung eine vorbereitete Verfügung des Reichspräsidenten zog und das Parlament für aufgelöst erklärte. Damit waren erneute Wahlen zum Reichstag notwendig geworden, welche für den 6. November anberaumt wurden. Herausragendes Merkmal dieser zweiten Reichstagswahl des Jahres 1932 waren für viele überraschende Einbußen der NSDAP. Gegenüber der Juliwahl verlor die Partei Hitlers über zwei Millionen Stimmen. Ihr Anteil an den Wählerstimmen sank von 37,3 % auf 33,1 %. Dieser Rückgang der NSDAP ergab sich hauptsächlich aus einer allgemein großen Wahlmüdigkeit. Denn die Reichspräsidentenwahl und Landtagswahlen im Frühjahr eingerechnet waren die Deutschen inzwischen schon zum fünften Mal in Jahresfrist zur Wahlurne gerufen worden. Der Überdruss am Wählen ließ die Zahl der Nichtwähler von 7 Millionen im Juli auf 8,6 Millionen im November steigen; die NSDAP, welche von der Politisierung früherer Nichtwähler bis dahin am meisten profitiert hatte, war auch hiervon besonders stark betroffen. Hinzu kam, dass sie durch ihre Zusammenarbeit bei einem »wilden« Streik der Berliner Verkehrsarbeiter in den letzten Tagen vor der Wahl mit den Kommunisten manche ihrer bürgerlichen Anhänger verschreckt hatte. Neben der NSDAP erlitten des Weiteren auch die SPD sowie Zentrum, BVP und die Staatspartei Stimmenverluste. Nennenswerte Zugewinne verzeichneten demgegenüber lediglich die KPD mit einem Mehr von 2,5 % sowie die DNVP, die um 2,4 %-Punkte zulegte.

Von der Regierung von Schleicher zu Hitler

Eine parlamentarische Mehrheitsbildung war nach den Novemberwahlen erneut nicht möglich. Denn nach wie vor verfügten NSDAP und KPD mit 296 von insgesamt 584 Reichstagsmandaten über eine Sperrmehrheit derjenigen, denen es allein um die politische Blockade ging. Es war zu erwarten, dass der neue Reichstag, ebenso wie der vorhergegangene, der Regierung bei der ersten Gelegenheit das Misstrauen aussprechen und etwaige Notverordnungen aufheben würde. Man konnte also, so schien es, nur weiterregieren, wenn es gelang, das destruktive Parlament für länger auszuschalten. In eine solche Richtung gingen demzufolge Überlegungen, die von Papen am 1. Dezember dem Reichspräsidenten in Anwesenheit von Schleichers vortrug. Danach sollten der gerade gewählte Reichstag sogleich wieder aufgelöst und Neuwahlen auf unbestimmte Zeit verschoben werden. Das hätte eine vorübergehende Diktatur der Regierung von Papen bedeutet. Die Verwirklichung dieses verfassungswidrigen Vorhabens war an eine Unterstützung durch die Reichswehr gebunden, die von Schleicher aber in der Unterredung verweigerte. Den General schreckte seinen Aussagen zufolge besonders die Gefahr, dass die Streitkräfte in einen dann drohenden Bürgerkrieg hineingezogen würden. Andererseits hielt er es, anders als von Papen, auch noch für möglich, eine parlamentarische Abstützung für ein neues Präsidikabinett zustandezubringen. Hierbei ging der General, der inzwischen auf Abstand zu von Papen gegangen war und eigene politische Absichten verfolgte, von der Annahme aus, die NSDAP spalten und deren linken Gewerkschaftsflügel um den zweiten Mann in der Partei, Gregor Straßer, für sich gewinnen zu können. Gleichzeitig suchte von Schleicher die Annäherung an die SPD-nahen Gewerkschaften, um so eine breite politische und gesellschaftliche Basis – quer durch alle Lager – für ein Kabinett unter seiner Führung herzustellen.

Der Reichspräsident ließ in dieser Situation von Papen fallen und ernannte am 3. Dezember von Schleicher zum neuen Regierungschef. Am 15. Dezember verkündete dieser ein Regierungsprogramm, das auf innenpolitischen Ausgleich ausgerich-

Karikatur aus dem Londoner »Punch« vom 8. Februar 1933 zur Machtübernahme Hitlers in Deutschland: von Hindenburg und von Papen als die entscheidenden Stützen Hitlers

tet war und wirtschaftspolitisch, wie von den Gewerkschaften gefordert, auf eine direkte staatliche Arbeitsbeschaffung zusteuerte. Wenn von Schleicher mit seinem politischen Programm gleichwohl im weiteren erfolglos blieb, so hatte dies vor allem zwei Gründe: Zum einen stellte sich rasch heraus, dass seine so genannte Querfront-Konzeption keine Verwirklichungschancen besaß. Weder waren die misstrauischen Gewerkschaften bereit, einen in ihren Augen reaktionären Militär zu unterstützen; noch erfüllte sich von Schleichers Kalkül in Bezug auf die innere Entwicklung der NSDAP, in der sich Hitler gegen seinen zeitweiligen Gegenspieler Straßer durchsetzte. Zum anderen begann um die Jahreswende 1932/33 zugleich von Papen, von Rachegefühlen und politischem Ehrgeiz geleitet, aktiv gegen die amtierende Regierung zu arbeiten. Am 4. Januar 1933 traf er sich mit Hitler im Hause des Kölner Bankiers von Schröder zu einem ersten Sondierungsgespräch über ein gemeinsames politisches Vorgehen. Als Ergebnis dieser Unterredung berichtete von Papen dem Reichspräsidenten, zu dem er nach wie vor einen direkten Zugang hatte, Hitler sei nunmehr bereit, sich in Abkehr von seinem früheren Alleinherrschaftsanspruch an der Bildung einer Koalitionsregierung zu beteiligen. In den folgenden Wochen begann von Hindenburg unter dem Einfluss seiner engsten Berater, darunter seines Sohnes sowie seines Staatssekretärs Otto Meissner, zunehmend auf die angebotene Variante einer von Papen-Hitler-Regierung überzuschwenken. Seit dem 23. Januar nahm diese Lösung dann immer konkretere Gestalt an. An jenem Tag hatte von Schleicher nach dem Scheitern seiner Bemühungen um einen parlamentarischen Rückhalt den Reichspräsidenten um die Auflösung des Parlamentes und die unbefristete Verschiebung von Neuwahlen ersucht. Er erbat nun also die gleiche verfassungswidrige Vollmacht, wie sie vor Wochen schon von Papen verlangt hatte, aber verwehrt worden war. Im Amt des Reichskanzlers war von Schleicher daraufhin nicht mehr zu halten; am 28. Januar erklärte er seinen Rücktritt. Damit war der Weg für von Papen und seine Idee eines Koalitionskabinetts aus Deutschnationalen, anderen Konservativen und Nationalsozialisten frei. Am 30. Januar ernannte der Reichspräsident Adolf Hitler zum Chef einer neuen »nationalen« Regierung, die aus drei Nationalsozialisten und neun Konservativen zusammengesetzt war. Es handelte sich um die freiwillige und bewusste Machtübertragung an den Führer der stärksten politischen Kraft im Reich, die auf diese Weise verfassungsformal legal zur Herrschaft gelangte. Mit dieser von einer kleinen Personengruppe um den Reichspräsidenten betriebenen Auslieferung des Staates an Hitler ging die Weimarer Republik endgültig unter; sie besaß allerdings in der deutschen Gesellschaft sowie unter den Parteien des Reichstages länger schon keinen wirklichen Rückhalt mehr.

Das Kabinett Hitler: Hitler sitzend in der Mitte, links von ihm Göring, zunächst Minister ohne besonderen Geschäftsbereich, rechts von ihm Vize-Kanzler von Papen. Hinter von Papen stehend: Wirtschaftsminister Hugenberg.

Abkürzungsverzeichnis

BVP   Bayerische Volkspartei
DDP   Deutsche Demokratische Partei
DNVP   Deutschnationale Volkspartei
DVP   Deutsche Volkspartei
DSP   Deutsche Staatspartei
Hg.   Herausgeber
Hrsgg.   Herausgegeben
KPD   Kommunistische Partei Deutschlands
MSPD   Mehrheitssozialdemokratische Partei Deutschlands (1917–1919 Bezeichnung für die SPD)
NSDAP   Nationalsozialistische Deutsche Arbeiterpartei
OHL   Oberste Heeresleitung
RM   Reichsmark
SA   Sturm-Abteilung (der NSDAP)
SPD   Sozialdemokratische Partei Deutschlands
SS   Schutz-Staffel (der NSDAP)
USPD   Unabhängige Sozialdemokratische Partei Deutschlands

Zeittafel zur Geschichte der Weimarer Republik

1918

3. 3.   Friedensvertrag von Brest-Litowsk mit Sowjetrussland; Deutschland setzt harte Bedingungen durch

21.3.   Beginn der deutschen Frühjahrsoffensive an der Westfront

29.9.   Die Oberste Heeresleitung (OHL) verlangt einen sofortigen Waffenstillstand sowie die Parlamentarisierung im Reich

3.10.   Prinz Max von Baden wird Reichskanzler; SPD, Zentrum und Liberale werden an der Regierung beteiligt

3./4. 10.   Deutsches Waffenstillstandsangebot an US-Präsident Wilson

28.10.   Parlamentarisierung des Deutschen Reiches durch Verfassungsänderung   (»Oktoberverfassung«);

	Meuterei der Matrosen der Hochseeflotte in Wilhelmshaven
3.11.	Revolte der Matrosen in Kiel
3.11.–9.11.	Ausbreitung der Aufstandsbewegung im Reich; Bildung von Arbeiter- und Soldatenräten in vielen deutschen Städten
8.11.	Ausrufung der Räterepublik in Bayern unter Kurt Eisner von der USPD
9.11.	Veröffentlichung der Abdankung Kaiser Wilhelms II. durch Reichskanzler Max von Baden; Übergabe der Kanzlerschaft durch von Baden an den SPD-Vorsitzenden Friedrich Ebert; Ausrufung der Republik durch den sozialdemokratischen Politiker Philipp Scheidemann aus dem Reichstagsgebäude in Berlin; fast zeitgleiche Proklamation einer »Sozialistischen Republik« durch Karl Liebknecht (USPD/Spartakusbund) vom Berliner Schloss aus.
10.11.	Bildung des »Rat(s) der Volksbeauftragten« aus SPD- und USPD-Politikern; der Rat übernimmt die vorläufige Regierungsgewalt im Reich; telefonische Übereinkunft über die Zusammenarbeit von provisorischer Reichsregierung und Oberster Heeresleitung, so genanntes Ebert-Groener-Bündnis
11.11.	Unterzeichnung des Waffenstillstandes in Compiègne durch den Zentrumspolitiker Matthias Erzberger
16.12.–	
20.12.	Reichskongress der deutschen Arbeiter- und Soldatenräte in Berlin; Entscheidung zu Gunsten von baldigen Wahlen zur Nationalversammlung; Festsetzung des Wahltermins auf den 19. Januar 1919
23.12.	Meuterei der Volksmarinedivision in Berlin, so genannte Weihnachtsunruhen
28./29.12	Austritt der USPD-Politiker aus dem Rat der Volksbeauftragten
30.12.–	
1.1. 1919	Gründungsparteitag der Kommunistischen Partei Deutschlands (KPD) in Berlin

1919

5.11.–11.1.	Blutige Straßenkämpfe in Berlin, so genannter Spartakusaufstand
15.1.	Gefangennahme und Ermordung Karl Liebknechts und Rosa Luxemburgs durch Freikorpssoldaten
18.1.	Eröffnung der internationalen Friedenskonferenz in Paris
19.1.	Wahlen zur Nationalversammlung nach demokratisiertem Wahlrecht; die »Weimarer Parteien«, SPD, Zentrum und DDP, erhalten eine Dreiviertelmehrheit
6.2.	Eröffnung der Nationalversammlung in Weimar
11.2.	Wahl Friedrich Eberts zum ersten Reichspräsidenten der Weimarer Republik
13.2.	Amtsantritt des Kabinetts Scheidemann aus Zentrum, SPD und DDP
Februar–Mai	Unruhen, Streiks und Aufstände in vielen Teilen des Reiches; gewaltsame Unterdrückung von Versuchen zur Bildung sozialistischer oder kommunistischer »Räterepubliken« durch regierungsloyale Truppen
7.5.	Übergabe der alliierten Friedensbedingungen an die deutsche Delegation in Paris
16.6.	Ultimatum der Alliierten zur Annahme der Friedensbedingungen
30.6.	Rücktritt des Kabinetts Scheidemann; Übernahme des Kanzleramtes durch den Sozialdemokraten Gustav Bauer (Regierung getragen von SPD und Zentrum, ab Oktober auch durch die DDP)
28.6.	Unterzeichnung des Friedensvertrages zwischen den alliierten Siegerstaaten und Deutschland in Versailles, auf deutscher Seite durch Reichs-Außenminister Hermann Müller (SPD)
11.8.	Inkrafttreten der Weimarer Reichsverfassung
18.11.	Aussage General a. D. Paul von Hindenburgs vor dem Untersuchungsausschuss der Nationalversammlung; Propagierung der »Dolchstoßlegende«

1920

10.1.	Inkrafttreten des Versailler Vertrages
13.–17.3.	Kapp-Lüttwitz-Putsch; Umsturzversuch rechter Militärs und Politiker; Flucht der Regierung Ebert-Bauer aus Berlin nach Stuttgart (13.3.); Zusammenbruch des Umsturzversuches (17.3.)
15.3.–15.5.	Linke Aufstände in Mitteldeutschland sowie dem Ruhrgebiet als Reaktion auf den gegenrevolutionären Kapp-Lüttwitz-Putsch; blutige Niederschlagung der Aufstände durch Freikorps- und reguläre Reichswehrverbände
27.3.	Amtsantritt des Kabinetts Müller: Regierung der »Weimarer Koalition« von SPD, Zentrum und DDP
6.6.	Reichstagswahl mit schweren Verlusten der Regierungsparteien; gleichzeitige Stärkung der DVP sowie der DNVP
25.6.	Amtsantritt des bürgerlichen Minderheitskabinetts aus Zentrum, DDP und DVP unter dem Zentrumspolitiker Konstantin Fehrenbach
16.10.	Spaltung der USPD
4.12.–7.12.	Linker Flügel der USPD schließt sich der KPD an

1921

24.–29.1.	Alliierte Reparationskonferenz in Paris; Festlegung der deutschen Reparationssumme auf 226 Milliarden Goldmark sowie 12 Prozent der deutschen Exporteinnahmen
21.2.–24.3.	Reparationskonferenz in London; Drohung von Sanktionen gegen das Reich bei Nichtannahme der alliierten Reparationsforderungen
8.3.	Sanktionsweise Besetzung von Duisburg, Ruhrort und Düsseldorf durch alliierte Truppen
20.3.	Volksabstimmung in Oberschlesien über die Zugehörigkeit zum Reich oder zu Polen
27.4.	Neufestsetzung der deutschen Reparationsschuld auf der Londoner Konferenz auf 132 Milliarden Goldmark

2.5.	Beginn bewaffneter Auseinandersetzungen in Oberschlesien zwischen deutschen und polnischen Freischärlern
5.5.	Alliiertes Ultimatum zur Annahme des Londoner Zahlungsplans
10.5.	Amtsantritt des Kabinetts Wirth (Zentrum) aus Zentrum, SPD und DDP; Annahme des Londoner Ultimatums durch den Reichstag; Beginn der deutschen »Erfüllungspolitik«
26.8.	Ermordung des Zentrumspolitikers Matthias Erzbergers durch rechtsradikale Freikorpsoffiziere
12.10.	Der Völkerbund beschließt die Teilung Oberschlesiens zwischen Deutschland und Polen; Polen erhält den wirtschaftlich wertvolleren Gebietsteil

1922

10.4.–19.5.	Konferenz von Genua
16.4.	Vertrag von Rapallo zwischen Deutschland und der Sowjetunion
24.6.	Ermordung von Reichs-Außenminister Walther Rathenau (DDP) durch rechtsradikale Attentäter
18.7.	Der Reichstag beschließt das »Gesetz zum Schutze der Republik«
Juli/Aug.	Starke Beschleunigung der Geldentwertung in Deutschland; Beginn der so genannten Hyperinflation
24.9.	Vereinigung der Rest-USPD mit der SPD
24.10.	Verfassungsändernder Beschluss des Reichstages zur Verlängerung der Amtszeit Reichspräsident Eberts bis zum 1.7.1925
14.11.	Rücktritt des Kabinetts Wirth; Bildung eines bürgerlichen Minderheitskabinett aus Zentrum, DDP und DVP unter dem Direktor der Hamburg-Amerika-Linie Wilhelm Cuno (DVP nah)

1923

11.1.	Besetzung des Ruhrgebiets durch französische und belgische Truppenverbände

13.1.	Die Reichsregierung verkündet den passiven Widerstand an der Ruhr; Beginn des »Ruhrkampfes«
12.8.	Sturz des Kabinetts Cuno
13.8.	Gustav Stresemann (DVP) wird Reichskanzler und Außenminister einer Regierung der »Großen Koalition« von der SPD bis hin zur DVP
26.9.	Die Reichsregierung erklärt den Abbruch des passiven Widerstandes an der Ruhr; Verhängung des Ausnahmezustandes im Reich
Herbst	Separatistische Bestrebungen im Rheinland und in der Pfalz
21.10.	Reichsexekution gegen das SPD/KPDregierte Sachsen
Ende Okt.	Bayern-Reich-Konflikt; Scheitern der kommunistischen Aufstandsbestrebungen in Teilen des Reiches (sog. »deutscher Oktober«)
28.10.–1.11.	Die sächsische Landesregierung wird von Reichspräsident Ebert auf der Grundlage des Artikels 48 der Reichsverfassung ihres Amtes enthoben
3.11.	Austritt der sozialdemokratischen Mitglieder des Kabinetts Stresemann aus der Reichsregierung aus Protest gegen das Vorgehen gegen Sachsen
8./9.11.	Hitler-Putsch in München; Ebert überträgt General von Seeckt die vollziehende Gewalt im Reich; Zusammenbruch des Umsturzversuches von rechts
15.11.	Stabilisierung der Mark; Einführung der Rentenmark als Übergangswährung
23.11.	Sturz des Kabinetts Stresemann; bürgerliches Minderheitskabinett unter Wilhelm Marx (Zentrum) aus Zentrum, DVP, DDP und BVP; vorübergehendes Verbot von NSDAP und KPD (bis Frühjahr 1924)
30.11.	Alliierte Reparationskommission beschließt die Einberufung eines internationalen Sachverständigengremiums zur Beurteilung der deutschen Zahlungsfähigkeit; Vorsitzender der Kommission wird der US-amerikanische Finanzfachmann Charles C. Dawes

22.12.	Ernennung Hjalmar Schachts zum Reichsbankpräsidenten

1924

13.2.	Ende des Ausnahmezustandes im Reich
26.2.–1.4.	Hitler-Prozeß vor dem Volksgericht in München; der Führer der NSDAP wird wegen »Hochverrats« zu fünf Jahren Haft verurteilt, kommt aber schon im Dezember 1924 wieder frei
9.4.	So genannter Dawes-Plan zur vorläufigen Regelung der deutschen Reparationslasten wird veröffentlicht
16.4.	Die Reichsregierung spricht sich für die Annahme des Dawes-Planes aus
4.5.	Reichstagswahlen; Verluste der – bürgerlichen – Regierungsparteien und der SPD; Stimmengewinne der DNVP, der KPD sowie der Völkischen
16.7.–16.8.	Londoner Konferenz nimmt den Dawes-Plan an
29.8.	Annahme des Dawes-Planes durch den Reichstag mit den Stimmen eines Teils der oppositionellen DNVP
7.12.	Reichstagswahlen nach vorzeitiger Reichstagsauflösung; Verluste der republikfeindlichen Parteien auf der Rechten und der Linken; leichte Stimmengewinne für die demokratischen Mittelparteien, erhebliche Gewinne der SPD

1925

15.1.	Erstes »Bürgerblock«-Kabinett (unter Einbeziehung der DNVP) unter dem parteilosen Hans Luther
20.1./9.2.	Initiative Reichs-Außenminister Stresemanns zur Lösung der Sicherheitsfrage im Westen (Memorandum an die britische und die französische Regierung)
26.2.	Neugründung der NSDAP
28.2.	Tod Reichspräsident Eberts
26.4.	Wahl des Generals a.D. Paul von Hindenburg zum

	Reichspräsidenten; die Entscheidung fällt im zweiten Wahlgang mit knapper Mehrheit
14.7.	Beginn der Räumung des Ruhrgebiets (bis 1.8. beendet)
25.8.	Räumung von Düsseldorf, Ruhrort und Duisburg durch die Alliierten
5.10.–16.10.	Konferenz von Locarno; Paraphierung der Locarno-Verträge (Deutschland anerkennt die seit 1919 bestehenden Westgrenzen)
25.10.	Austritt der DNVP-Minister aus der Reichsregierung aus Protest gegen den außenpolitischen Kurs Stresemanns
27.11.	Annahme der Locarno-Veträge durch den Reichstag
30.11.	Beginn der Räumung der Kölner Zone durch die britischen Besatzungstruppen (31.1.1926 beendet)
1.12.	Unterzeichnung der Locarno-Verträge in London

1926

6.1.	Auf Initiative der KPD wird in Berlin ein Ausschuss zur Durchführung eines Volksentscheides für die entschädigungslose Enteignung der deutschen Fürsten eingerichtet
19.1.	Zweites Kabinett Luther wird gebildet; bürgerliches Minderheitskabinett ohne Beteiligung der DNVP
24.4.	Deutsch-sowjetischer Freundschafts- und Neutralitätsvertrag, so genannter Berliner Vertrag
5.5.	Flaggenverordnung von Hindenburgs; Beginn des »Flaggenstreits«
12.5.	Rücktritt des Kabinetts Luther wegen des »Flaggenstreits«; Bildung eines bürgerlichen Minderheitskabinetts unter Wilhelm Marx (Zentrum)
20.6.	Volksentscheid über die Fürstenenteignung; Scheitern des Entscheids, für den 14,4 Millionen Wahlberechtigte gestimmt hatten (benötigt wurden 20 Millionen Ja-Stimmen)
8.9.	Aufnahme Deutschlands in den Völkerbund

17.9.	Gespräch zwischen Stresemann und dem französischen Außenminister Aristide Briand in Thoiry
6.10.	Entlassung General von Seeckts als Kommandeur der Reichswehr
10.12.	Friedensnobelpreis für Stresemann und Briand
17.12.	Sturz des Kabinetts Marx

1927

29.1.	Erneutes Kabinett unter Wilhelm Marx unter Einbeziehung der DNVP (Zweites »Bürgerblock«-Kabinett); getragen wird das Kabinett von Zentrum, BVP, DVP und DNVP
16.7.	Annahme des Gesetzes über Arbeitsvermittlung und Arbeitslosenversicherung durch den Reichstag mit 365 zu 47 Stimmen (bei 16 Enthaltungen)

1928

15.2.	Auflösung der »Bürgerblock«-Regierung Marx infolge des Grundsatzstreits um die Schulgesetzgebung
20.5.	Reichstagswahl; starke Gewinne der Sozialdemokraten, erhebliche Verluste der DNVP, Einbußen der – nichtkatholischen – bürgerlichen Mittelparteien
28.6.	Regierung der »Großen Koalition« aus SPD, Zentrum, DDP, DVP und BVP unter Hermann Müller (SPD) als Reichskanzler
27.8.	Unterzeichnung des Briand-Kellogg-Paktes zur Ächtung des Angriffs-Krieges
Okt.–Dez.	So genannter Ruhreisenstreit mit Massenaussperrungen durch die Arbeitgeber der rheinisch-westfälischen Eisen- und Metallindustrie
20.10.	Alfred Hugenberg wird Vorsitzender der DNVP
9.12.	Prälat Kaas wird Vorsitzender der Zentrumspartei

1929

11.2.	International besetzte Konferenz in Paris zur Revision des Dawes-Abkommens von 1924; Vorsit-

	zender der Tagung ist der US-amerikanische Wirtschaftsexperte Owen D. Young

Ende
Februar   Die Arbeitslosigkeit im Reich unter Gewerkschaftsmitgliedern erreicht 22,3%

12.5.   Bei der sächsischen Landtagswahl erhält die NSDAP fast 5% der Stimmen

7.6.   Unterzeichnung des so genannten Young-Planes durch die Sachverständigen

9.7.   Bildung des »Reichsausschusses für das Volksbegehren gegen den Young-Plan« (DNVP, Stahlhelm. Bund der Frontsoldaten, NSDAP) unter Führung Alfred Hugenbergs; Beginn der Anti-Young-Kampagne der nationalistischen Rechten

21.8.   Unterzeichnung des Young-Planes, der Zahlungsraten und Laufzeiten der deutschen Reparationszahlungen festlegt

3.10.   Tod Reichs-Außenministers Gustav Stresemann

24.10.   Kurszusammenbruch an der New Yorker Börse (so genannter Schwarzer Freitag); Beginn der Weltwirtschaftskrise

22.12.   Scheitern des Volksbegehrens gegen den Young-Plan

1930

3.1.–20.1.   Zweite internationale Konferenz über den Young-Plan in Den Haag

20.1.   Die Reichsregierung unterzeichnet den Young-Plan

12.3.   Annahme der Young-Gesetze durch den Reichstag

März   3,5 Millionen Arbeitslose in Deutschland

27.3.   Rücktritt des Kabinetts der »Großen Koalition« unter Hermann Müller (SPD)

29.3.   Ernennung Heinrich Brünings zum Reichskanzler; der Zentrumspolitiker steht einem bürgerlichen Minderheitskabinett vor, das durch den Reichspräsidenten gestützt wird (erstes Präsidialkabinett)

30.6.   Vorzeitige Räumung des Rheinlandes durch alliierte Besatzungstruppen beendet

16.7.	Aufhebung der Notverordnung zur »Sicherung von Wirtschaft und Finanzen« durch den Reichstag und vorzeitige Parlamentsauflösung durch Reichskanzler Brüning
14.9.	Reichstagswahl; sprunghafter Anstieg der NSDAP-Stimmenanteile
19.10.	Der Reichstag lehnt mit den Stimmen der SPD Misstrauensanträge gegen die Regierung Brüning ab; Beginn der sozialdemokratischen »Tolerierungspolitik«
1.12.	Erlass mehrerer wirtschaftlicher Notverordnungen
Ende	Etwa vier Millionen Erwerbslose im Reich

1931

Februar	Fast fünf Millionen Arbeitslose
17.5.	Landtagswahl in Oldenburg; die NSDAP erhält 37,2% der abgegebenen Stimmen
20.6.	US-Präsident Hoover schlägt ein einjähriges Moratorium für alle internationalen Zahlungsverpflichtungen vor
6.7.	Verkündung des »Hoover-Feierjahres«
13.7.	Zusammenbruch der Darmstädter und Nationalbank; Bankenkrise in Deutschland
9.10.	Rücktritt von Reichs-Außenminister Curtius und Kabinettsumbildung nach rechts; zweites Kabinett Brüning; Brüning übernimmt zusätzlich das Außenministerium
16.11.	Misstrauensantrag der »Nationalen Opposition« im Reichstag gegen die Regierung Brüning wird abgelehnt

1932

Februar	6,1 Millionen Arbeitslose
10.4.	Wiederwahl von Hindenburgs zum Reichspräsidenten im zweiten Wahlgang mit 53% der abgegebenen Stimmen; Hitler erhält 36,8%, Thälmann (KPD) 10,2%

13.4.	Vorübergehendes reichsweites Verbot von SA und SS der NSDAP (bis 16.6.)
24.4.	Landtagswahlen in Preußen, Bayern, Württemberg, Anhalt und Hamburg; überall starke Gewinne der NSDAP
30.5.	Entlassung Brünings durch Reichspräsident von Hindenburg
1.6.	Neuer Kanzler wird der Rechtskatholik Franz von Papen; General von Schleicher wird Reichswehrminister
4.6.	Auflösung des Reichstages
16.6.	Aufhebung des SA-Verbots
16.6.–9.7.	Konferenz von Lausanne: endgültige Streichung der deutschen Reparationslasten
20.7.	Absetzung der geschäftsführenden preußischen Landesregierung unter Otto Braun (SPD) durch die Reichsregierung und Einsetzung eines Reichskommissars für Preußen (so genannter Preußen-Schlag)
31.7.	Reichstagswahl; die NSDAP kommt auf 37,4% der abgegebenen Stimmen
13.8.	Hitler fordert, zum Reichskanzler ernannt zu werden; von Hindenburg lehnt ab
12.9.	Klares Misstrauensvotum gegen das Kabinett von Papen im Reichstag; erneute Reichstagsauflösung
6.11.	Neuwahl des Reichstages; Stimmenverluste für die NSDAP: Rückgang auf 33,5%
17.11.	Rücktritt des Kabinetts von Papen
2.12.	Erneutes Präsialkabinett unter Kurt von Schleicher
Ende	5,5 Millionen Arbeitslose

1933

4.1.	Besprechung Hitlers mit von Papen im Hause des Bankiers Kurt von Schröder in Köln; Auftakt der fast vierwöchigen Sondierungsgespräche zur Bildung eines Hitler-Papen Kabinetts
15.1.	Wahlerfolg der NSDAP in Lippe
28.1.	Von Hindenburg entzieht von Schleicher das Vertrauen; von Schleicher tritt zurück

30.1. Reichspräsident von Hindenburg ernennt Hitler zum Reichskanzler; das neue Präsidialkabinett ist überwiegend mit konservativen Ministern besetzt; Vize-Kanzler ist von Papen; Hugenberg wird Wirtschafts- und Landwirtschaftsminister; der DNVP-Vorsitzende gilt in der Öffentlichkeit als der eigentlich »starke Mann« im Kabinett

Kurzbiographien wichtiger Politiker der Weimarer Republik

Bauer, Gustav (6.1.1870–16.9.1944)

Der gelernte Bürogehilfe gründete 1895 den »Verband der Büroangestellten« und stieg 1908 zum 2. Vorsitzenden der »Generalkommission der Gewerkschaften Deutschlands« auf. Von 1912 bis 1918 gehörte er als Mitglied der sozialdemokratischen Fraktion dem Deutschen Reichstag an. Im Übergangskabinett Max von Baden (4.10.–9.11.1918) vertrat B. die SPD als Staatssekretär im Reichsarbeitsamt; unter dem Rat der Volksbeauftragten erfolgte die Ernennung zum Ressortchef. Für die SPD gehörte er von 1920 bis 1928 der Weimarer Nationalversammlung bzw. dem Reichstag an. Im Kabinett Scheidemann von Februar bis Juni 1919 bekleidete B. das Amt des Reichsarbeitsministers. Nach Scheidemanns Rücktritt aus Protest gegen die Versailler Vertragsbedingungen rückte er am 26. Juni 1919 zum Regierungschef auf. Nach dem Kapp-Putsch erklärte seine Regierung den Rücktritt. Dem im Juni 1920 gebildeten Kabinett Hermann Müller (SPD) gehörte B. als Reichsschatz- bzw. als Reichsverkehrsminister an; unter Reichskanzler Wirth (Zentrum) war er auch Vizekanzler (10.5.1921–14.11.1922). B. zog sich 1928 ins Privatleben zurück.

Braun, Carl Otto (28.1.1872–15.12.1955)

Der gebürtige Königsberger, Sohn eines Schumachers und Bahnwärters, schloss sich 1889 der SPD an und wurde bald Vorsitzender des Ortsvereins seiner Geburtsstadt. 1911 bis 1917 war er Mitglied des Parteivorstands der SPD, 1913 bis 1918 gehörte B. ferner dem preußischen Abgeordnetenhaus an. Während der Novemberrevolution wurde der gelernte Stein- und Buchdrucker Mitglied des Berliner Arbeiter- und Soldatenrates. Bis 1921 war er danach preußischer Landwirtschaftsminister. B. gehörte der Nationalversammlung von 1919 an; von März 1920 bis Juli 1932 bekleidete er das Amt des preußischen Ministerpräsidenten. Unter seiner Führung wurde Preußen ein demokratisch-republikanisches »Bollwerk« im Reich. Am 20. Juli 1932 ließ ihn Reichskanzler von Papen im so genannten Preußenschlag aus dem Amt entfernen. Im März 1933 ging B. nach Ascona ins Exil.

Brauns, Heinrich (3.1.1868–19.10.1939)
Der gebürtige Kölner wurde 1890 zum Priester geweiht. Er hatte Pfarrstellen in Krefeld und Borbeck inne und gehörte zu den aktiven Förderern der Christlichen Gewerkschaften. B. studierte Volkswirtschaft und Staatswissenschaften. Von Januar 1919 bis März 1933 gehörte er als Mitglied der Zentrumsfraktion zunächst der Nationalversammlung, dann dem Deutschen Reichstag an. 1920 ernannte ihn Reichskanzler Fehrenbach zum Reichsarbeitsminister; bis 1928 blieb B. in diesem Amt. Er förderte Gesetze und Verordnungen über Betriebsräte, Mitbestimmung, Tarifvertrags- und Schlichtungswesen sowie über die Arbeitsvermittlung und Arbeitsgerichtsbarkeit; im Bereich der Sozialpolitik unterstützte er Regelungen über die Sozialversicherung, Kriegsopferversorgung, das Fürsorgerecht. B. sah seine Aufgabe im Ausgleich der Klassengegensätze durch eine staatlich gesteuerte Sozialpolitik. Dadurch sollte die sozialstaatliche Komponente der Weimarer Reichsverfassung zum Tragen gebracht werden.

Brüning, Heinrich (26.11.1885–30.3.1970)
Der gebürtige Münsteraner, Sohn eines Essigfabrikanten und Weinhändlers, studierte Philosophie und Volkswirtschaft; 1915 promovierte er in Bonn. Während des Ersten Weltkrieges diente der national und monarchistisch eingestellte Katholik als Infanterieoffizier an der Westfront. 1919 begann B. seine politische Laufbahn bei dem katholischen Sozialpolitiker Carl Son-

nenschein. Ein Jahr darauf wurde er persönlicher Referent des preußischen Wohlfahrtsministers Stegerwald, der ihn im gleichen Jahr zum Geschäftsführer der Vereinigung christlicher Gewerkschaften machte. Seit den Mai-Wahlen von 1924 saß B. für die Zentrumspartei im Deutschen Reichstag, 1929 übernahm er den Fraktionsvorsitz. Im März 1930 bestellte ihn Reichspräsident von Hindenburg zum ersten Reichskanzler einer Präsidialregierung. Im Zusammenhang einer politischen Intrige wurde B. am 30. Mai 1932 durch von Hindenburg wieder aus dem Amt entlassen. Nach 1933 emigrierte der Zentrumspolitiker in die USA, wo er an der Harvard University lehrte.

Cuno, Wilhelm (2.7.1876–3.1.1933)
Seine Karriere begann C., ein promovierter Jurist, im Reichsschatzamt. Im Ersten Weltkrieg war der gebürtige Suhler an der Organisation der Kriegswirtschaft beteiligt. 1918 wurde er Generaldirektor der Hamburg-Amerika-Linie (Hapag). Als Wirtschaftsexperte nahm C. an den Waffenstillstands- und Friedensverhandlungen von 1918/19 sowie an verschiedenen Reparationskonferenzen der ersten Nachkriegszeit teil. Im November 1922 erfolgte seine Ernennung zum Reichskanzler und Chef einer »Regierung der Wirtschaft«. Als Reaktion auf den Einmarsch französischer und belgischer Truppen ins Ruhrgebiet im Januar 1923 rief C. die Ruhrbevölkerung zum passiven Widerstand auf. Der passive Ruhrwiderstand endete mit einem finanziellen, wirtschaftlichen und politischen Fiasko. Nach einem Misstrauensantrag der SPD im Reichstag trat C. mit seinem Kabinett am 12. August des Jahres zurück.

Ebert, Friedrich (4.2.1871–28.2.1925)
Der in Heidelberg geborene E. ging nach Absolvierung der Volksschule in die Sattlerlehre und anschließend mehrere Jahre auf Wanderschaft. Der Weg führte ihn unter anderem nach Bremen, wo er 1893 in die Redaktion einer lokalen sozialdemokratischen Zeitung eintrat. 1900 wurde E., der von 1891 bis 1905 zeitweise der Bremer SPD vorstand, in die Bürgerschaft gewählt. 1905 betraute ihn die SPD mit der Kassenführung der Gesamtpartei. Nach dem Tod des Parteivorsitzenden August

Bebel, 1913, wurde er zusammen mit Hugo Haase Vorsitzender der sozialdemokratischen Partei. 1916 übernahm er zudem den Fraktionsvorsitz im Reichstag. In der innenpolitischen Diskussion der letzten Kriegsjahre wandte sich E. gegen deutsche Annexionen; an der Entstehung der Friedensresolution der Mehrheitsparteien des Reichstages vom Juli 1917 wirkte er persönlich mit. Am 9. November 1918 übertrug Max von Baden ihm in einem verfassungswidrigen Akt das Amt des Reichskanzlers. Tags darauf wurde er zusammen mit Hugo Haase Vorsitzender des als Übergangsregierung fungierenden Rats der Volksbeauftragten. E. wollte ein Weitertreiben der Revolution verhindern, weil er die Machtübernahme linksradikaler Räte und ein nachfolgend aus seiner Sicht drohendes innenpolitisches Chaos fürchtete. Im Februar 1919 wählten ihn die Abgeordneten der Nationalversammlung in Weimar zum ersten Reichspräsidenten der Weimarer Republik. Schon bald nach Beginn seiner Amtszeit wurde E. als führender Sozialdemokrat und höchster Repräsentant des Weimarer Staates zum Ziel nationalistischer und rechtsradikaler Hasstiraden.

Erzberger, Matthias (20.9.1875–26.8.1921)

Der ausgebildete Volksschullehrer und spätere Journalist war 1903 als Kandidat der Zentrumspartei in den Reichstag gewählt worden, wo er schon bald als Finanzexperte seiner Fraktion hervortrat. Während des Ersten Weltkriegs wandelte sich der agile Schwabe vom Annexionisten zum Verfechter eines Verständigungsfriedens. Im Kabinett Max von Baden wurde E. im Oktober 1918 Staatssekretär und im November Mitglied der deutschen Waffenstillstandskommission. Als führender deutscher Parlamentär unterzeichnete er am 11. November 1918 den Waffenstillstand, dessen harte Bedingungen seine Gegner auch ihm anlasteten. Der nationalistischen Rechten diente E., im Kabinett Bauer Reichsfinanzminister, als eine dauernde propagandistische Zielscheibe. Der Zentrumspolitiker fiel im August 1921 einem wohlgeplanten Attentat rechtsradikaler Offiziere zum Opfer.

Geßler, Otto (6.2.1875–24.3.1955)

Der aus Württemberg stammende G. studierte Jura und ging danach in den kommunalen Verwaltungsdienst. 1910 wurde er Erster rechtskundiger Bürgermeister von Regensburg und 1913 Oberbürgermeister von Nürnberg. Der politisch liberal einge- stellt G. gehörte 1918 zu den Mitbegründern der DDP in Nürn- berg. Im Oktober 1919 trat er als Reichsminister für den Wie- deraufbau in die Regierung des Sozialdemokraten Gustav Bauer ein. Nach dem Ausscheiden Noskes im März 1920 wurde G. zum Reichswehrminister berufen, was er bis Januar 1928 blieb. Während seiner Amtszeit war er zusammen mit Generaloberst von Seeckt maßgeblich am Aufbau der Reichswehr beteiligt. Während des Dritten Reiches zog er sich ins Privatleben zu- rück. Nach dem Attentat auf Hitler am 20. Juli 1944 wurde er verhaftet und für mehrere Monate ins Konzentrationslager Ra- vensbrück verbracht. Ab 1949 war G. Präsident des Bayeri- schen, 1950 bis 1952 auch Präsident des Deutschen Roten Kreu- zes.

Groener, Wilhelm (22.11.1867–3.5.1939)

Im Ersten Weltkrieg wurde G. Leiter des 1916 errichteten Kriegsamtes im Preußischen Kriegsministerium, das die Rü- stungsproduktion und die Arbeitskräftebeschaffung organisier- te. Im Oktober 1918 trat er die Nachfolge Ludendorffs als Er- ster Generalquartiermeister in der Obersten Heeresleitung an. G. hatte maßgeblichen Anteil an der Abdankung Kaiser Wil- helms II. am 9. November 1918. Am Tag darauf schloss er einen innenpolitischen »Pakt« mit Reichskanzler Ebert, der darauf gerichtet war, die gefährdete Republik mit Hilfe der alten, kai- serlichen Armee zu stabilisieren. Im Frühsommer 1919 verhin- derte G. eine Offiziersrevolte gegen den Versailler Vertrag. Nach einer Tätigkeit als Reichsverkehrsminister (1920–23) und als Militärschriftsteller wurde der parteilose frühere General 1928 auf Wunsch von Hindenburgs zumReichswehrminister berufen. 1931 übernahm er zudem das Reichsinnenministerium. G. versuchte, Staat und Armee durch ein Verbot von SA und SS am 16. April 1932 vor dem Zugriff der Nationalsozialisten zu retten. Daraufhin wurde er von der Rechten gestürzt. Sein

Rücktritt als Reichswehrminister am 13. Mai 1932 leitete den Sturz der Regierung Brüning ein.

Haase, Hugo (29.9.1863–7.11.1919)

Der Sohn eines Schuhmachers war studierter Jurist. Er machte sich vor dem Weltkrieg als Anwalt der kleinen Leute in Ostpreußen einen Namen. 1887 trat H. der SPD bei, 1894 wurde er der erste sozialdemokratische Stadtverordnete Königsbergs. Von 1897 bis 1907 und von 1912 bis 1919 gehörte der gebürtige Allensteiner dem Reichstag an, zunächst für die SPD, ab 1917 für die linkssozialistische USPD, zu deren Mitbegründern er gehörte. H. trat im November 1918 als Parteivorsitzender der USPD zusammen mit Friedrich Ebert an die Spitze des Rats der Volksbeauftragten. Hier wurde er jedoch durch den SPD-Vorsitzenden in den Hintergrund gedrängt; sein Rückzug aus der Revolutionsregierung im Dezember 1918 bedeutete das Scheitern einer Konzeption, die Parlamentarismus und Rätesystem miteinander verbinden wollte. H. starb Ende 1919 an den Folgen eines Revolverattentats.

Hindenburg, Paul von (2.10.1847–2.8.1934)

Der bereits pensionierte General war bei Ausbruch des Ersten Weltkrieges im August 1914 reaktiviert worden. Binnen weniger Tage wurde er als »Sieger von Tannenberg« über nach Ostpreußen eingedrungene russische Truppen zum nationalen Helden. Gemeinsam mit General Ludendorff bestimmte er bis zum militärischen Zusammenbruch 1918 die Oberste Heeresleitung. Nach dem Krieg, im Herbst 1919, wurde H. zum Kronzeugen der so genannten Dolchstoßlegende, wonach die Niederlage des Reiches im Weltkrieg Folge innerer Wühlarbeit von Sozialdemokraten und anderer demokratisch eingestellter Pazifisten gewesen sei. Im Frühjahr 1925 erfolgte seine Wahl zum Nachfolger Friedrich Eberts als Reichspräsident. 1932 wurde H. als Kandidat von SPD und mehreren bürgerlichen Mittelparteien wieder gewählt. Im Januar 1933 ernannte er auf Vorschlag seiner persönlichen Berater aus Armee und ostelbischem Großgrundbesitzertum Hitler zum Reichskanzler.

Hitler, Adolf (20.4.1889–30.4.1945)

Der gescheiterte Kunstmaler und Gelegenheitsarbeiter aus dem österreichischen Braunau meldete sich bei Ausbruch des Ersten Weltkriegs in Deutschland als Kriegsfreiwilliger. Als Soldat, zuletzt im Range eines Gefreiten, wurde er für seinen Frontdienst ausgezeichnet. 1919 begann seine politische Laufahn als »V-Mann« der Reichswehr in München, wo H. gegen die linke politische Szene eingesetzt war. 1920 trat er in die Deutsche Arbeiterpartei ein, einer lokalen völkisch-nationalistischen Splittergruppe. Aus dieser Gruppierung ging die NSDAP hervor, die unter H.s Führung in den frühen Zwanzigerjahren zur bedeutendsten rechtsradikalen Partei Münchens und bald auch Bayerns aufstieg. Nach dem gescheiterten November-Putsch von 1923 wurde der Propagandist der bayerischen Rechten zu einer mehrmonatigen Festungshaft verurteilt, die er in Landsberg absaß. Während seiner Haftzeit schrieb H. sein programmatisches Werk »Mein Kampf«. 1925 folgte die Wiederbegründung der NSDAP unter seiner alleinigen, straffen Führung, wobei die Partei auf Grund der Erfahrungen von 1923 nach außen hin nunmehr die Taktik der »legalen« Machterringung verfolgte. Im September 1930 erreichte die NSDAP bei den Reichstagswahlen ihren endgültigen politischen Durchbruch. Nach weiteren Wahlerfolgen 1932 wurde H. schließlich am 30. Januar 1933 durch von Hindenburg zum Chef einer »Regierung der nationalen Konzentration« ernannt, die aus Konservativen und Nationalsozialisten bestand.

Hugenberg, Alfred (19.6.1865–12.3.1951)

Der studierte Jurist und Volkswirtschaftler aus Hannover gehörte 1890 zu den Gründern des aggressiv nationalistischen Alldeutschen Verbandes. Nach seinem Austritt aus dem preußischen Staatsdienst wurde H. 1909 Vorsitzender der Friedrich Krupp KG und in den folgenden Jahren einer der einflussreichsten Wirtschaftsführer Westdeutschlands, der bald damit begann, sich einen eigenen Pressekonzern aufzubauen. Nach seinem Ausscheiden bei Krupp, 1918, wurde er 1919 Reichstagsabgeordneter der DNVP. 1928 errang H. den Vorsitz der deutschnationalen Partei, die unter seiner Führung noch weiter nach rechts rückte und zum Bündnispartner der NSDAP wurde. H. kämpfte mit allen Mitteln, die ihm besonders sein Presseimperium bot, gegen den Weimarer Parlamentarismus und die deutsche »Erfüllungspolitik« gegenüber den Siegerstaaten des Ersten Weltkrieges. In der Regierung Hitler bekleidete der Vorsitzende der DNVP 1933 das Amt des Wirtschafts- und Landwirtschaftsministers; schon wenige Monate nach der »Machterergreifung« zwang ihn Hitler zum Rücktritt. H. blieb dennoch bis 1945 Mitglied des Reichstages

Liebknecht, Karl (13.5.1871–15.1.1919)
   Der Sohn des SPD-Gründers Wilhelm Liebknecht war studierter Jurist, der sich im Kaiserreich als antimilitaristischer Publizist und Verteidiger politischer Angeklagter einen Namen machte. 1907 verurteilte ihn das Reichsgericht wegen antimilitaristischer Propaganda zu eineinhalb Jahren Festungshaft. Am 4. August 1914 stimmte er im Reichstag für die Kriegskredite, bis Dezember hatte L. seine Meinung indessen wieder korrigiert, so dass er als einziger Abgeordneter gegen neue Gelder stimmte. Anfang 1916 beschlossen er und weitere Abweichler in der SPD die Herausgabe der »Spartacusbriefe«, Vorboten des späteren Spartakusbundes. Aus der SPD-Reichstagsfraktion ausgeschlossen, wurde L. verhaftet und wegen Hochverrats zu vier Jahren Festungshaft verurteilt. Durch ein Amnestiegesetz von Oktober 1918 kam er wieder frei. Am 9. November 1918 proklamierte L. in Berlin die »Freie sozialistische Republik Deutschland«, und an der Jahreswende 1918/19 ging unter anderem von ihm der Impuls zur Gründung der KPD aus. Im Zusammenhang der blutigen Januarkämpfe Anfang 1919 in der Reichshauptstadt wurde L. von rechtsradikalen Soldaten verhaftet, misshandelt und am 15. Januar ermordet.

Ludendorff, Erich (9.4.1865–20.12.1937)
   L. stellte die Verkörperung des »modernen« Typs des bürgerlich-technokratischen Offiziers der ausgehenden Zeit des Kaiserreichs dar. Er war persönlich und politisch äußerst ehrgeizig und militärisch hoch begabt. Während des Weltkrieges führte L. gemeinsam mit von Hindenburg die dritte Oberste

Heeresleitung. Nach dem Scheitern seiner groß angelegten Frühjahrsoffensiven 1918 versuchte er, die Verantwortung für das militärische Desaster an den Fronten den zivilen demokratischen Politikern zuzuschieben. Nachdem L. am 26. Oktober als Erster Generalquartiermeister entlassen worden war, ging er kurzzeitig nach Schweden ins Exil. 1919 begann sein systematischer propagandistischer Kampf gegen die Linke in Deutschland und den republikanischen Staat. Politisch-ideologisch gehörte L. dem alldeutsch-nationalistischen Lager an. Er spielte 1920 bei der Vorbereitung des gegenrevolutionären Kapp-Putsches eine Rolle; am 9. November 1923 beteiligte er sich zudem am Hitler-Putsch in München. Im Frühjahr 1925 scheitete L. , der 1924 als Kandidat der »Deutschvölkischen Freiheitspartei« in den Reichstag gewählt worden war, als Präsidentschaftskandidat. In der Folgezeit kämpfte der frühere Weltkriegsgeneral mit Hilfe des 1925 gegründeten »Tannenbergbundes« gegen Freimaurer und Juden, Jesuiten und Marxisten. Von Hitler und der NSDAP seit 1928 abgesondert, führte er in den letzten Jahren der Weimarer Republik ein politisches Schattendasein.

Luther, Hans (10.3.1879–11.5.1962)
Der studierte Jurist stammte aus einer mittelständischen Unternehmerfamilie und wurde 1907 Stadtrat in Magdeburg. 1913 übernahm er den Posten des Geschäftsführers zunächst des Preußischen, später des Deutschen Städtetages. Im Juli 1918 wurde L. Oberbürgermeister von Essen, was er bis Ende 1922 blieb. Dann trat der gebürtige Berliner in das »Fachkabinett« Cuno ein, als »Fachminister« für Ernährung und Landwirtschaft. Vom 6. Oktober 1923 bis zum 15.1.1925 bekleidete L. das Amt des Reichsfinanzministers, vom 15. Januar 1925 bis zum 27. Mai 1926 war er Reichskanzler. L., der politisch der DVP nahe stand, stürzte 1926 im so genannten Flaggenstreit. 1930 wurde er Reichsbankpräsident. Nach der Machtergreifung der Nationalsozialisten 1933 weigerte sich L. zurückzutreten und ließ sich mit dem Botschafterposten in den USA (1933–1937) abfinden.

Luxemburg, Rosa (5.3.1870–15.1.1919)

Als Jugendliche floh L. aus Polen vor politischer Verfolgung. Die Kaufmannstochter studierte anschließend in Zürich Nationalökonomie. Eine Scheinehe ermöglichte ihr 1898 die Übersiedlung nach Berlin. Sie wurde Mitglied der SPD, Dozentin an der Zentralen Parteischule und Kämpferin für das allgemeine gleiche Wahlrecht. Mit Beginn des Weltkrieges wandte sie sich von der SPD ab, deren »imperialistische« Gesinnung und Kriegsbereitschaft sie hart kritisierte. Während des Krieges befand sich L. wegen ihres aktiven Antimilitarismus lange Zeit in Festungshaft. Im November 1918 befreit, gründete sie gemeinsam mit Karl Liebknecht das linke Agitationsblatt »Die Rote Fahne«. Ende Dezember 1918 gehörte sie zu den Mitbegründern der KPD; das bolschewistische Konzept der Kaderpartei lehnte L., deren politische Hoffnungen sich auf eine deutsche »Oktoberrevolution« richteten, allerdings ab. Während der Januarunruhen 1919 in Berlin wurde sie von rechtsradikalen Soldaten verhaftet, misshandelt und ermordet.

Marx, Wilhelm (15.1.1863–5.8.1946)

Der Jurist war bereits seit der Jahrhundertwende führend im Zentrum sowie im Volksverein für das katholische Deutschland tätig. Von 1899 bis 1921 gehörte M. dem Preußischen Abgeordnetenhaus und von 1910 bis 1932 dem Reichstag an. Von 1922 bis 1928 hatte er fernerhin den Vorsitz der Zentrumspartei inne. Nach Stresemanns Sturz Ende 1923 übernahm der gebürtige Kölner in der schwierigen Stabilisierungsphase von 1923/24 das Amt des Reichskanzlers, das er vom 30. November 1923 bis zum 15. Januar 1925 sowie – erneut – vom 16. Mai 1926 bis zum 29. Juni 1928 bekleidete. M. war der am längsten amtierende Regierungschef der Weimarer Republik. Bei der Wahl zum Reichspräsidenten im Frühjahr 1925 unterlag er als Kandidat der demokratischen Mittelparteien gegen von Hindenburg.

Müller, Hermann (18.5.1876–20.3.1931)

Der Sohn eines Fabrikdirektors und gelernte Kaufmann gehörte seit 1893 der SPD an. Von 1903 bis 1906 war er Stadtverordneter in Görlitz. 1906 holte ihn die SPD in den Reichsvorstand, wo der gebürtige Mannheimer für die Pressearbeit und die Auslandsverbindungen der Partei zuständig war. Während des Weltkrieges verfocht H. die Idee eines innenpolitischen Burgfriedens; 1916 wurde er Mitglied des Reichstages. 1919 gehörte M. der Nationalversammlung an, seit 1920 saß er im Reichstag. Als Reichsaußenminister im Kabinett Bauer unterzeichnete M. zusammen mit Reichsverkehrsminister Bell am 28. Juni 1919 den Versailler Friedensvertrag. Von März bis Juni 1920 stand er einer Regierung der Weimarer Koalition vor, im Juni 1928 wurde M., von 1919 bis 1927 Parteivorsitzender der SPD, erneut Reichskanzler und Chef einer Regierung der Großen Koalition. Sein Kabinett zerbrach im März 1930 an den Differenzen über die Beiträge zur Arbeitslosenversicherung. Damit demissionierte die letzte parlamentarisch legitimierte Regierung der Weimarer Republik.

Noske, Gustav (9.7.1868– 30.11.1946)

Der gelernte Korbmacher schloss sich als Siebzehnjähriger 1885 noch unter den Bedingungen des »Sozialistengesetzes« der sozialdemokratischen Gewerkschaftsbewegung und 1886 der SPD an. 1902 wurde er Chefredakteur der »Chemnitzer Volksstimme«, 1906 erfolgte seine Wahl in den Reichstag. Hier profilierte sich N. bald als Experte für wehr- und kolonialpolitische Fragen. Während des Staatsumsturzes 1918/19 lenkte er zunächst als Gouverneur von Kiel die dort ausgebrochene Matrosenrevolte in gemäßigte Bahnen über; dann ließ N. im Januar 1919 als Beauftragter des Rats der Volksbeauftragten für Heer und Marine mit Hilfe monarchistisch und rechtsradikal eingestellter Freikorps den kommunistischen Spartakusaufstand in Berlin niederschlagen. Wenig später liquidierte er die Bremer Räterepublik, und im März 1919 ließ der gebürtige Brandenburger in Berlin politische Streiks und Aufstandsversuche mit Waffengewalt unterdrücken. Innerhalb der Arbeiterbewegung wurde N. zu einer vielfach verhassten Figur; besonders den linken Teilen der sozialistischen Bewegung galt er als »Arbeiterverräter« und »Bluthund«. Nach dem Kapp-Putsch im März 1920 endete seine politische Laufbahn an hervorgehobener Stelle. Von 1920 bis 1933 amtierte N. als Oberpräsident von Hannover.

Papen, Franz von (29.10.1879–2.5.1969)

Der gelernte Kavallerieoffizier begann seine Karriere 1913 als Militärattaché in Washington. Auf amerikanischen Druck hin musste er auf Grund diplomatischen Ungeschicks Ende 1915 zurückgerufen werden. Daraufhin kam P. als Bataillonschef an der Westfront, später als Generalstabsoffizier im Vorderen Orient zum Fronteinsatz. Nach dem Ersten Weltkrieg ging der gebürtige Werler in die Politik. Von 1921 bis 1932 war er Mitglied des preußischen Abgeordnetenhauses. P., der dem rechten monarchistischen Flügel der Zentrumspartei angehörte, trat im Juni 1932 gestützt auf das Vertrauen von Hindenburgs, aber gegen den Willen seiner Partei, die Nachfolge seines Parteikollegen Brüning als Reichskanzler an. Seine Amtszeit dauerte indessen nur bis zum Spätherbst des Jahres. In den sich anschließenden Wochen setzte sich P. für die Übertragung der Kanzlerschaft an Hitler ein, weshalb er als »Steigbügelhalter« der Nationalsozialisten und maßgeblicher »Totengräber« der Weimarer Republik gilt. Im Kabinett Hitler war P. zunächst Vizekanzler, 1934 wurde er jedoch entmachtet. Von 1938 bis 1944 bekleidete er den Posten des deutschen Botschafters in Ankara.

Rathenau, Walter (29.9.1867–24.6.1922)

Der Sohn des Großindustriellen und AEG-Gründers Emil R. wurde 1899 Vorstandsmitglied im AEG-Konzern, 1905 deren Präsident. Während des Ersten Weltkrieges leitete der gelernte Elektroingenieur die Rohstoffabteilung im preußischen Kriegsministerium. Nach Kriegsende trat R. der DDP bei. Er wirkte als Sachverständiger für Wirtschaftsfragen bei der Vorbereitung des Versailler Vertrages, nahm 1920 an der Konferenz von Spa teil und war von Mai bis November 1921 Wiederaufbauminister im Kabinett Wirth. Aus Protest gegen die von den Alliierten verfügte Teilung Oberschlesiens trat er zurück. Seit dem 1. Februar 1922 fungierte R. als Reichsaußenminister; auf der Weltwirtschaftskonferenz von Genua im April 1922 schloss er den Rapallo-Vertrag mit Russland ab. Die nationalistische Rechte in Deutschland bekämpfte den humanistisch gebildeten überzeugten Verständigungspolitiker wegen seiner Herkunft aus einer jüdischen Familie und seiner Rolle als »Erfüllungspo-

litiker« erbittert. Am 24. Juni 1922 fiel R. einem Attentat rechtsradikaler Offiziere zum Opfer.

ˋScheidemann, Philipp (26.7.1865–29.11.1939)

Der gelernte Buchdrucker war bereits vor der Jahrhundertwende in der SPD an führender Stelle aktiv. Seit 1903 gehörte er
dem Reichstag an, 1913, nach dem Tod Bebels, wurde er einer
der drei Vorsitzenden der sozialdemokratischen Reichstagsfraktion. Während des Ersten Weltkrieges trat S. engagiert für
einen Verständigungsfrieden ohne Annexionen und Entschädi-
gungsforderungen ein. Im Oktober 1918 wurde er Staatssekretär im Kabinett Max von Baden. Am Nachmittag des 9. November rief der gebürtige Kasseler in Berlin die Republik aus. Im
Februar 1919 wurde er der erste Kanzler der Weimarer Republik; aber schon im Juni 1919 trat S. aus Protest gegen die Versailler Friedensvertragsbedingungen zurück. Ende 1919 erfolgte sein Wahl zum Oberbürgermeister von Kassel. Er hatte dieses
Amt bis 1925 inne und betätigte sich danach in erster Linie pu-
blizistisch. Im Juli 1933 emigrierte der Sozialdemokrat ins Ausland; zuletzt lebte er in Kopenhagen, wo er im November 1939
verstarb.

Schleicher, Kurt von (7.4.1882–30.6.1934)

Der Berufsoffizier stieg in den 1920er Jahren zu einem besonders einflussreichen politischen Akteur auf. Unter seinem
Mentor Reichswehrminister Groener wurde er 1929 Leiter des
Ministeramtes und hatte damit faktisch eine Staatssekretärstel-
lung inne. Als die Reichswehr in der Endphase der Weimarer
Republik immer stärker zur eigentlichen Stütze der Präsidialre-
gierungen wurde, fiel S. eine politische Schlüsselrolle zu. Er
nutzte sein Vertrauensverhältnis zu von Hindenburg, um sich
aktiv bei der Entlassung der Kanzler Brüning und von Papen
einzuschalten. 1932 verhandelte der frühere General mit der
NSDAP-Führung über die Duldung eines rechtsautoriären Kabinett mit von Papen an der Spitze. Allerdings rückte er rasch
schon von diesem ab. Im Winter 1932/33 übernahm S. selbst
kurzzeitig die Kanzlerschaft, ehe im Januar 1933 Hitler ihn ab-
löste. In den 57 Tagen seiner Regierungszeit bemühte er sich um

ein Bündnis aus Gewerkschaften, Verbänden und dem gewerkschaftlich orientierten Straßer-Flügel der NSDAP. S. wurde zusammen mit seiner Frau im Sommer 1934 während des so genannten Röhm-Putsches von Gestapo-Angehörigen erschossen.

Seeckt, Hans von (22.4.1866–27.12.1936)

Der Sohn eines Kommandierenden Generals begann nach seinem Abitur in Straßburg im August 1885 seine militärische Laufbahn in der kaiserlichen Armee. Während des Kapp-Putsches im März 1920 lehnte er es als Chef des Truppenamtes ab, gegen die Aufrührer vorzugehen und die Republik zu stützen. Andererseits verweigerte er auch Kapp jede Unterstützung und trug so wesentlich zum raschen Scheitern des Umsturzversuches von rechts bei. Im Spätherbst 1923 hatte er als Inhaber der vollziehenden Gewalt im Reich Anteil an der Liquidierung des Hitler-Putsches in München sowie an der Niederwerfung linker Aufstandsversuche in Sachsen und Thüringen. Als S. im Oktober 1926 einem Hohenzollernprinzen die Teilnahme an einem Manöver erlaubte, wurde der Generaloberst aus dem Dienst entlassen. Bis dahin hatte er die Reichswehr, die er aus politischen Verquickungen strikt herauszuhalten suchte, zu einer Kaderarmee höchster Qualität aufgebaut. Von 1930 bis 1932 gehörte S. als Abgeordneter der DVP dem Reichstag an. 1934/35 wirkte er in China als Militärberater Tschiang Kai-schecks.

Severing, Carl (1.6.1875–32.7.1952)

Der gelernte Schlosser trat 1893 der SPD und dem Deutschen Metallarbeiterverband bei. Von 1905 bis 1924 war der gebürtige Herforder Stadtverordneter in Bielefeld. Von 1907 bis 1911 gehörte er dem Reichstag an. Während des Ersten Weltkrieges war S. Verfechter der innenpolitischen Burgfriedenspolitik. 1918/19 gehörte er zu den Mitbegründern des Bielefelder Arbeiter- und Soldatenrates. Seit März 1920 preußischer Innenminister, war er für die Niederwerfung des Aufstandes sozialistischer und kommunistischer Arbeiter im Ruhrgebiet sowie in Mitteldeutschland mitverantwortlich. S., der 1920 neuerlich Mitglied des Reichstages wurde, war von März 1920 bis Oktober 1926 und dann wieder von Oktober 1930 bis Juli 1932 preußischer Innenminister; im Kabinett Müller leitete S. von Juni 1928 bis März 1930 zudem das Reichsinnenministerium. Durch seine Personalpolitik machte er Preußens Schutzpolizei zum einem Hort republikanischer Gesinnung; er suchte die demokratische Ordnung gegen die Angriffe von links und rechts zu verteidigen. Während des Dritten Reiches lebte S. nach kurzer Inhaftierung als Pensionär in Bielefeld.

Stresemann, Gustav (10.5.1878–3.10.1929)
Der gebürtige Berliner stammte aus einem mittelständischen Milieu und promovierte 1907 in der Nationalökonomie. Nach seiner Tätigkeit als Geschäftsführer von Verbänden der verarbeitenden Industrie wurde er 1907 Reichstagsabgeordneter für die Nationalliberale Partei. Im Ersten Weltkrieg gehörte S. lange zu den eifrigsten Verfechtern eines annexionistischen »Siegfriedens«. Von den Linksliberalen daher abgelehnt, gründete er nach der Revolution im Winter 1918 die rechtsliberale DVP. Nach seiner inneren Wende zur Republik ab 1920 wurde er im Sommer 1923 zunächst Reichskanzler und Außenminister. Seit Ende 1923 bekleidete S. allein noch das Außenministeramt, das er bis zu seinem Tode im Herbst 1929 ohne Unterbrechung inne hatte. Seine außenpolitische bedeutendste Leistung bestand in der Annäherung an die Westmächte und besonders in der Verständigung Deutschlands mit dem »Erbfeind« Frankreich. Am 10.12.1926 erhielt S. zusammen mit seinem französischen Amtskollegen Briand den Friedensnobelpreis zugesprochen.

Wirth, Joseph (6.9.1879–3.1.1956)
Der gebürtige Freiburger (i.Br.) entstammte einer demokratisch geprägten, katholisch-kleinbürgerlichen Familie. 1911 begann seine politische Karriere als Angehöriger des linken Flügels der Zentrumspartei, für die er von 1914 bis 1933 im Reichstag saß. Im November 1918 wurde W. badischer Finanzminister, im März 1920 Reichsfinanzminister, und vom 10. Mai 1921 bis zum 22. November 1922 hatte er das Amt des Reichskanzlers inne. Der gelernte Lehrer war ein engagierter Republikaner und Demokrat und ein Verfechter der Idee einer »Sozialen De-

mokratie«. Seine innerparteiliche Anhängerschaft rekrutierte sich vor allem aus der Arbeiterschaft sowie der Parteijugend. In den mittleren und späteren Jahren der Weimarer Republik bemühte er sich um eine parteiübergreifende Einheitsfront aller republikanischer Kräfte. 1933 emigrierte W. in die Schweiz.

Die Regierungen der Weimarer Republik mit den wichtigsten Ministern

Beginn	Koalition	Reichskanzler	Vizekanzler	Äußeres	Inneres
10.11.1918	SPD-USPD (Rat der Volksbeauftragten)	Ohne Ressorts: Ebert (SPD), Scheidemann (SPD), Landsberg (SPD),			
29.12.1918	SPD Rat der Volksbeauftragten	Ohne Ressorts: Ebert, Scheidemann, Landsberg, Wissel, Noske			
13. 2.1919	SPD-Zentrum-DDP (Weimarer Koalition)	Scheidemann (SPD)	Schiffer (DDP) ab 30.4.1919: Dernburg (DDP)	Graf Brockdorff-Rantzau (parteilos)	Preuß (DDP)
21. 6.1919	SPD-Zentrum ab Okt. 1919 auch DDP	Bauer (SPD)	Erzberger (Zentrum) ab 2.10.1919: Schiffer (DDP)	H.Müller (SPD)	David (SPD) ab 5.10.1919: Koch (DDP)
27. 3.1920	SPD-Zentrum-DDP	H. Müller (SPD)	Koch (DDP)	Köster (DDP)	Koch (DDP)
21. 6.1920	Zentrum-DDP-DVP	Fehrenbach (Zentrum)	Heinze (DVP)	Simons (parteilos)	Koch (DDP)
10. 5.1921	SPD-Zentrum-DDP	Wirth (Zentrum)	Bauer (SPD)	Rosen (parteilos)	Gradnauer (SPD)
26.10.1921	SPD-Zentrum-DDP	Wirth (Zentrum)	Bauer (SPD)	Wirth (Zentrum) 21.1.-24.6.1922: Rathenau (DDP)	Köster (SPD)
22.11.1922	DVP-Zentrum-DDP	Cuno (parteilos)	–	von Rosenberg (parteilos)	Oeser (DDP)
13. 8.1923	SPD-Zentrum-DDP-DVP (Große Koalition)	Stresemann (DVP)	Schmidt (SPD)	Stresemann (DVP)	Sollmann (SPD)
6.10.1923	SPD (bis 3.11.1923)-Zentrum-DDP-DVP	Stresemann (DVP)	–	Stresemann (DVP)	Sollmann (SPD) ab 11.11.1923: Jarres (DVP)

Reichswehr	Wirtschaft	Finanzen	Ernährung	Arbeit	Justiz

Haase (USPD), Dittmann (USPD), Barth (USPD)

Reichswehr	Wirtschaft	Finanzen	Ernährung	Arbeit	Justiz
Noske (SPD)	Wissell (SPD)	Schiffer (DDP) ab 19.4.1919: Dernburg (DDP)	Schmidt (SPD)	Bauer (SPD)	Landsberg (SPD)
Noske (SPD)	Wissell (SPD) ab 15.7.1919: Schmidt (SPD)	Erzberger (Zentrum)	Schmidt (SPD)	Schlicke (SPD)	ab 2.10.1919: Schiffer (DDP)
Geßler (DDP)	Schmidt (SPD)	Wirth (Zentrum)	Hermes (Zentrum)	Schlicke (SPD)	Blunck (DDP)
Geßler (DDP)	Scholz (DVP)	Wirth (Zentrum)	Hermes (Zentrum)	Brauns (Zentrum)	Heinze DVP)
Geßler (DDP)	Schmidt (SPD)	Wirth (Zentrum)	Hermes (Zentrum)	Brauns (Zentrum)	Schiffer (DDP)
Geßler (DDP)	Schmidt (SPD)	Hermes (Zentrum)	Hermes (Zentrum) ab 31.3.1922: Fehr (BVP)	Brauns (Zentrum)	Radbruch (SPD)
Geßler (DDP)	Becker (DVP)	Hermes (Zentrum)	Luther (parteilos)	Brauns (Zentrum)	Heinze (DVP)
Geßler (DDP)	von Raumer (DVP)	Hilferding (SPD)	Luther (parteilos)	Brauns (Zentrum)	Radbruch (SPD)
Geßler (DDP)	Koeth (parteilos)	Luther (parteilos)	Graf v. Kanitz (parteilos)	Brauns (Zentrum)	Radbruch (SPD) bis 3.11.1923

211

Die Regierungen der Weimarer Republik mit den wichtigsten Ministern (Forts.)

Beginn	Koalition	Reichskanzler	Vizekanzler	Äußeres	Inneres
30.11.1923	Zentrum-BVP-DVP-DDP	Marx (Zentrum)	Jarres (DVP)	Stresemann (DVP)	Jarres (DVP)
3. 6.1924	Zentrum-DDP-DVP	Marx (Zentrum)	Jarres (DVP)	Stresemann (DVP)	Jarres (DVP)
15. 1.1925	Zentrum-DDP-DVP-DNVP	Luther (parteilos)	–	Stresemann (DVP)	Schiele (DNVP) ab 26.10.1925: Geßler (DDP)
20. 1.1926	Zentrum-BVP-DVP-DDP	Luther (parteilos)	–	Stresemann (DVP)	Külz (DDP)
17. 5.1926	Zentrum-DVP-DDP	Marx (Zentrum)	–	Stresemann (DVP)	Külz (DDP)
29. 1.1927	Zentrum-BVP-DVP-DNVP	Marx (Zentrum)	Hergt (DNVP)	Stresemann (DVP)	von Keudell (DNVP)
29. 6.1928	SPD-Zentrum-BVP-DDP-DVP	H. Müller (SPD)	–	Stresemann (DVP) ab 4.10.1929: Curtius (DVP)	Severing (SPD)
30. 3.1930	Präsidialkabinett	Brüning (Zentrum)	Dietrich (DDP)	Curtius (DVP)	Wirth (Zentrum)
9.10.1931	Präsidiales Fachkabinett	Brüning (Zentrum)	Dietrich (DDP)	Brüning (Zentrum)	Groener (parteilos)
1. 6.1932	Präsidialkabinett	von Papen (parteilos)	–	Frhr. v. Neurath (parteilos)	Frhr. v. Gayl (DNVP)
3.12.1932	Präsidialkabinett	von Schleicher (parteilos)	–	Frhr. v. Neurath	Bracht (parteilos)
30. 1.1933	NSDAP-DNVP	Hitler (NSDAP)	von Papen (parteilos)	Frhr. v. Neurath (parteilos)	Frick (NSDAP)

Reichswehr	Wirtschaft	Finanzen	Ernährung	Arbeit	Justiz
Geßler (DDP)	Hamm (DDP)	Luther (parteilos)	Graf v. Kanitz (parteilos)	Brauns (Zentrum)	Emminger (BVP) bis 15.4.1924
Geßler (DDP)	Hamm (DDP)	Luther (parteilos)	Graf v. Kanitz (parteilos)	Brauns (Zentrum)	–
Geßler (DDP)	Neuhaus (DNVP) ab 26.10.1925: Krohne (DVP)	von Schlieben (DNVP) ab 26.10.1925: Luther (parteilos)	Graf v. Kanitz (parteilos)	Brauns (Zentrum)	Frenken (Zentrum) ab 21.11.1925: Luther (parteilos)
Geßler (DDP)	Curtius (DVP)	Reinhold (DDP)	Haslinde (Zentrum)	Brauns (Zentrum)	Marx (Zentrum)
Geßler (DDP)	Curtius (DVP)	Reinhold (DDP)	Haslinde (Zentrum)	Brauns (Zentrum)	Marx (Zentrum) ab 16.7.1926: Bell (Zentrum)
Geßler (DDP) ab 19.1.1928: Groener (parteilos)	Curtius (DVP)	Köhler (Zentrum)	Schiele (DNVP)	Brauns (Zentrum)	Hergt (DNVP)
Groener (parteilos)	Curtius (DVP) ab 23.12.1929: Schmidt (SPD)	Hilferding (SPD) ab 23.12.1929: Moldenhauer (DVP)	Dietrich (DDP)	Wissell (SPD)	Koch (DDP) ab 13.4.1929: v. Guérard (Zentrum)
Groener (parteilos)	Dietrich (DDP)	Moldenhauer (DVP) ab 26.6.1930: Dietrich (DDP)	Schiele (DNVP)	Stegerwald (Zentrum)	Bredt (Wirtschaftsp.)
Groener (parteilos)	Warmbold (parteilos)	Dietrich (DDP)	Schiele (Landvolk-Part.)	Stegerwald (Zentrum)	Joël (parteilos)
von Schleicher (parteilos)	Warmbold (parteilos)	Graf Schwerin-v. Krosigk (parteilos)	Frhr. v. Braun (DNVP)	Schäffer (parteilos)	Gürtner (DNVP)
von Schleicher (parteilos)	Warmbold (parteilos)	Graf Schwerin-v. Krosigk	Frhr. v. Braun (DNVP)	Syrup (parteilos)	Gürtner (DNVP)
von Blomberg (parteilos)	Hugenberg (DNVP)	Graf Schwerin-v. Krosigk (parteilos)	Hugenberg (DNVP)	Seldte (Stahlhelm)	Gürtner (DNVP)

Glossar / Worterklärungen

Deflationspolitik

Wirtschafts- und finanzpolitische Reaktionsweise der Regierung Brüning (1930–1932) auf die Folgen der Weltwirtschaftskrise. Kern der D. war eine strikte Sparpolitik mit dem Ziel des Haushaltsausgleichs. Zu den weiteren Elementen dieser Politik, die letztlich krisenverschärfend wirkte, gehörte der drastische Abbau aller staatlichen Sozialausgaben sowie von Löhnen und Gehältern im öffentlichen Dienst.

Depression

Das Wort bezeichnet einen starken gesamtwirtschaftlichen Abschwung. Hier ist die weltweite D. von 1929/30 gemeint, die mit dem Börsenzusammenbruch im Oktober 1929 in den USA ihren Ausgang nahm und von dort aus auf Europa und Deutschland übergriff, das von ihren Auswirkungen besonders stark betroffen war.

Dolchstoßlegende

Nach dem Ende des Ersten Weltkrieges verbreitete Darstellung der Ursachen des deutschen militärischen Zusammenbruchs von 1918. Nach dieser – unwahren – Behauptung war ein Teil der Heimatbevölkerung unter dem Einfluss vor allem sozialdemokratischer »Agitatoren« der kämpfenden Truppe an der Front in den Rücken gefallen, indem sie sich dem angeblich aussichtsreichen Weiterkämpfen verweigert habe. Die D. wurde rasch zum wirkungsvollen propagandistischen Schlagwort der antirepublikanischen Rechten der Weimarer Republik.

Erfüllungspolitik

Von den rechten Gegnern der Weimarer Republik heftig bekämpfte Politik, die darauf gerichtet war, durch die genaue Erfüllung aller deutschen Verpflichtungen aus dem Versailler Vertrag guten Willen zu zeigen und verlorene Glaubwürdigkeit wiederzuerlangen. Man hoffte auf diese Weise ein höheres Maß an Entgegenkommen bei weiteren Verhandlungen mit den Siegermächten sowie eine Senkung der Reparationsbelastungen für das Reich zu erreichen.

Freikorps
Verbände von Soldaten der früheren kaiserlichen Armee, die unmittelbar nach Ende des Ersten Weltkrieges als Freiwillige gegen linke Aufstandsversuche im Inneren und zur Verteidigung der deutschen Ostgrenzen zum Einsatz kamen. Es handelte sich hauptsächlich um rechtsradikale Soldaten, welche sich bald schon gegen die Republik wandten.

Inflation
Eine I. entsteht, wenn die umlaufende Geldmenge in einem Währungsgebiet ohne entsprechende Ausweitung der Warenproduktion steigt, so dass die Kaufkraft der jeweiligen Währungseinheit immer geringer wird. Hauptursache der großen Inflation 1914–1923 in Deutschland war die besondere Art und Weise der deutschen Kriegsfinanzierung: Die Staatsausgaben für den Krieg wurden hier nicht durch entsprechende ordentliche Einnahmen, wie Steuern, gedeckt, sondern großenteils über die Aufnahme von Krediten und den bedarfsweisen Druck von Banknoten aufgebracht, denen kein Gegenwert in Sachwerten gegenüberstand.

Nationalversammlung
Abgeordnetenversammlung, die den Anspruch erhebt, die ganze Nation angemessen zu repräsentieren. Die politische Zusammensetzung der Weimarer Nationalversammlung wurde am 19. Januar 1919 in freien und demokratischen Wahlen durch die wahlfähigen Bürger bestimmt. Entsprechend dem Wahlausgang überwogen die Vertreter der republikanischen Mittelparteien und der SPD. Eine der Hauptaufgaben der N. von 1919 bestand darin, die Verfassung für die Weimarer Republik auszuarbeiten und zu verabschieden.

Notverordnung
Nach Artikel 48 der Weimarer Reichsverfassung besaß der Reichspräsident das Recht, wenn die öffentliche Ordnung und

Sicherheit gestört oder gefährdet war, Verordnungen mit Gesetzeskraft zu erlassen und dabei vorübergehend Grundrechte ganz oder teilweise außer Kraft zu setzen. Zwar konnten die Abgeordneten des Reichstages die Aufhebung einer Notverordnung erzwingen; da jedoch der Reichspräsident den Reichstag jederzeit auflösen konnte, gab ihm der so genannte Notverordnungsartikel 48 faktisch diktatorische Macht, mindestens in dem Fall, wo im Parlament keine eindeutige Mehrheit bestand.

Novemberrevolution

Die N. begann am Ende des Ersten Weltkrieges als eine Revolte der Matrosen der deutschen Hochseeflotte und weitete sich in den ersten Novembertagen 1918 zu einem vor allem von der Arbeiterschaft getragenen Aufstand gegen den Obrigkeitsstaat aus. Hauptgründe der N. waren die militärische Niederlage des kaiserlichen Reiches und die nach vier Kriegsjahren stark gesteigerte politisch-soziale Unzufriedenheit weiter Bevölkerungskreise.

Rätesystem

Regierungssystem, bei dem in Fabriken und Kasernen gewählte Vertreter der Arbeiter und Soldaten die Macht inne haben und direkt regieren. Die übrige Bevölkerung ist von einer Machtteilhabe ausgeschlossen; es kommt zur »Rätediktatur« durch Exekutivausschüsse und Volkskommissare, welche jederzeit absetzbar sind und die gesetzgebende sowie vollziehende Gewalt bis zur endgültigen Verwirklichung des Sozialismus ausüben. Höhere Räte müssen für alle Beschlüsse die Zustimmung der Basis einholen.

Reparationen

Finanzielle und wirtschaftliche Wiedergutmachungslasten Deutschlands an die Siegermächte des Ersten Weltkrieges. Die R. wurden mit der deutschen Alleinschuld am Krieg begründet, wie sie in Artikel 231 des Versailler Vertrags festgelegt war.

Revisionspolitik

Politik, die einen politischen Zustand, Grenzen, Vertrags-verhältnisse, Machtgewichte auf einen früheren Zustand zu-rückführen will. Hier ist die deutsche Außenpolitik der Zeit der Weimarer Republik gemeint, die von Beginn an auf die »Revision« des Versailler Vertrages von 1919 ausgerichtet war.

Präsidialsytem

Ein System, in dem der Staatspräsident mit einer von ihm abhängigen Regierungsbehörde auf Grund eigener Autorität und verfassungsmäßiger Legitimation maßgeblich die Staatsge-walt ausübt. Von 1930 bis 1933 herrschten in Deutschland Prä-sidialkabinette, die sich auf das Vertrauen des vom Volk direkt gewählten Reichspräsidenten und dessen Machtbefugnisse, wie das Notverordnungsrecht und Auflösungsrecht gegenüber dem Parlament, stützten. Die Präsidialkabinette der frühen 1930er Jahre waren eine Antwort auf Parteien, die zunehmend unfähig zur politischen Zusammenarbeit bzw. parlamentarischen Koali-tionsbildung geworden waren.

Reichsexekution

Das zwangsweise militärische Vorgehen der Zentralgewalt, hier der Reichsregierung, gegen Landesregierungen, die gegen bindende Beschlüsse der Reichsregierung oder die Bestimmun-gen der Reichsverfassung handelten. Ziel von R.en war es, die Autorität des Reiches im Inneren wiederherzustellen und den inneren Frieden zu sichern.

Reichstag

Es handelt sich um das in allgemeinen, gleichen und gehei-men Wahlen nach dem Verhältniswahlrecht gewählte Parlament des Deutschen Reiches. Der auf vier Jahre gewählte R. der Wei-marer Republik beschloss die Reichsgesetze. Ferner gewährten oder entzogen seine Mitglieder der Reichsregierung das Ver-trauen.

Literaturhinweise

Es handelt sich um eine bewusst knappe Auswahl wichtiger Bücher, die auch der vorliegenden Darstellung zugrundeliegen:

Benz, Wolfgang, Graml, Hermann (Hg.), Biographisches Lexikon zur Weimarer Republik, München 1988

Blaich, Fritz, Der Schwarze Freitag. Inflation und Weltwirtschaftskrise, München 1985

Bracher, Karl Dietrich, Funke, Manfred, Jacobsen, Hans-Adolf (Hg.), Die Weimarer Republik 1918–1933. Politik. Wirtschaft. Gesellschaft, Düsseldorf 1987

Büttner, Ursula, Politische Gerechtigkeit und Sozialer Geist. Hamburg zur Zeit der Weimarer Republik, Hamburg 1985

Dederke, Karlheinz, Reich und Republik. Deutschland 1917–1933, 5. Aufl. Stuttgart 1984

Falter, Jürgen W., Hitlers Wähler, München 1991

Kolb, Eberhard, Die Weimarer Republik, 3. Aufl. München 1993

Longerich, Peter, Deutschland 1918–1933. Die Weimarer Republik. Handbuch zur Geschichte, Hannover 1996

Niedhart, Gottfried, Die Außenpolitik der Weimarer Republik, München 1999

Niedhart, Gottfried, Deutsche Geschichte 1918–1933. Politik in der Weimarer Republik und der Sieg der Rechten, Stuttgart 1994

Möller, Horst, Weimar. Die unvollendete Demokratie, 3. Aufl. München 1990

Peukert, Detlev J.K., Die Weimarer Republik. Krisenjahre der klassischen Moderne, Frankfurt am Main 1987

Ploetz. Weimarer Republik. Eine Nation imUmbruch. Hrsgg. von G. Schulz, Würzburg 1987

Schildt, Axel, Die Republik von Weimar. Deutschland zwischen Kaiserreich und »Drittem Reich« (1918–1933), Goldbach 1997

Schulze, Hagen, Weimar. Deutschland 1917–1933, Berlin 1982

Winkler, Heinrich, August, Weimar. 1918–1933. Die Geschichte der ersten deutschen Demokratie, München 1993

Winkler, Heinrich August, Cammann, Alexander (Hg.), Weimar. Ein Lesebuch zur deutschen Geschichte 1918–1933, München 1997

Personenverzeichnis

Baden, Max von 13, 14, 18
Bauer, Gustav 53, 60
Bell, Johannes 54
Braun, Otto 67, 122, 160, 174
Brauns, Heinrich 138
Briand, Aristide 113
Brockdorff-Rantzau, Ulrich von 52
Brüning, Heinrich 148, 150, 152–155, 160, 162–165, 169, 171, 172
Clemenceau, George 42, 43
Cuno, Wilhelm 76, 80
Dawes, Charles G. 102
Duesterberg, Theodor 169, 171
Ebert, Friedrich 18, 19, 21–23, 25, 26, 28, 32, 34, 55, 58, 60, 62, 68, 76, 94, 104, 120, 121
Ehrhardt, Hermann 58, 60
Erzberger, Matthias 31, 54, 55, 75
Fehrenbach, Konstantin 68, 71
George, Lloyd 43
Geßler, Otto 67, 90, 92
Gilbert, Parker 115
Groener, Wilhelm 25, 34, 53, 171
Haase, Hugo 24
Held, Heinrich 122
Herriot, Edouard 101, 103
Hindenburg, Paul von 9, 10, 53, 55, 56, 122, 123, 125–127, 131, 149, 150, 152–154, 159, 171, 172, 174, 175
Hitler, Adolf 94, 157, 158, 160, 169, 171, 172, 174, 175, 177, 180, 181
Hoover, Herbert 164
Hugenberg, Alfred 153

Jarres, Karl 122
Kahr, Gustav von 91, 92, 94, 95
Kapp, Wolfgang 58
Keynes, John Maynard 165
Liebknecht, Karl 19, 21, 24, 28, 58
Lossow, Hermann von 92, 94
Ludendorff, Erich 9, 10, 13, 14, 25, 44, 56, 58, 94, 122
Luther, Hans 97, 99, 119, 120, 127
Lüttwitz, Walther von 58, 60
Luxemburg, Rosa 19, 24, 28, 58
Marx, Wilhelm 96, 99, 103, 104, 120, 122, 123, 131
Meissner, Otto 180
Müller, Hermann 54, 133, 146, 149, 150
Noske, Gustav 26, 28, 58, 67
Papen, Franz von 173, 177, 178, 180
Papst, Waldemar 58
Poincaré, Raymond 73, 101, 113
Preuß, Hugo 35
Rathenau, Walther 73, 75, 76
Reinhardt, Walther 58, 60, 67
Schacht, Hjalmar 97
Scheidemann, Philipp 21, 32, 53
Schlageter, Albert Leo 79
Schleicher, Kurt von 150, 152, 171–175, 178, 180
Schröder, Kurt von 180
Seeckt, Hans von 60, 61, 92, 94
Severing, Carl 142
Straßer, Gregor 178, 180
Stresemann, Gustav 28, 68, 80, 86, 87, 90, 91, 95, 96, 103, 106, 107, 110–112, 113, 114, 116, 119, 123

Thälmann, Ernst 122, 123, 171
Wels, Otto 62
Wilhelm II. 14, 18, 43
Wilson, Woodrow 14, 15, 43, 44

Wirth, Joseph 72, 73, 76
Wissell, Rudolf 26, 149
Young, Owen D. 115